Douglas Kennedy

Douglas Kennedy est né à New York en 1955 et vit entre Londres, Paris et Berlin. Auteur de trois récits de voyages remarqués – *Au pays de Dieu* (2004), *Au-delà des pyramides* (2010) et *Combien ?* (2012) –, il s'est imposé avec *Piège nuptial* (1997), porté à l'écran par Stephen Elliot, *L'homme qui voulait vivre sa vie* (1998), adapté au cinéma par Éric Lartigau en 2010 avec Romain Duris et Catherine Deneuve, et *Les Désarrois de Ned Allen* (1999). Ont suivi *La Poursuite du bonheur* (2001), *Rien ne va plus* (2002) – Prix littéraire du Festival du cinéma américain de Deauville 2003 –, *Une relation dangereuse* (2003), *Les Charmes discrets de la vie conjugale* (2005), *La Femme du V*^{e} (2007) – adapté au cinéma en 2011 par Pawel Pawlikowski, avec Kristin Scott Thomas et Ethan Hawke –, *Quitter le monde* (2009), *Cet instant-là* (2011), *Cinq jours* (2013), *Murmurer à l'oreille des femmes* (2014), *Mirage* (2015), *Toutes ces grandes questions sans réponse* (2016) et *La Symphonie du hasard* (2017). Tous ses ouvrages ont paru chez Belfond et sont repris chez Pocket.

Retrouvez toute l'actualité de l'auteur sur :
www.douglas-kennedy.com

TOUTES CES GRANDES QUESTIONS
SANS RÉPONSE

DOUGLAS KENNEDY

TOUTES CES GRANDES QUESTIONS SANS RÉPONSE

*Traduit de l'anglais (États-Unis)
par Bernard Cohen*

belfond

Titre original :
ALL THE BIG QUESTIONS...
WITH NO ATTEMPTS AT ANY ANSWERS
Thoughts, Musings and the Occasional Idea
About So Much Life Can Throw At You

Pocket, une marque d'Univers Poche,
est un éditeur qui s'engage pour la préservation
de son environnement et qui utilise du papier fabriqué
à partir de bois provenant de forêts gérées
de manière responsable.

© 2016 Belfond, un département place des éditeurs,
pour la traduction française.
ISBN : 978-2-266-27831-7

À Noel Meehan

Un mot de l'auteur

J'ai noté un jour que le voyage est une sorte de confessionnal ambulant dans lequel ceux que vous croisez sont enclins à vous confier les zones d'ombre de leur existence, ou le chagrin durable qui la domine, parce qu'ils savent qu'ils ne vous reverront jamais.

On pourrait en dire autant de la vie en général, surtout quand notre principale occupation consiste à raconter des histoires à propos de nous-mêmes, et ce, afin de parvenir – plus ou moins – à mieux cerner la complexité de notre propre récit, toujours singulier et profondément personnel.

Comme tout romancier, je puise une grande part de mon matériau romanesque dans la vie des autres. C'est encore plus le cas pour ce livre, qui n'est pas un roman mais ressemble davantage à des mémoires philosophiques, à une promenade à travers les questions cruciales que pose la condition humaine. Si j'ai ajouté à ce texte des histoires personnelles autres que la mienne, il m'est arrivé parfois de changer les noms des personnes concernées, ou de les transposer dans des contextes différents afin de préserver leur anonymat. Hormis cela, néanmoins, tout ce que vous lirez ici a été, à un degré ou à un autre, directement vécu.

D. K.
New York
Janvier 2015

Les questions

1. Le bonheur n'est-il qu'un instant fugace ?

2. Sommes-nous les victimes ou les artisans de notre infortune ?

3. Réécrivons-nous toujours l'histoire pour la rendre plus supportable ?

4. La tragédie est-elle le prix à payer pour être de ce monde ?

5. La spiritualité se trouve-t-elle entre les mains du Tout-Puissant... ou juste au coin de la rue ?

6. Pourquoi le pardon est-il (hélas !) l'unique solution ?

7. S'initier au patin à glace à quarante ans passés : une métaphore acceptable de la hasardeuse poursuite d'un équilibre ?

« Vivre, c'est jouer du violon en public en apprenant à maîtriser l'instrument au fur et à mesure. »

Samuel Butler

1

Le bonheur n'est-il
qu'un instant fugace ?

La pluie tombait sur les Alpes suisses tandis que je tentais de surmonter une sérieuse baisse de moral. Cet accès de mélancolie était dû à de rudes conditions climatiques, aussi bien au-dehors qu'au-dedans. C'était l'année 2000, à peine quelques semaines après la célébration exagérée de l'avènement d'un nouveau millénaire, et je me trouvais dans le petit village de Kandersteg, coquet et sirupeux comme une boîte de chocolats enrubannée, afin de satisfaire une passion toujours grandissante pour le ski de fond mais aussi de prendre quelque distance avec une série de problèmes. Parmi lesquels figurait en bonne place la constante détérioration de ma vie conjugale : cette union de quinze ans, qui avait été une succession de périodes d'harmonie et de tension, traversait alors une passe particulièrement délicate. La froideur était devenue le langage commun de notre couple, et, même si l'amour subsistait encore et nous retenait ensemble – ainsi que nos deux enfants –, le fossé entre nous ne cessait de s'élargir, menaçant de nous engloutir tous les deux.

Et puis il y avait Max, notre fils alors âgé de sept ans. Les médecins avaient diagnostiqué son autisme trois ans plus tôt et il venait de passer un an à la maison, entouré par une équipe de pédagogues réunie par mes soins, tous spécialisés en analyse du comportement appliquée (ABA en anglais). Ce système éducatif destiné aux enfants comme lui, mis au point par un psychologue de l'université de Californie, Ole Ivar Lovaas, avait été salué comme une contribution sans précédent au traitement de l'autisme. Alors qu'il ne connaissait que trois cents mots quand il avait enfin été reconnu autiste en 1998 – jusque-là, le diagnostic, erroné, n'avait évoqué qu'un « trouble de la parole » –, il avait tellement progressé au cours de cette année d'ABA, à raison de quarante heures par semaine, que nous envisagions désormais la possibilité de l'envoyer à l'unité d'éducation spéciale de l'école primaire de notre quartier, même si son vocabulaire restait limité et si sa forme d'expression était le plus souvent écholalique – c'est-à-dire qu'il répétait mécaniquement ce qu'il avait entendu. Comparé à un enfant de sept ans au développement normal, les défis auxquels Max était confronté, pour employer l'euphémisme politiquement correct et éviter de parler de « déficiences », restaient considérables.

Au même moment, le roman que je venais d'achever juste avant l'aube du nouveau millénaire, *La Poursuite du bonheur*, constituait un changement de registre radical après les trois thrillers psychologiques au rythme endiablé que j'avais publiés auparavant. Il s'agissait d'une histoire d'amour racontée par deux personnages féminins qui se déroulait sur plusieurs années dans un Manhattan en noir et blanc, et au-dessus de laquelle planait l'ombre du maccarthysme. Un pari créatif dont l'audace allait interloquer certains de mes éditeurs. Des bouleversements devaient s'ensuivre, dont mon départ de la maison d'édition Little Brown en Angleterre et mon passage chez Hutchinson, où j'allais signer un contrat pour trois livres consécutifs. Mais, alors que mes éditeurs français, allemand et néerlandais avaient volontiers relevé le défi et acheté ce Douglas Kennedy nouveau cru, toutes les maisons new-yorkaises avaient rejeté le livre, au prétexte qu'il s'éloignait trop du genre romanesque qui m'avait fait connaître aux États-Unis. Les ventes un peu décevantes de mon dernier titre, *Les Désarrois de Ned Allen*, avaient elles aussi été invoquées – raison de plus pour faire de moi un pestiféré littéraire à éviter soigneusement.

La dernière lettre de refus m'était parvenue de New York, la veille de mon départ pour la Suisse. D'après Kierkegaard, « la vie doit être vécue en regardant vers l'avenir mais ne peut être comprise qu'en se retournant vers le passé ». C'est bien là, en effet, l'un des aspects les plus intéressants de ces sombres épisodes que nous sommes tous amenés à traverser – quand l'adversité semble s'acharner sans répit, ou presque. Considérés rétrospectivement, ils apparaissent comme une période charnière au cours de laquelle on reçoit les leçons les plus amères, et les plus instructives, de l'existence. Ce n'est pas un hasard si l'un des aphorismes souvent cités provient d'un Nietzsche plus lapidaire et combatif que jamais : « Ce qui ne tue pas rend plus fort. »

En cette année 2000, toutefois, encore sous le coup de mon quarante-cinquième anniversaire – âge où l'on sent inexorablement s'éloigner le seuil arbitraire de la quarantaine –, je ne faisais que commencer à assimiler lesdites leçons, et en particulier celle-ci : nul ne peut prétendre échapper à la déception, aux moments de doute et d'abattement, ni même à la tragédie. C'est le prix à payer en échange de ce don fabuleux qu'est la vie. Et pourtant, tant que rien de traumatisant ne surgit sur notre route et ne nous oblige à reconsidérer notre vision du monde, nous restons d'une grande naïveté face aux aspects les plus sombres de la condition humaine. Il faut avoir fait l'expérience de la perte, de la catastrophe, de la détresse la plus intime, pour être capable de les appréhender complètement. Pour ma part, jusqu'à ce que l'autisme de Max soit diagnostiqué, j'avais été relativement épargné. Mais maintenant…

Maintenant, j'étais en Suisse, en quête d'un peu de répit, d'un refuge loin des coups que le sort m'avait assénés au cours des derniers mois. Une semaine en haute montagne pendant laquelle j'avais l'intention d'oublier le reste du monde autant que faire se peut.

Après une journée décevante sur des pistes déjà en piètre état (le thermomètre restant en permanence nettement au-dessus de zéro), la pluie est arrivée, accompagnée d'un vent qui avait l'insistance rageuse d'un *Hollandais volant* wagnérien. D'après le digne réceptionniste de mon hôtel, Kandersteg n'avait rien connu de semblable depuis des années. Un torrent de montagne avait emporté la neige accumulée dans le village et la grande vallée qui l'entoure, là où se trouvaient la plupart des parcours de ski de fond. Même les pistes à six cents mètres au-dessus de l'agglomération, seulement accessibles par téléphérique, étaient inondées et donc sans intérêt. Les précipitations étaient si denses et si insistantes qu'il suffisait de mettre un seul pied dehors pour se retrouver trempé, et pendant un jour et demi je suis resté ainsi confiné dans ma chambre, à ressasser l'idée que ce déluge, si inhabituel en plein hiver dans ces contrées, était une sinistre métaphore de tout ce qui allait de travers dans ma vie.

Je me suis risqué une fois à quitter le bâtiment pour courir à la boutique la plus proche. J'en suis revenu dégoulinant de pluie mais avec les éditions du jour de l'*International Herald Tribune* et du *Guardian*, ainsi qu'une bouteille de brandy Asbach-Uralt, glissées sous mon manteau. De retour dans ma chambre, étroite et sombre comme un sarcophage, surchargée de palissandre et de tableaux de paysages suisses d'un kitsch achevé, je me suis laissé tomber sur le lit à une place – car tel était le genre de la triste pension où j'avais échoué –, j'ai épluché les journaux en me servant deux rasades substantielles de *Deutsche Weinbrand*, puis j'ai ouvert l'un des romans que j'avais emportés pour mon escapade, *Trois chambres à Manhattan* de Georges Simenon, écrivain belge incroyablement prolifique et coureur de jupons impénitent qui, en l'espace de quatre-vingt-six ans, était parvenu à pondre plus de deux cents livres. Entre deux accès de créativité intense qui lui permettaient de commencer et d'achever un roman entier en moins de deux semaines, il avait aussi réussi – *dixit* la légende – à coucher avec plus de dix mille femmes. Je venais tout juste de découvrir Simenon, qu'André Gide tenait pour l'un des écrivains majeurs du XXe siècle, et notamment ce qu'il appelait ses « romans durs ». J'éprouvais déjà une profonde affinité avec son approche romanesque : sa capacité à combiner un style sobre, un sens aigu de la narration et une conception très existentielle de la condition humaine, sa remarquable aisance à camper la triste comédie d'une passion fourvoyée, à reproduire nos cris désespérés, emportés par le vent, quand nous nous élevons contre l'injustice de la vie, et l'indifférence du monde devant nos petits drames personnels.

Pour maints critiques littéraires, un auteur « accessible » est par définition « commercial », donc dépourvu d'exigence esthétique ou de véritable substance.

Crime et Châtiment a toujours été considéré comme une œuvre incontournable de la littérature mondiale, peu de romans ont abordé avec une telle puissance la pulsion fondamentalement humaine à s'accuser et à rechercher un châtiment pour le délit d'exister dans une enveloppe charnelle que l'on abomine. Néanmoins, on peut aussi lire ce texte comme un roman policier, dont il a, de fait, la structure. Et Dostoïevski, qui écrivait sous une considérable pression financière en raison de ses pertes insensées à la table de jeu, a le don, aujourd'hui encore, de captiver son lecteur grâce à une efficacité narrative hors pair. Est-ce à dire que *Crime et Châtiment*, coupable d'être facilement lisible selon le critère susmentionné, devrait être tenu pour moins important que, disons, l'une des expérimentations du « nouveau roman » français dans les années 1950 (on pense par exemple à *La Modification* de Michel Butor), dans lesquelles les conventions narratives traditionnelles sont délibérément écartées pour que se mette en place une sorte de théâtre d'idées où l'intrigue et le développement des personnages comptent finalement peu ?

Du temps où j'étais étudiant aux États-Unis, nombre de mes amis ne juraient que par la version américaine du « nouveau roman », plus encline à l'épopée et à la vaste fresque – nous voyons tout en grand, chez nous –, telle que la développaient des écrivains comme John Barth, Thomas Pynchon ou Robert Coover. Mais, tandis qu'ils s'emballaient pour *L'Arc-en-ciel de la gravité* ou pour le postmodernisme outrancier de Donald Barthelme, j'étais, en ce qui me concerne, occupé à lire John Updike et John Cheever, ou à découvrir les pionniers du réalisme littéraire du Nouveau Monde tels que Theodore Dreiser et Sinclair Lewis. En d'autres termes, j'étais déjà attiré par des auteurs dont l'univers fictionnel trouve ses racines dans la realpolitik du quotidien le plus brut, dans les mensonges que nous nous racontons (aussi bien en tant qu'individus que comme entité nationale) pour arriver à supporter une réalité souvent difficile.

Il n'est donc pas surprenant que je me sois immédiatement senti en phase avec Simenon, avec sa description de la nature insatisfaisante des relations humaines et de notre immense solitude existentielle. En cet après-midi pluvieux, au cœur de ce village suisse, son roman daté de 1946, *Trois chambres à Manhattan*[1], entrait étonnamment en résonance avec mon propre état d'esprit. En particulier ce passage, quelques chapitres après le début :

1. *Trois chambres à Manhattan*, Georges Simenon (« Romans durs », 1945-1947, éditions Omnibus, 2012). (*N.d.É.*)

Ce lit défait, avec encore la forme d'une tête en creux, dans l'oreiller ; ces draps fripés qui sentaient l'insomnie ; ce pyjama, ces pantoufles, ces vêtements vides et mous sur les chaises…

Et, sur la table, à côté d'un livre ouvert, ces restes d'un repas froid, d'un triste repas d'homme seul !

Il se rendit compte, soudain, de ce à quoi il avait échappé un moment et il resta debout près de la porte, figé, tête basse, sans oser faire un mouvement.

J'ai toujours été convaincu que si nous lisons, c'est avant tout parce que nous éprouvons le besoin de vérifier que nous ne sommes pas seuls. Ces lignes de Simenon reflétaient parfaitement ma situation d'alors, même si, heureusement, il n'y avait pas de repas froid dans ma chambre-cellule ni – horreur ! – de pantoufles. Pour le reste, la crise psychologique traversée par son personnage principal était semblable à mon propre malaise et à mes dilemmes, bien que le monsieur en question ait été français, et ce, jusqu'au bout des ongles, un acteur de la Comédie-Française qui dérivait maintenant dans le monde interlope, à la fois scintillant et miteux, du New York de l'après-guerre, traînant sa mélancolie de bars en boîtes de nuit jusqu'au petit jour.

Simenon constituant toujours une lecture captivante, je n'ai levé les yeux du livre qu'après avoir tourné la dernière page. La nuit était tombée. J'ai téléphoné à la maison, parlé à Max et à ma fille, Amelia – alors âgée de quatre ans –, avant de discuter avec ma femme. Lorsque je lui ai raconté la journée plus que maussade que je venais de vivre, elle a répliqué : « C'est ce qui arrive chaque fois que tu t'enfuis. » J'ai tiqué, mais préféré ne pas répondre : j'en étais arrivé à un stade où je savais que rien de ce que je pourrais dire ne changerait quoi que ce soit. Ce qui en disait long sur l'impasse dans laquelle se trouvait notre mariage.

Une heure plus tard, après avoir siroté un pastis au bar de l'hôtel tout en prenant des notes dans mon calepin (me remettre au travail est le seul moyen que je connaisse pour lutter contre la mélancolie), je suis passé dans la salle à manger. Les deux soirs précédents, j'avais occupé la table qui m'avait été assignée, tout près de l'entrée de la cuisine. Une autre étant libre un peu plus loin, j'ai décidé de m'y installer.

Sur ces entrefaites, la serveuse est arrivée. Une jeune fille corpulente, à l'air triste, affublée – comme tout le reste du personnel d'ailleurs, femmes de chambre comprises – d'un costume tyrolien traditionnel. Le fait d'être obligée de se déguiser en accorte soubrette suisse de la fin du XIXᵉ aurait pu expliquer à lui seul sa perpétuelle mauvaise humeur. Mais, comme je n'ai pas tardé à m'en apercevoir, elle semblait surtout ne pas apprécier que j'aie décidé de changer de table.

— *Sie können nicht sitzen, hier !* a-t-elle chuchoté avec véhémence, écarquillant les yeux devant une telle audace. (« Vous ne pouvez pas vous asseoir ici ! »)

— *Warum nicht ?* ai-je demandé posément. (« Pourquoi pas ? »)

Ma question a provoqué une avalanche de désapprobation.

— *Warum nicht ? Warum nicht ? Weil das Ihr Tisch ist ! Und Sie müssen bei Ihrem Tisch sitzen ! Und wenn Sie dort nicht sitzen...* (« Pourquoi pas ? Pourquoi pas ? Parce que votre table est celle-là ! Vous devez vous asseoir à votre table ! Et si vous n'êtes pas à votre table… »)

D'après George Orwell, tous les clichés contiennent une part de vérité. Dans le cas présent, si j'avais voulu une confirmation de la pertinence de tous les poncifs sur la rigidité du caractère national suisse, sur son obsession de l'ordre et de la propreté, j'en avais maintenant la preuve éclatante : ici, à Kandersteg, ne pas occuper la table qui vous avait été réservée pour la semaine constituait un incident fort malheureux. Malheureux au point qu'après avoir conclu sa diatribe, la serveuse a soudain fondu en larmes avant de courir se cacher dans la cuisine, me laissant assez estomaqué et non sans quelques remords. Du coup, j'ai *aussitôt* regagné ma table. Elle est revenue quelques minutes plus tard pour me servir l'entrée – une soupe grumeleuse. Le fait d'avoir repris la place qui était censée être la mienne m'a valu un bref signe de tête approbateur, mais en voyant ses yeux encore rougis par les larmes je me suis dit que c'était vraiment mon jour.

— *Entschuldegen, entschuldegen*, ai-je murmuré. (« Pardon, pardon. »)

Un mouvement d'épaules à peine perceptible m'a indiqué qu'elle acceptait mes excuses, puis elle est repartie en cuisine, et à cet instant j'ai su que je ne m'assoirais nulle part ailleurs durant les cinq jours qui me restaient à passer ici.

Mon dîner terminé, l'estomac lesté de cuisine germanique, je suis sorti marcher un peu. La pluie avait cessé mais le ciel restait d'un noir opaque, toujours encombré de nuages. Je me suis arrêté au seul magasin encore ouvert dans le village, une échoppe tenue par des Arabes, de toute évidence, puisqu'ils bavardaient dans cette langue et que passait à ce moment-là une chanson du « Rossignol du Nil », Oum Kalsoum, dont la voix veloutée m'avait accompagné lors d'un voyage de plusieurs mois en Égypte, qui avait donné matière à mon premier livre publié, *Au-delà des pyramides*. Après avoir acheté quelques barres de chocolat, j'ai demandé au type qui tenait la caisse s'il avait écouté le bulletin météo pour le lendemain. Il s'est contenté d'un haussement d'épaules assorti d'un « *Inch'Allah* », résumant ainsi une vision métaphysique de l'avenir tout orientale.

De retour à l'hôtel, cependant, j'ai obtenu des renseignements plus précis de la part du veilleur de nuit, qui, très solennel, m'a annoncé :

— Nous attendons entre vingt et trente centimètres de neige, cette nuit.

— Vous en êtes sûr ?

— Si l'Office fédéral de météorologie suisse le dit, c'est que nous aurons entre vingt et trente centimètres de neige d'ici à demain matin.

J'ai choisi de ne pas discuter cet axiome. Après tout, ce n'est pas si souvent que la vie nous offre une affirmation empirique aussi péremptoire (surtout une que l'on a envie d'entendre). Il n'empêche que j'ai eu du mal à m'endormir. Quand je me suis réveillé avec l'aube, une lumière grise découpait un carré sur les rideaux. Je me suis levé en titubant, encore dans les vapes. Je suis allé à la fenêtre et j'ai jeté un coup d'œil à l'extérieur, m'attendant à apercevoir le même paysage brouillé de pluie. Mais le monde avait viré au blanc, un blanc intense et opaque. Non seulement il avait neigé sans interruption pendant mes cinq heures de sommeil, mais la neige était tombée à gros flocons et continuait à s'abattre si dru que mon regard ne pouvait rien distinguer au-delà de la rambarde du petit balcon de ma chambre. De la neige, une neige aussi épaisse qu'obstinée… et la démonstration, s'il en était besoin, qu'il ne fallait jamais mettre en doute les prédictions de l'Office fédéral de météorologie suisse.

Une heure plus tard, j'étais dehors, après avoir englouti un copieux petit déjeuner et plusieurs tasses de café. Sous ce manteau presque immaculé, Kandersteg était transfiguré. Oui, il y avait au moins quinze centimètres de poudreuse sur le sol et les toits, sans accalmie en vue. Skis et bâtons à l'épaule, je me suis dirigé vers l'entrée des pistes de ski de fond, juste à l'orée du village. On était en Suisse, le tracé avait donc été déjà établi : deux sillons soigneusement creusés dans le tapis blanc qui couvrait l'immense vallée à perte de vue, environ dix kilomètres de terrain plat jusqu'au pied des pics impressionnants qui encerclaient ce coin du canton de Berne.

Le ski de fond est une activité physique des plus intenses, les mouvements répétitifs requérant une grande endurance. Pousser, glisser, pousser, glisser, encore et encore. Il y a là un rythme à trouver pour parcourir environ un kilomètre en dix minutes. Du moins était-ce la cadence que je pouvais suivre, ce qui signifiait que j'allais parcourir dix-huit kilomètres en l'espace de trois heures. Une telle activité, même avec une température de moins six degrés en ce début de matinée – je m'étais lancé sur la piste tôt, peu après 8 heures –, m'a vite permis de ne pas pâtir du froid. Au bout de vingt minutes, j'ai entrouvert la fermeture Éclair de mon blouson et senti la sueur couler sous mon fort inélégant, mais néanmoins indispensable, caleçon long. À cette heure, j'étais le seul skieur à la ronde. La neige, qui continuait à tomber, limitait mon champ de vision et m'enveloppait dans une sorte de brouillard très dense, mais je pouvais distinguer les deux sillons ouverts devant moi, que les flocons rendaient raisonnablement glissants. Lorsque, au bout d'une demi-heure, j'ai fait une première pause pour prendre la bouteille d'eau que j'avais dans mon sac à dos, j'étais déjà loin du village et il n'y avait plus autour de moi qu'un néant uniformément blanc.

Je me suis à nouveau enfoncé dans cet espace irréel qu'était devenue la grande vallée alpine. Je n'entendais que le chuintement de mes skis, tous les autres bruits étant étouffés par la neige. J'étais loin de tout, et pour commencer loin de ma vie quotidienne : un jeudi matin comme celui-là, j'aurais dû être aux prises avec la circulation londonienne, de retour de l'école où j'aurais conduit mes enfants, et, une fois à la maison, j'aurais trouvé ma femme passant de pièce en pièce pour se préparer avant de se rendre à son travail ; j'aurais éprouvé la fatigue d'une énième nuit sans sommeil – à cette époque, je souffrais de sérieuses insomnies –, pendant que dans ma tête une demi-douzaine de choses à faire se bousculeraient, selon l'infernale liste que je m'obstinais à établir. Cette liste était devenue comme un symbole de moi-même. J'étais un dresseur de listes et ce n'était pas près de s'arrêter puisque, par définition, ces listes étaient sans fin, un objectif à peine réalisé étant aussitôt remplacé par un autre...

La vie quotidienne en somme, dans toute sa vaste complexité...

Mais la conscience de cette existence qui, pour l'instant, continuait donc sans moi – une existence dont, mes merveilleux enfants mis à part, je commençais de plus en plus à douter – n'était plus aussi aiguë, comme si cet immense cocon blanc avait effacé toutes mes angoisses et mes interrogations. Rien en vue devant moi. Nul besoin de choisir une direction puisque mes skis se contentaient de suivre les sillons. Pousser, glisser, pousser, glisser. Et la neige, juste la neige sous mes yeux quand je me suis arrêté pour essayer de distinguer le point d'où j'étais parti.

Je m'apprêtais à repartir lorsque quelque chose m'a interpellé. J'ai planté mes bâtons dans la couche blanche et je suis resté complètement immobile tandis que les flocons tourbillonnaient autour de moi et que le silence, maintenant absolu, m'engourdissait. Je me suis abandonné à un état que je n'avais que très rarement connu dans ma vie toujours trépidante, toujours tendue, toujours en mouvement. Tout ce qui occupait et tourmentait mon esprit – les difficultés que je rencontrais dans ma carrière et mon mariage, les défis immenses que devait relever mon fils, l'insatisfaction permanente que j'éprouvais, que rien ne semblait pouvoir dissiper –, toute cette détresse s'était envolée sans que je m'en rende compte. J'avais cessé de ruminer sur l'injustice de la vie, sur ma propension à me laisser troubler par les défauts d'autrui, sans même parler des miens. Je me sentais étonnamment optimiste, empli d'une sincère gratitude à l'idée d'être vivant à cet instant précis, dans cet extraordinaire ici et maintenant, complètement réceptif à la magie de ce lieu, de ce moment, de ce monde.

J'étais heureux.

Et c'était pour moi une *terra incognita*.

Le bonheur. Je l'avais déjà croisé, auparavant : une ou deux fois, lorsque j'étais tombé vraiment amoureux, puis à la naissance de mes enfants… Au-delà de ces rares événements à l'impact certes énorme, le bonheur n'avait été qu'un élément sporadique, des plus inhabituels. Il y avait cependant eu ce moment, dans cette partie désertique d'Australie-Occidentale appelée le Bungle-Bungle, où, après avoir arrêté ma jeep sur la piste, à des centaines de kilomètres de la prétendue civilisation, j'avais soudain pensé : Je me suis perdu et retrouvé, tout au bout du monde. Et aussi, au Barbican Centre de Londres, une semaine avant mon départ pour Kandersteg, quand, en écoutant le London Symphony Orchestra interpréter la *Neuvième Symphonie* de Gustav Mahler sous la remarquable direction de Michael Tilson Thomas, j'avais eu la brève impression de discerner clairement à quel point la vie n'est qu'une énigme existentielle à laquelle on ne peut apporter aucune solution satisfaisante.

Pour être tout à fait honnête, il m'aurait été difficile d'affirmer que ma vie était particulièrement tourmentée. Mais « heureuse », cela non plus je ne pouvais y prétendre. Peut-être parce que j'étais toujours très facilement contrarié. Ou parce que l'adjectif « heureux » n'a jamais fait partie de mon vocabulaire. Quand on a atteint le stade où on se dit : « Je peux vivre des choses intéressantes mais le bonheur, non, ce n'est pas vraiment mon truc », le rencontrer ainsi, à l'improviste, est une expérience pour le moins troublante.

Le bonheur. À quoi faisons-nous réellement référence quand nous invoquons l'une ou l'autre des infinies – et souvent contradictoires – définitions du terme ?

Combien de chansons populaires ont cherché à le décrire et à l'exalter, depuis la banale ritournelle jusqu'aux sublimes accents d'espoir et de désolation qui émanent des centaines de lieder que Schubert a composés durant son passage sur terre, aussi fécond que bref, moins de trente-deux ans ?

Le bonheur. Comment cerner une si vaste notion ? Et pourquoi a-t-il toujours été l'une des pierres de touche de l'édifice sans cesse en expansion au sein duquel sont enfermés les dilemmes et les interrogations de l'être humain ?

Le bonheur est semblable à l'amour, un idéal que nous poursuivons tous mais sur le chemin duquel nous accumulons, délibérément ou non, un nombre d'obstacles effarant… Ce qui nous amène à la véritable question : voulons-nous vraiment être heureux ? N'est-il pas, paradoxalement, plus confortable de s'arranger de l'insatisfaction émotionnelle et de l'absence de plénitude qui assombrissent la plupart des existences ?

Un peu comme si, dans notre quête de bonheur, nous agissions presque toujours à l'encontre de nos intuitions, en tournant le dos à la possibilité d'être contentés.

Ces interrogations allaient surgir plus tard, lorsque je repenserais à cette scène sur cette piste de ski de fond. Sur le moment, alors que j'étais debout au milieu de tout ce blanc qui gommait les aspérités du monde, mes pensées se résumaient à une seule sensation : celle d'avoir été lavé de toutes mes frustrations, de toutes les chaînes réelles ou inventées qui limitent et paralysent. La neige continuait à m'envelopper, à flotter telle une mouvante abstraction, une page blanche sur laquelle je projetais ces quelques mots : « Voilà, c'est ça, la légèreté, la liberté. »

Au bout d'un certain temps, le froid s'est imposé : je n'avais d'autre choix que de me remettre en mouvement, d'aller plus loin dans la vallée, de suivre la courbe que formait la piste pendant six kilomètres, un ovale aplati qui allait finalement, après encore deux heures d'effort, me ramener à l'endroit d'où j'étais parti. Pendant cette longue glissade, au cœur de ce paysage effacé par la neige, cette sensation de félicité, d'avoir laissé derrière moi les difficultés et le gâchis de ma vie, ne m'a pas quitté un instant. J'étais heureux, pour de bon.

Même de retour à l'hôtel, devant un chocolat chaud corsé de quelques gouttes de brandy, j'avais beau ne plus être ébloui et aveuglé par la neige, cette impression d'adéquation avec le monde persistait. Quelques heures plus tard, alors que j'étais revenu d'une nouvelle course d'endurance à travers la vallée, un appel de mon agent new-yorkais m'apprenant que deux nouveaux éditeurs avaient refusé mon roman viendrait m'arracher à cet état que l'on pourrait appeler une euphorie détachée. Pourtant, même maintenant, près de quinze ans après cette matinée où la neige s'était décidée à tomber sur Kandersteg, je continue à voir ce moment fugace comme le début d'une prise de conscience : obstinément et désespérément, quelque chose dissonait dans la bande sonore de ma vie. Car enfin, si c'était là l'un des seuls instants de pur bonheur dont je puisse me souvenir, qu'est-ce que cela révélait de ma conception de la vie en général, et de moi-même ? À l'époque, c'est peu dire que j'avais une vision très sombre de la vie : non seulement je voyais toujours le verre à moitié vide, mais, dans mon esprit, le peu d'eau qu'il contenait était les dernières gouttes présentes sur terre, radioactives de surcroît.

Je dissimulais ce pessimisme sous mon apparence d'hyperactif. J'avais beau assumer la discipline rigoureuse de mon travail d'écrivain, garder mon sens pratique face à l'angoisse que provoquait en moi l'autisme de mon fils, assumer aisément toutes mes responsabilités personnelles et professionnelles, j'avais beau jouir d'un énorme appétit de la vie, il demeurait une vérité incontournable : je n'étais jamais à l'aise avec moi-même. Prenez n'importe lequel d'entre nous, observez-le un tant soit peu et vous diagnostiquerez la peur la plus tenace qui puisse nous étreindre : celle d'être un jour démasqué. Un jour ou l'autre, nous serons exposés comme le crédule ou l'affabulateur que nous savons être au fond de nous-mêmes. Celui qui déçoit mais n'en reste pas moins totalement dépendant des autres. La propension de l'être humain à douter de soi est gigantesque, tout comme la haine de soi, ou du moins l'inconfort d'être soi.

Pour ma part, je connaissais fort bien tous les symptômes que je viens de mentionner, et j'en étais arrivé à la conclusion suivante : le bonheur est un conte à dormir debout, un rêve chimérique que très peu d'entre nous atteignent et qui, en tout cas, restait hors de ma portée compte tenu de mes capacités psychologiques et émotionnelles.

Et pourtant, et pourtant, ce moment dans la bourrasque et la neige…

Qu'est-ce qui confère à la neige un tel pouvoir ?

Vous êtes-vous déjà demandé si une bonne part de la littérature russe aurait vu le jour sans elle, et pourquoi tant de duels tragiques – rappelez-vous ceux des *Trois Sœurs* ou d'*Eugène Onéguine* – se déroulent sous cette cascade purificatrice de flocons immaculés ? Ou combien d'épiphanies sentimentales et de profondes remises en cause personnelles surviennent alors qu'un ciel inattentif fait tomber ce manteau rédempteur sur la terre ? Il y a aussi la scène dans *Citizen Kane* où le petit Charles Foster Kane s'amuse avec sa luge chérie sous le blizzard, luge dont nous apprendrons plus tard qu'elle est ce « Rosebud », ce « Bouton de rose » sur lequel le secret du film est bâti. Un garçon et sa luge : ce tableau parfait d'une enfance idyllique dans l'Amérique de la fin du XIXe siècle est brusquement mis en pièces par l'arrivée d'un gentleman aussi victorien et autoritaire que possible, venu enlever Charles Foster à ses parents adoptifs ; et le jeune Kane verse des larmes amères sur son monde qui s'écroule, et la neige continue à tomber, et la luge est abandonnée… Chaque fois que je revois ce passage (j'ai dû voir ce film une bonne vingtaine de fois), il éveille en moi une tristesse liée à toutes sortes de raisons personnelles, et je repense toujours à cette phrase d'Edna St. Vincent Millay : « L'enfance est le royaume où personne ne meurt. »

Il n'est pas étonnant que la neige me rappelle encore de joyeuses pages de ma prime jeunesse, quand je traînais ma luge à travers Central Park – j'étais un petit gars du West Side – jusqu'à la colline du côté de la 79e Rue Est, dans ce chef-d'œuvre bucolique créé par le paysagiste Frederick Olmsted. En 1967, je n'avais alors que douze ans, ce monticule me semblait aussi vertigineux et tentant qu'une rampe de saut à ski olympique, et je dévalais son flanc à une vitesse qui me semblait proche de celle de la lumière. Sans compter que c'était là une occasion de m'éloigner de l'appartement où mes parents se livraient une guerre permanente. La neige parait la ville d'atours romantiques, atténuait le grondement incessant de Manhattan, mon île natale. En ces instants-là, j'entrevoyais alors la possibilité du bonheur, dans un monde par ailleurs plutôt hostile.

Était-il possible que, trente-trois ans plus tard, ces souvenirs d'enfance à Central Park, nimbés de neige et de félicité, aient réveillé quelque chose en moi et m'aient poussé à m'arrêter dans le silence de cette impressionnante vallée suisse ? L'inconscient est un terrain trompeur, dont nous connaissons mal la configuration intérieure, et de ce fait je serais bien en peine d'affirmer que la neige, de manière surprenante, avait réconcilié le passé et le présent ce matin-là à Kandersteg. Il m'a paru toutefois évident, en y réfléchissant par la suite, que cette soudaine jubilation avait représenté une sorte d'« épiphanie », pour reprendre un terme cher à Joyce : ma vie devait absolument prendre un nouveau cours, je ne pouvais pas continuer à m'enfoncer dans ce mal-être qui paralysait toute ma relation au monde.

Bien sûr, les vieilles habitudes sont pathologiquement incrustées et il serait illusoire d'imaginer qu'elles puissent être décapées par un rapide traitement au Mister Clean épiphanique. En réalité, c'est bien plusieurs années après ces vacances suisses que j'ai commencé à réfléchir pour de bon à mes prédispositions psychologiques, et à décider que je ne devais plus laisser la tristesse dominer mon existence. Dix ans, pas moins, qui, tout en se révélant des plus satisfaisants sur le plan créatif, ont été parsemés de cataclysmes personnels… et d'émerveillements tout aussi bouleversants. Avec le recul, cette matinée sous la neige n'a pas seulement été une étape importante dans le processus d'analyse et de résolution de mes contradictions, c'est aussi l'instant où je me suis mis à envisager ma vie sous un jour complètement nouveau, où j'ai cessé de considérer les interrogations qui nous animent, nous autres, êtres doués de conscience, de façon simpliste (noir ou blanc), pour enfin comprendre que ce sont justement les zones grises qui nous ouvrent les perspectives les plus stimulantes : l'incertitude, l'ambiguïté et le doute. C'est ainsi que j'en suis arrivé à considérer ma propre histoire, qui, à l'instar de tout un chacun, avait été forgée par la conjonction de l'imprévu et de la routine, de l'exceptionnel et du banal, des coups durs et des coups de chance, comme une succession de questions ouvertes auxquelles je risquais fort peu d'obtenir de vraies réponses.

Seulement voilà, quand on emploie l'adjectif « vraie », ou une de ces locutions péremptoires telles que : « La vérité, c'est que… », eh bien la vérité, c'est que, au-delà de quelques certitudes établies, la vérité n'existe pas. Tout au plus quelques interprétations différentes, voire divergentes.

La vie doit être vécue en regardant vers l'avenir mais ne peut être comprise qu'en se retournant vers le passé.

Et surtout la vie doit être vécue en reconnaissant que, pour une grande part, la condition humaine, et plus précisément la nôtre, individuellement, échappe à la compréhension. Vivre, c'est accepter de s'exposer à l'insoluble, et surtout lutter contre notre puissant instinct à vouloir, en dépit de tout, trouver des explications.

Afin d'atténuer l'horrible perspective de la mort, l'humanité a inventé toutes sortes de structures, de rituels et d'organisations, les religions constituées représentant le principal de ces dispositifs. Même pour celui qui ne craint pas la mort – au fond, à un degré ou un autre, nous la redoutons tous –, l'idée de se voir privé des multiples satisfactions de la vie, et peu importent les désagréables conséquences qu'elles ont tendance à entraîner, est difficilement supportable, voire carrément révoltante. Il n'est pas inconcevable d'accepter la mort avec courage, ou avec le calme de la résignation, et parfois certains sont même si fatigués de vivre que la notion de repos éternel revêt alors une certaine séduction théorique. Malgré tout, la mort reste une chose monstrueuse. Une monstruosité parfaitement captée par le génial misanthrope, furieusement british, Philip Larkin – l'un des principaux poètes de l'après-guerre, et ce contexte historique n'est certainement pas fortuit – dans son extraordinaire poème « Aubade[1] » :

> À fixer ça, l'esprit s'effondre. Non en remords
> – Le bien non fait, l'amour non donné, le temps
> Passé gaspillé – ni en lamentations, vu qu'une
> Vie unique peut prendre tellement de temps pour

---

1. « Aubade », Philip Larkin (trad. de l'anglais par Guy Le Gaufey, *La Vie avec un trou dedans*, © Éditions Thierry Marchaisse, 2011, pour la traduction française). (*N.d.É.*)

S'alléger de ses faux départs et n'y jamais parvenir ;
Mais dans la totale et sempiternelle vanité,
L'extinction assurée vers où nous voyageons
Et serons perdus pour toujours. Ne pas être ici,
Ne pas être où que ce soit,
Et bientôt ; rien de plus terrible, rien de plus vrai.

Une « aubade », au sens littéral, est une musique liée aux heures qui précèdent l'aube, de même qu'un nocturne – ou *Nachtmusik*, si l'on est mozartien – correspond à la nuit. L'une des remarquables qualités du poème de Larkin est de recréer l'atmosphère de ces instants incertains, avant que ne perce la première lueur du jour, ces instants où nous avons tendance à nous abandonner au questionnement le plus fondamental, et à l'angoisse extrême qui l'accompagne. C'est un insomniaque qui vous parle, quelqu'un qui a maintes fois traversé ces tortures mentales nocturnes, du moins jusqu'à ce que mon médecin traitant de l'époque me prescrive un somnifère radical, accompagné d'un excellent conseil de clinicienne chevronnée : « Si vous êtes encore debout et déprimé en plein milieu de la nuit, croquez un carré de chocolat. Ça augmente le taux de sucre dans le sang et ça rend l'obscurité plus supportable. »

« Rendre l'obscurité plus supportable » – j'ai apprécié l'élégance de la formule et la manière dont elle résume ce à quoi nous sommes confrontés : il existe des solutions, des remèdes, des interprétations pour nous aider à « supporter les ombres », mais les grandes questions demeurent. Tournez-les et retournez-les dans tous les sens, comme dans un tambour de machine à laver, elles resteront privées de réponses empiriques.

Vous pouvez toujours afficher une confiance résolue dans la promesse d'un paradis céleste à venir, ainsi que le font les personnes croyantes de ma connaissance. Vous pouvez tout autant professer un athéisme rigoureux en guise de foi humaniste, un refus catégorique du divin, du surnaturel et du mystère. À ce propos, n'est-il pas étrange que Dieu puisse s'écrire avec un « d » ou avec un « D » ? Et quand bien même on en viendrait à affirmer qu'il existe bel et bien une « essence divine », une nouvelle question se pose : comment définir cette essence ? Et tant qu'on y est : comment se fait-il que ma conception du divin soit si différente de la tienne ? Surtout quand on pense que, pour moi, l'adjectif « divin » est plus volontiers associé aux créations du chocolatier belge Pierre Marcolini qu'à une présence idéale planant au-dessus de nos têtes.

Questions, questions…

A-t-on le droit de ruminer les grands dilemmes de l'existence sans céder à la tentation d'avancer des solutions miracles, des « Y a qu'à » « Faut qu'on » ? Ne pourrait-on pas accepter que la vie ne soit, au fond, qu'une succession de quêtes toujours changeantes, au gré de ce qui se présente sur notre chemin ? Un chemin que nous nous obstinons nous-mêmes à parsemer d'embûches, de complexités confondantes, de tracasseries, tout comme nous sommes enclins à esquiver ce qui est intéressant, tentant et potentiellement dangereux, juste pour nous désoler ensuite de notre prudence excessive, de notre incapacité à risquer un seul orteil sur le terrain du risque nécessaire.

Si tout n'est jamais qu'une question d'interprétation, alors nous sommes bien plus responsables du développement de notre propre histoire que nous ne voulons le reconnaître. Et nous continuerons à être hantés par des questions dont l'ampleur et la difficulté dépassent nos ressources psychiques.

Pourtant, en ce matin de blizzard dans une vallée alpine, j'ai fait une découverte. Le bonheur est peut-être simplement ceci : un instant où l'on arrive à mettre de côté tout ce qui inquiète, tourmente, trouble le sommeil, et à s'abandonner à l'émerveillement.

J'ai connu des êtres naturellement disposés à la joie et au bonheur. D'autres qui avaient une vision carrément dyspeptique de l'humanité. Mais même les plus heureuses natures ne cèdent-elles vraiment jamais à un moment de désespoir ? Et les cyniques, avec leur misanthropie, sont-ils toujours imperméables à ce que la vie peut avoir de fantastique ? L'enfer, c'est possiblement les autres, comme l'a avancé un certain Jean-Paul Sartre, mais plus souvent encore nous-même. La manière dont on appréhende l'existence est déterminante, et c'est elle – et non les événements en eux-mêmes – qui nous plonge soit dans la jubilation, soit dans un pessimisme destructeur. Je ne sais si le bonheur peut être un état permanent, surtout quand les aspérités de la vie nous empêchent d'avancer avec la légèreté et la grâce d'une ballade de Frank Sinatra, mais refuser des moments de véritable allégresse, choisir l'aigre-doux dans les rares cas où l'existence nous offre la jubilation, me semble aller à l'encontre de nos pulsions les plus inspiratrices. En dépit de toutes les frustrations et de tous les doutes, il est vital que nous restions curieux du monde qui nous entoure, car seule la curiosité entretient l'espoir.

Et le plus bel espoir que nous puissions avoir, c'est de mener une vie intéressante.

Reste à savoir ce qu'est une vie intéressante. Est-il possible qu'une vie soit intéressante précisément parce qu'elle est déterminée par un questionnement infini et insoluble ?

Tournons la page et continuons l'exploration.

2

Sommes-nous les victimes
ou les artisans de notre infortune ?

Chaque fois qu'il était anxieux ou agacé, mon père avait un tic nerveux : il ne cessait de se frotter le front avec son pouce. Et chaque fois que je le voyais faire, je repensais au commandant Queeg, l'officier de l'US Navy formidablement incarné par Humphrey Bogart dans *Ouragan sur le Caine*, un homme rigide et autoritaire, obsédé par sa carrière militaire et qui, en proie au stress, se mettait à pétrir des boules de métal entre ses doigts, presque comme si c'était un rosaire, signe de son agitation intérieure… et qu'il était sur le point d'exploser dans l'un de ses légendaires accès de colère.

Chez mon père aussi, ce frottement de pouce frénétique trahissait une rage bouillonnante et était devenu pour moi, surtout après l'incident que je m'apprête à relater, ce que les joueurs de poker professionnels appellent un « tell », une mimique trahissant la réaction de l'adversaire devant la main qui vient de lui être servie. Même s'il paraît impassible, le joueur de poker le plus expérimenté a du mal à contrôler une crispation involontaire des traits, une accélération des battements de paupières, indices à peine perceptibles que son adversaire tout aussi chevronné saura lire comme l'indication qu'il a en effet reçu un full aux as par les rois ou au contraire qu'il est simplement en train de bluffer.

Des « tells », mon père en avait tout un lot, incapable comme il l'était de dissimuler longtemps ses émotions. Né à la veille de la Grande Dépression dans une famille modeste d'un coin de Brooklyn très majoritairement prolétaire et catholique irlandais – aujourd'hui sérieusement « bobo », comme presque tout Brooklyn –, il avait perdu sa mère, qu'il adorait, à treize ans. Son despote de père, capitaine de la marine marchande, était peu présent dans sa vie, ne revenant à la maison que pour de courtes escales pendant lesquelles il terrorisait ses enfants, et mon père avait été élevé surtout par ses deux sœurs aînées, toutes deux déjà aigries par une insatisfaction et une morosité qui allaient déterminer leur vie d'adulte et conduire l'une d'elles à l'alcoolisme. Après le décès de sa mère, il avait plus ou moins consciemment cherché des structures contraignantes qui lui permettraient d'échapper à ce traumatisme : un institut de pères augustins supposé le préparer à la vie monastique. Puis, après avoir constaté qu'il serait incapable de respecter le vœu de célibat (ainsi qu'il me l'avait confié plus tard), il avait trouvé un cadre encore plus rigide, doté de sa propre ferveur religieuse et d'un attachement aussi rigoureux à une cause sacrée, j'ai nommé le corps des marines américains.

Engagé à dix-sept ans en compagnie de quatre copains de son quartier, il avait survécu au cauchemar de l'entraînement à Parris Island, un coin perdu, affreusement humide et marécageux de la Caroline du Sud, et, de là, ils avaient été expédiés directement au neuvième cercle de l'enfer, l'île d'Okinawa, théâtre de certains des affrontements les plus cruels et les plus meurtriers de la guerre du Pacifique. Comme il était alors un excellent coureur, on l'avait chargé d'effectuer la liaison entre les commandants des différentes unités, et de ce fait il avait échappé aux combats, contrairement à ses quatre camarades. Au final, il avait été le seul du quintette original à rentrer vivant au pays, ce qui n'avait fait qu'accentuer son sentiment de culpabilité. Entré à l'université de Columbia grâce à la loi favorisant l'accès à l'enseignement supérieur des soldats démobilisés, il avait échoué à l'examen de chimie au bout du premier semestre, mettant ainsi fin à son rêve de devenir médecin. Trois ans plus tard, muni d'un diplôme en sciences économiques obtenu de justesse – « J'ai toujours été dans le groupe des C moins », me dirait-il un jour –, il était entré en tant que stagiaire à la Chemical Bank.

À cette époque, l'une de ses sœurs, Pat, avait épousé un ancien correspondant de guerre passé dans les relations publiques, Murray Lewis. Un mariage qui allait produire quatre enfants et une dose considérable d'irritation réciproque, au point que Murray se détruirait les poumons à la cigarette et serait emporté par un cancer avant d'avoir atteint les cinquante ans. Tout cela, pourtant, appartenait encore à un avenir indéchiffrable quand, lors des noces de Pat et Murray, un après-midi de l'année 1950, mon père avait croisé une amie de sa sœur, Lois Braun. Née à Brooklyn mais élevée dans le West Side, elle était la fille unique d'un courtier en diamants de Manhattan, Milton Braun, un bonimenteur-né toujours tiré à quatre épingles, et d'une *yenta* (« faiseuse d'histoires », en yiddish) prématurément vieillie, Mildred, qui ne laissait pas un moment de paix à son enfant.

« C'est bizarre comme on refuse de voir la réalité en face, quand on rencontre quelqu'un », me raconterait mon père un soir où, très inhabituellement, il avait baissé la garde et décidé de partager la déception que lui inspirait la majeure partie de son existence passée. « Dès le début, j'ai compris que Lois était le portrait craché de sa mère, en plus jeune et plus jolie, mais j'ai été impressionné par son esprit. Et puis, j'avais beau n'avoir que vingt-cinq ans, je me disais que je devais me marier rapidement. Beaucoup plus tard, alors que j'étais père de trois garçons, obligé de trimer pour boucler les fins de mois, et que je savais maintenant pertinemment que ta mère n'était pas celle avec qui j'aurais dû faire ma vie, je me suis souvent demandé pourquoi je n'avais pas écouté la petite voix qui m'avait soufflé : "Vous ne vous rendrez pas heureux, tous les deux. Elle n'est pas comme tu voudrais qu'elle soit." Sans compter que c'est son père qui m'avait supplié de l'épouser… Oui, c'est comme ça, c'est ton grand-père qui m'a proposé sa main, et tu sais bien que j'ai toujours pensé un bien fou de Milton, que je l'admirais énormément, qu'il représentait pour moi le père que je n'ai jamais eu, vu que le mien a toujours été le plus grand salaud de la création, toujours à juger et à critiquer les autres. Hé, il n'est même pas venu à notre mariage, sous prétexte que ta mère était juive ! Mais bon, laisse-moi te donner un conseil : fie-toi à ton instinct, en toute circonstance, et écoute toujours la petite voix dans ta tête qui te dit : "Tu ne devrais pas faire ça…" »

Je me rappelle m'être fait la réflexion, en écoutant ces confidences, que les fils reproduisent souvent les erreurs de leurs pères. Moi aussi, je m'étais marié dans la hâte, sans considérer assez longtemps celle qui allait devenir mon épouse. Et je me souviens également de la pointe de tristesse que j'avais éprouvée lors de mon mariage en pensant à la longue et discordante relation entre mes parents.

Maman. Des années après avoir mis un océan entre nous, et alors que je prenais soin de limiter mes visites à New York, une ville qui pour toutes sortes de raisons m'apparaissait comme hantée, je suis tombé par hasard sur l'un de mes anciens professeurs de lycée, au carrefour de Broadway et de la 77e Rue, le quartier de mon enfance. J'avais toujours entretenu des rapports pour le moins tendus avec ce monsieur, auquel le temps avait conféré une notable corpulence, sans doute parce qu'il m'avait d'emblée catalogué comme un élève « à problèmes », un « drôle de coucou ». C'était aussi quelqu'un de cultivé, doté d'une grande intelligence de la vie. Après m'avoir tapé sur l'épaule alors que je m'apprêtais à traverser, il m'a confié avoir vu la critique de mon dernier roman dans le *New York Times*, tout en laissant entendre qu'il était à la fois content et surpris que je sois devenu un romancier publié. Et là, il a continué :

— Donc, vous vivez toujours à Londres ?

— En effet.

— Vous avez de la jugeote, c'est clair.

— Pourquoi dites-vous ça ?

— Parce que vous vous êtes éloigné de votre mère.

Il ne m'a pas échappé qu'il guettait ma réaction. Après avoir constaté que son commentaire plutôt direct ne m'avait pas choqué, il a poursuivi :

— J'espère ne pas vous froisser, mais vous savez, on a eu affaire à elle pendant presque quinze ans, au lycée, et je peux vous avouer maintenant qu'on n'était pas loin de penser qu'elle était presque folle.

Lorsque j'ai rapporté ce commentaire à l'un de mes anciens camarades de classe, mon plus vieil ami, un journaliste de la presse écrite très en vue qui lui aussi avait une mère « difficile », sa réaction a été immédiate :

— Oui, il a toujours été assez peau de vache, mais en ce qui concerne ta mère… tu sais bien qu'il a raison.

Maman. Une femme toute menue – moins d'un mètre soixante sans talons. Une pile électrique, incapable de rester immobile plus de cinq minutes, et perpétuellement mécontente de son sort.

De ma mère, je garde quelques souvenirs qui remontent à loin. Un matin, j'avais six ans, alors que mon père venait de s'échapper de notre petit appartement en claquant la porte derrière lui après une dispute particulièrement affreuse, ma mère avait fondu en larmes dans la cuisine pendant que j'essayais de finir mon petit déjeuner. Bouleversé par cette scène, j'avais malencontreusement renversé mon verre de lait, et sa réaction avait été de me gifler en criant : « C'est contre moi que tu as fait ça, contre moi ! » J'avais couru me réfugier dans la chambre – que je partageais avec mon frère nouveau-né –, ou plus exactement dans la penderie, ma meilleure cachette lorsque je voulais échapper aux scènes de mes parents. Quelques minutes plus tard, ma mère était venue me persuader de sortir de là en me proposant un chocolat chaud. Puis, me serrant rapidement dans ses bras – elle n'était jamais démonstrative –, elle avait dit : « Je ne devrais pas reporter sur toi toutes les horreurs que ton père me fait subir. »

Il n'empêche, les disputes de mes parents étaient incessantes, et l'amertume de ma mère, partiellement masquée par son hyperactivité, grandissait chaque jour. À l'adolescence, j'avais appris qu'après ses études elle avait été assistante de production à la toute récente chaîne de télévision NBC, côtoyant des vedettes du petit écran telles que Sid Caesar, Jack Paar, Abbott et Costello ou Ezio Pinza durant le prétendu « âge d'or » de la télé, avant de faire partie un temps de la rédaction d'un magazine féminin. Une fois mariée, et après avoir donné naissance à son premier rejeton – votre serviteur – en 1955, ses perspectives professionnelles avaient été réduites à néant. Au début des années 1970, un jour où nous regardions Barbara Walters interviewer le président du moment, en l'occurrence Richard Nixon, maman m'a lancé un coup d'œil et a dit : « C'est moi qui aurais dû être là, pas elle. Seulement, tu es arrivé… »

Quand j'ai relaté cet épisode à mon père, il a secoué la tête et rétorqué, cinglant : « Elle raconte n'importe quoi. NBC l'a licenciée parce qu'elle était trop nerveuse et incompétente. Et c'est pareil pour le magazine. Sa grossesse était la seule perspective de carrière qui lui était offerte. » Pourtant, lui-même ne résistait pas toujours à la tentation de me faire porter la responsabilité de ce qu'il jugeait injuste dans sa vie. Alors que j'avais onze ou douze ans, il avait montré du doigt la petite pile de jeux de société que j'avais dans mon placard et il avait lancé : « Quand j'avais ton âge, je n'avais rien de tout ça, rien. Et maintenant, je trime pour te le donner. » Avec le recul, cette remarque n'était pas des plus équitables : ce qu'il y avait là, Monopoly, Parcheesi, Risk, Life, n'était en aucun cas un luxe extravagant mais l'habituel assortiment de distractions accessibles à la plupart des enfants de mon milieu social et de ma génération. Nous étions une famille de la classe moyenne vivant sur un salaire moyen dans un appartement dont le loyer avoisinait les deux cents dollars au milieu des années 1960, et si notre rue pouvait s'enorgueillir d'accueillir l'imposant Muséum américain d'histoire naturelle juste en face de notre immeuble, elle abritait aussi un refuge pour sans-logis à l'autre bout. Columbus Avenue n'était pas encore un haut lieu de la jeunesse yuppie comme elle allait le devenir deux décennies plus tard, mais un quartier où les immigrés de fraîche date abondaient et où les gangs de voyous sévissaient. Comme je l'ai dit un jour au cours d'une interview, mon enfance ressemblait à un cliché en noir et blanc de Weegee, le maître de la photographie ultraréaliste de l'après-guerre. Une boutique Optimo Cigar était tenue d'une main de fer par un insupportable chauve, Joe, qui fumait comme une cheminée et traitait de « morpion » tout client âgé de moins de seize ans. « Hé, morpion, si tu veux lire le *National Enquirer*, tu l'achètes et tu dégages de ce présentoir ! » Un vieil Allemand assisté d'un Irlandais du Nord tout aussi décati tenait un poste de cireur de chaussures, tous deux arborant des ongles éternellement incrustés de noir. Un nouvel arrivant de San Juan – les Portoricains étaient nombreux, dans le voisinage – s'occupait d'un minuscule kiosque à pizza. Il y avait aussi un modeste drugstore, la boulangerie Grosinger's, connue pour offrir le meilleur pain de seigle de toute la ville – et la compétition était rude –, et un snack-bar avec distributeur de sodas tenu par deux Polonais qui préparaient un délicieux *egg cream* – boisson typique du New York des années 1920, du lait chocolaté avec un trait d'eau de Seltz –, et dont les tatouages sur les avant-bras témoignaient de leur internement dans des camps de concentration.

Nous avions emménagé ici après la naissance de mon plus jeune frère, Roger, lorsque notre soixante mètres carrés de la 19ᵉ Rue et Deuxième Avenue était devenu beaucoup trop petit pour une famille de cinq. Mes grands-parents maternels, eux, résidaient dans un *classic six*, le six-pièces typique des foyers aisés dans le Manhattan d'avant-guerre, bien trop grand pour eux, et après une négociation serrée avec le propriétaire, car les loyers dans ces immeubles étaient sévèrement contrôlés, nous avions obtenu l'autorisation de nous y installer aussi en payant trente dollars supplémentaires chaque mois. Deux cent vingt-cinq dollars pour un six-pièces tout proche de Central Park que mes parents allaient finir par acquérir en 1972 en échange de trente-trois mille dollars : ces sommes paraissent surréalistes, dans le Manhattan d'aujourd'hui.

Si nous étions venus vivre dans ce quartier à la fois élégant et interlope du West Side où les rues restaient peu sûres, c'était surtout parce que j'avais été admis au Collegiate, le *nec plus ultra* des écoles de garçons new-yorkaises. Fondée par les

Hollandais en 1628, quand l'île qui m'a vu naître s'appelait encore La Nouvelle-Amsterdam, cette institution dispensait un enseignement classique de la plus grande qualité, dans une atmosphère de compétitivité à outrance qui n'était pas sans laisser des marques psychologiques indélébiles sur ses élèves. J'ai souvent salué la chance que j'avais eue de fréquenter le Collegiate, une structure à laquelle je dois d'avoir appris à réfléchir avec un sens critique et du discernement, à écrire et à m'exprimer de manière claire, concise et imaginative, à considérer la culture comme une part importante de la personnalité. Mais le culte de la rivalité intellectuelle qui s'y pratiquait, son élitisme affiché et son inclination à tenir tout échec pour un péché mortel n'étaient pas sans conséquence : l'un de mes camarades de classe allait finir par se pendre, plusieurs autres seraient soignés pour ce que l'on considérait alors génériquement comme un « état dépressif », et d'autres encore plus nombreux me confieraient par la suite à quel point ils s'étaient sentis seuls, isolés et intimidés dans ces illustres couloirs. Personnellement, je dirais sans la moindre hésitation que j'ai reçu grâce au Collegiate une éducation hors pair, que cela m'a aidé à devenir l'écrivain que je suis… et qu'au cours des quarante-deux années qui se sont écoulées depuis que j'en suis sorti, je n'ai jamais éprouvé l'envie d'y retourner.

L'une des nombreuses facettes intéressantes de l'établissement était le clivage East Side/West Side entre les élèves. La majorité des garçons venus de la partie orientale de Manhattan habitaient entre la Cinquième et Park Avenue, le prestigieux code postal 10021 qu'on appelait aussi le « Silk Stocking

District », l'« Arrondissement du bas de soie », pour la plupart issus de la ploutocratie locale et très éloignés de nous autres, les gars de l'Ouest – ou, pour être aussi spécifique que la topographie sociale de Manhattan l'exige, « à l'ouest de Central Park-Ouest ». Je me rappelle encore la fois où j'avais demandé à l'un de mes amis du Collegiate avec lequel il m'arrivait souvent d'aller voir une pièce dans quelque théâtre expérimental ce qu'il comptait faire pendant les vacances d'été – pour ma part, j'allais donner des cours de rattrapage à des jeunes de Harlem en juillet et août. Il m'avait répondu : « Moi, je vais produire un film en Angleterre. » Et il disait la vérité, en plus ! Des années plus tard, en regardant *Metropolitan*, le très beau film de Whit Stillman, je me suis surpris à avoir les larmes aux yeux pendant la scène de la surprise-party, dans un immense appartement de Park Avenue. L'hôte, un fils à papa de dix-sept ans plein de morgue, désigne un jeune invité plutôt timide et maladroit en société, du genre à passer son temps dans les livres, par cette formule condescendante : « le type du West Side ». Quand j'ai appris par la suite que Stillman était lui-même un ancien du Collegiate, je me suis dit : « Il sait de quoi il parle. »

Pour en revenir au reproche assez injuste que ma modeste pile de jeux avait inspiré à mon père, je ferai simplement remarquer que nous sommes tous le produit des circonstances qui nous ont formés et que son enfance à Prospect Heights, sans être assimilable au dénuement absolu, n'avait disposé que d'un confort matériel limité ; à la mort de sa mère, tout vestige d'affection parentale avait disparu. Cela dit, ses fréquentes tirades sur le coût de la vie et les dépenses domestiques étaient révélatrices d'une frustration plus profonde. Comparé aux standards de Manhattan, notre train de vie était vraiment modeste : pas de voiture, ni de vacances en Europe, ni de villa d'été dans les Hamptons… Pour les grandes vacances, nous louions une maison à Old Greenwich, une ville du Connecticut qu'en grandissant j'ai vite considérée comme le symbole de l'étroitesse d'esprit banlieusarde, un petit monde étouffant auquel je voulais échapper et dont je redoutais de me retrouver prisonnier. Mon père ne cessait d'évoquer son désir de s'éloigner de la grande ville, perspective furieusement rejetée par ma mère, avec mon soutien résolu.

Nous n'avions pas à nous plaindre : nous vivions bien, nous allions au théâtre, au ballet, au cinéma, et je fréquentais une école prestigieuse. Mais je n'en restais pas moins un garçon du West Side, à des lieues de l'opulence dans laquelle grandissaient mes camarades de Park Avenue. Et mon père, avec les multiples responsabilités que supposaient trois enfants et une épouse qui, comme le voulaient les mœurs américaines des années 1950, ne travaillait pas, se sentait forcément prisonnier du train-train qui l'enchaînait au bureau et à la maison. Heureusement pour lui, son travail l'amenait à développer des mines de cuivre dans des coins du monde aussi « intéressants » qu'Haïti ou le Chili, ce qui signifiait des voyages fréquents et donc des perspectives de fuite qu'il accueillait avec un soulagement visible.

Et quand il n'était pas à l'étranger ? C'était un père capable de sillonner la pointe de Manhattan à vélo avec moi, de faire la queue pendant une heure un jour glacial de l'hiver 1967 pour m'emmener voir

Le Lauréat de Mike Nichols, le genre de film que j'aimais et qu'il appréciait aussi, ou les plus belles chorégraphies de Balanchine, et qui, en bon catholique non pratiquant, avait un penchant pour les questionnements existentiels sur l'univers et la place que nous y occupons. Je me souviens d'une nuit d'août en particulier, à Old Greenwich (dont je méprisais l'esprit étriqué et que j'allais par la suite utiliser comme toile de fond banlieusarde au début de *L'Homme qui voulait vivre sa vie*) : alors que nous nous tenions côte à côte, les yeux levés vers un ciel remarquablement limpide pour un jeune New-Yorkais comme moi, mon père avait entrepris de m'expliquer la totale inconsistance de l'individu face à l'infinité du temps et de l'espace. Tout cela alors que je n'avais que onze ans. Il lui arrivait aussi de baisser la garde et de se confier à moi, même s'il regrettait ensuite ce qu'il considérait comme un moment de faiblesse.

C'est aussi pourquoi, les rares fois où, durant ma crise de la quarantaine, j'ai tenté de solliciter ses conseils et son soutien (notamment au sujet de ma vie conjugale de plus en plus problématique), il se hérissait. « Hé, je ne suis pas ton putain de confesseur ! » m'a-t-il asséné un jour où je m'étais mis à lui parler d'un différend particulièrement pénible avec mon ex-épouse. Ce jour-là, j'ai décidé de ne plus jamais évoquer mes problèmes personnels devant lui.

Quelques mois après cette rebuffade, toutefois, j'étais de retour à New York, sous le choc de la manne financière qui venait de me tomber dessus : mon deuxième roman, *L'Homme qui voulait vivre sa vie*, m'avait rapporté, à la faveur de l'une de ces enchères frénétiques entre éditeurs assez courantes dans les années 1990, suffisamment d'argent pour acheter comptant une maison dans un agréable quartier du sud de Londres. Mon père, cependant, ne semblait pas vraiment enchanté d'apprendre que son écrivain de fils, qui avait suivi jusque-là un parcours professionnel intéressant mais fort peu lucratif, atteignait soudain un succès matériel que lui-même n'avait jamais pu approcher. Le fait est que, après avoir abandonné un poste très intéressant au milieu des années 1980, il n'avait pas été en mesure de retrouver pareille occasion dans le secteur des métaux, et il n'avait donc pu profiter du boom sans précédent sur le marché boursier. À cette époque, il avait été nommé à la tête d'une organisation baptisée le « Club du cuivre ». Ce travail administratif consistait à organiser des déjeuners-débats et des rencontres, avec un voyage à Londres chaque année en octobre afin de prendre part au grand dîner offert par la bourse des métaux. Son salaire lui permettait de payer les factures mais rien de plus, et mes parents étaient maintenant endettés. Une fois signé mon substantiel contrat d'édition, je lui ai proposé cinquante mille dollars pour éponger une bonne partie de ses dettes ; il a refusé. Trois ans plus tard, alors que sa situation s'était encore aggravée, il a enfin accepté que je règle les charges annuelles de l'appartement familial. J'ai alors découvert que celui-ci était la seule garantie financière qui lui restait.

Ce soir-là, pourtant, il a insisté pour que nous fêtions la grande nouvelle en allant dîner entre hommes à Manhattan. C'était également son soixante-dixième anniversaire. J'ai suggéré un restaurant abordable, car mon père n'avait rien d'un épicurien et j'avais moi-même eu trop longtemps des problèmes de trésorerie pour claquer deux cents dollars par personne en une soirée. Néanmoins, il s'est montré inflexible, voulant à tout prix m'amener dans un luxueux restaurant français de l'East Side. Après avoir jeté un coup d'œil à la carte et aperçu les prix exorbitants qui y étaient indiqués, j'ai annoncé que je tenais à me charger de l'addition. Sa réponse :

— Essaie seulement et je te brise les os de la main.

— OK, message reçu. Ce soir, je suis ton invité.

Nous avons commandé des martinis vodka, ultrasecs, avec un trait de citron, qui nous ont été servis dans des verres assez larges pour contenir un gros poisson rouge. Le barman les a préparés « à la Manhattan », frappés et corsés, un véritable anesthésique procurant un soulagement immédiat, quoique temporaire, face aux multiples injustices de la vie. Aussi avons-nous sur-le-champ demandé une autre tournée. J'avais avalé la moitié de l'élixir lorsque mon père, après avoir mentionné ses soixante-dix ans, a remarqué combien le temps semblait s'accélérer comme un train à grande vitesse fonçant vers le néant.

— Je dirais qu'il me reste une quinzaine d'années devant moi, a-t-il constaté.

— C'est beaucoup, non ? Je veux dire qu'en quinze ans il peut se passer des tas de choses.

— C'est bien le type de quarante et un ans qui dit ça, celui qui a encore la moitié de sa vie à venir ! Ou peut-être encore plus, vu la foutue longévité qui existe des deux côtés de la famille…

— Tu as tout le temps de faire plein de trucs, papa.

— Comme quoi ?

— Comme avoir la vie que tu voudrais. Si tu pouvais changer le scénario demain, où est-ce que tu aimerais vivre ? Et comment ?

Il a fini son deuxième martini avant de se lancer dans la description de son existence idéale, et j'ai vu ses yeux briller quand il m'a parlé de la maison qu'il aurait voulu acheter dans le Maine, quelque chose de modeste et de pratique, de préférence dans un village mais avec vue sur l'océan. Il m'a confié qu'il épluchait les annonces immobilières dans les revues de la Nouvelle-Angleterre – nous n'étions pas encore entrés dans l'ère de l'Internet – et qu'une simple maison traditionnelle à bardeaux blancs dans une anse de la côte ne dépasserait pas les cent mille dollars. Il achèterait aussi la jeep qu'il avait toujours désirée, et surtout le bateau dont il rêvait, une petite yole à voile qu'il amarrerait non loin de chez lui.

— Peut-être que je pourrais donner des cours de commerce international, un truc comme ça, dans une école du coin, a-t-il continué. Et j'aimerais vraiment améliorer mes connaissances en voile. Et aussi, qui sait, même avoir une copine…

En y repensant maintenant, je me dis que cet instant a été celui où j'ai le plus aimé mon père. J'avais sous les yeux toute la tristesse et toute la vulnérabilité qui s'étaient accumulées en lui, mais je percevais aussi son désir sincère de se réinventer pour le temps qui lui restait à vivre. Sentant que, pour une fois, il cherchait conseil auprès de son fils aîné, j'ai tendu la main pour lui prendre le bras.

— Tu sais que tout ça est parfaitement faisable, papa. Tes dettes s'élèvent à quoi ? Cent, cent cinquante mille ?

— Dans ces eaux-là.

— Et l'appartement est estimé à un million deux, n'est-ce pas ? Alors, après la commission et le remboursement des dettes, il te resterait près d'un million. Tu donnes à maman les deux tiers, elle aura de quoi s'acheter un deux-pièces confortable, dans les trois cent cinquante mille dollars, et encore trois cents pour voir venir. Avec ta part, tu peux facilement avoir la maison dans le Maine, la jeep, le bateau, et garder deux cent mille dollars à la banque. J'ai des contacts là-bas. Je suis sûr que tu pourras donner des cours comme tu le dis. Et que tu pourras rencontrer une très charmante quinquagénaire qui sera ravie de t'avoir pour cavalier. Tout est possible, papa, il suffit que tu...

Soudain, il a frappé la table de sa paume ouverte, les traits déformés par la colère.

— Comment oses-tu ? a-t-il sifflé entre ses dents. Merde, comment oses-tu ?...

— Mais je ne faisais qu'aller dans ton sens...

Il s'est brusquement emparé de ma main droite et s'est mis à me tordre les doigts.

— Tu veux que je te brise la main en mille morceaux, monsieur l'écrivaillon ? C'est ce que veut le grand romancier qui sait tout sur tout ?

Malgré son âge, mon père demeurait impressionnant : un mètre quatre-vingt-dix et cent vingt kilos. Il m'avait toujours intimidé lorsque j'étais enfant, et cela restait vrai. Quand j'ai tenté de retirer mes doigts, il les a serrés encore plus fort et j'ai eu l'impression que mes phalanges étaient sur le point de céder.

— Tu me fais mal, ai-je murmuré.

— C'est bien mon intention, a-t-il soufflé.

Il était évident que les deux martinis ultracorsés

avaient déclenché l'un de ces accès de rage dont il était coutumier lorsqu'il avait bu.

— Si je t'ai contrarié, je regrette.

À ce stade, je le connaissais suffisamment pour savoir que seule une expression de regret, si injustifiée fût-elle, pourrait faire retomber sa fureur. Malheureusement pour les autres et pour lui, mon père avait toujours besoin d'avoir raison. Même s'il se reprochait ensuite ses explosions de rage – dont l'une lui avait coûté son dernier emploi, entre autres –, il restait, comme l'un de mes frères l'avait si bien analysé un jour, le petit garçon privé d'amour qui jette tous ses jouets pour manifester son mécontentement, et cherche de cette façon à imposer son pouvoir. Cette propension était encore plus évidente lorsqu'il se retrouvait face à une situation qui le déstabilisait. Son insistance à payer le dîner, ce soir-là, avait déjà été un signe du trouble dans lequel mon récent succès l'avait plongé. Le fond de tout cela, c'était que je venais de gagner une belle somme, chose qui aurait tout aussi bien pu lui arriver s'il n'avait pas quitté son ultime poste à responsabilité sous le coup de la colère.

Ces réflexions, je me les suis faites bien après. Sur le moment, ma seule préoccupation était de récupérer mes doigts intacts et de calmer le jeu. À peine ai-je demandé pardon, d'ailleurs, qu'il a relâché sa prise. Puis il s'est emparé de mon avant-bras en se penchant vers moi avant de chuchoter :

— J'ai fait un serment, tu comprends ? Un serment devant Dieu. J'ai juré que je resterais avec ta mère jusqu'à ce que la mort nous sépare. Tu peux piger ça ?

— Oui, papa, je peux. Mais si tu me lâchais le bras ? S'il te plaît.

— Ne parle plus jamais de chimères pareilles, plus jamais. Compris ?

— Compris.

Sur ce, il s'est éclipsé aux toilettes. Quand il a été hors de vue, j'ai pris ma tête entre mes mains, poussé un profond soupir et, attrapant mon verre, je l'ai terminé d'un trait. Mille pensées se bousculaient dans mon esprit. Soudain, j'avais à nouveau treize ans et je me trouvais dans ma chambre. On était en 1968, une année tumultueuse pendant laquelle les États-Unis allaient connaître des assassinats politiques, la désobéissance civile contre une guerre inconsidérée, et des émeutes. Cela avait aussi été le début d'un long conflit entre une partie plus progressiste de la société et la « majorité silencieuse » – pour reprendre l'expression nixonienne – qui s'accrochait aux valeurs réactionnaires, chauvinistes et ultracléricales d'une certaine Amérique. À la maison, une autre guerre, celle que se livraient mes parents, avait acquis une virulence accrue depuis que l'un et l'autre avaient dépassé le seuil de la quarantaine. Ma mère se plaignait amèrement des absences toujours plus prolongées de mon père, qui séjournait alors presque la moitié de l'année au Chili, où sa compagnie l'avait chargé d'ouvrir une mine dans le désert d'Atacama, près de la frontière péruvienne. Quant à lui, il redoutait visiblement ses retours au bercail : même s'il était toujours content de revoir ses trois fils, je sentais qu'il avait hâte de reprendre l'avion. Étant l'aîné, je commençais à entrevoir plus clairement que mes frères tous les compromis qu'entraînait la vie adulte. Il ne m'échappait pas non plus que, pour tous mes proches, depuis mes parents jusqu'à mes deux tantes paternelles en passant par mes grands-parents, la vie conjugale était une souffrance plutôt qu'une source d'épanouissement. J'avais ainsi compris, même s'il faisait de son mieux pour le dissimuler, que mon père était malheureux, et que l'activité fébrile de ma mère ne servait qu'à cacher ses propres déceptions.

Pour en revenir à ce 2 février 1968... Si je me souviens aussi bien de cette date, c'est parce que j'avais fumé ma toute première cigarette en bas de l'immeuble ce jour-là – expérience initiatique qui allait me transformer en fumeur impénitent, jusqu'à ce que je tousse du sang près de vingt ans plus tard, le 2 février 1987 (je ne mens pas : qui dira après qu'il n'y a pas de coïncidences dans la vie ?). Mon père était rentré du Chili la veille et, le soir même, vers dix heures, mes parents avaient entamé l'une de leurs disputes tonitruantes. À cette époque, je disposais enfin d'une chambre pour moi seul, mes deux frères, alors âgés de dix et quatre ans, partageant la même. Je savourais la nouveauté d'avoir un espace rien qu'à moi, bien que constamment envahi par ma mère, qui avait la manie de surgir à l'improviste sans prendre la peine de frapper à la porte. Mais bon, c'était la première fois que j'avais une sorte de « chez-moi ». J'avais commencé à le décorer avec des affiches du festival de cinéma de New York – j'avais alors des prétentions intellectuelles – et une reproduction de Calder achetée au musée d'Art moderne avec mon argent de poche. Depuis quelques années, je demandais pour cadeau d'anniversaire un abonnement annuel au MoMA, qui me donnerait accès à la cinémathèque du sous-sol : à cette époque, je caressais en effet l'ambition de devenir critique de cinéma. J'avais aussi ma collection de disques des Beatles, de Simon and Garfunkel, et d'un groupe que j'avais récemment découvert et dont le nom, The Band, me ravissait, ainsi que deux albums d'Oscar Peterson – je commençais alors à m'initier au jazz – et les *Concertos brandebourgeois* dans l'édition Nonesuch à prix cassé, cela grâce à l'excellent professeur de musique du Collegiate qui encourageait mon amour naissant pour la musique classique. J'étais également l'heureux propriétaire d'un petit transistor Sony, offert par mon grand-père, qui me permettait d'écouter la FM, summum alors de l'avancée technologique. J'étais fasciné par les longs monologues nocturnes de Scott Muni sur WNEW, ponctués par le meilleur rock alternatif qui soit, ou par les rêveries surréalistes de Bob Fass au micro de la plus iconoclaste des stations new-yorkaises, WBAI. Mais c'était l'extraordinaire Jean Shepherd qui me captivait le plus sur la bonne vieille WOR AM (ondes courtes, « 710 sur votre modulateur de fréquence »).

Shep, comme ses fans – moi y compris – le surnommaient, était le conteur radiophonique par excellence, capable d'improviser des récits fascinants sur son enfance en Indiana, les horreurs de la vie d'écolier et les absurdités inhérentes à l'*American way of life*. Ce soir-là, pendant qu'il commentait quelque perle trouvée dans la presse du jour, j'entendais mes parents se hurler dessus à l'autre bout de l'appartement, mon père expliquant à ma mère à quel point il la détestait et elle le traitant entre ses larmes de bourreau, de sans-cœur et autres expressions mélodramatiques habituellement appliquées à la gent masculine et à ses forfaits. Comme d'habitude, j'ai plaqué le transistor sur une oreille, enfoncé l'autre dans mon oreiller, et monté le volume.

Le lendemain, mon père était déjà parti au travail quand je me suis levé et que je me suis affublé de ma veste et de ma cravate de lycéen. Au petit déjeuner, ma mère, les yeux gonflés par les pleurs et le manque de sommeil, m'a lancé :

— Tu nous as entendus ?

— Ouais.

— Ton père est un monstre.

— Je dois y aller, m'man.

— Mais tu n'as pas terminé tes céréales !

— Il faut que j'y aille…

Je me suis hâté d'enfiler ma parka par-dessus ma veste de l'école et je me suis rué dehors, dans le froid et la neige d'un matin de février.

À mon retour, ma mère donnait son bain à mon petit frère tandis que Bruce, le cadet, jouait dans leur chambre. Lorsque le téléphone a sonné, elle m'a crié depuis la salle de bains :

— Va répondre, Doug !

Il y avait deux téléphones à la maison, l'un dans la chambre de mes parents, l'autre dans l'une des penderies de l'entrée. C'est ce dernier que je préférais, car il offrait une relative confidentialité au sein d'un appartement où l'on ne pouvait jamais vraiment s'isoler. J'ai pensé que c'était l'un de mes deux copains, même si j'étais étonné qu'ils aient pu rentrer chez eux aussi vite, puisqu'ils habitaient plus loin que moi du Collegiate. J'ai décroché. Une voix inconnue a retenti dans mon oreille. Une voix d'homme, agressive et chargée d'alcool.

— C'est toi, salaud ?

— Pardon ?

— Oh non, c'est son fiston !

— Qui est à l'appareil ?

— Qui est à l'appareil ? a-t-il répété en singeant mon intonation. C'est le mari de la femme que ton père est en train de baiser en ce moment même ! Qu'est-ce que tu penses de ça, petit con ?

Retour en 1996 et à ce restaurant français hors de prix, alors que je tentais d'assouplir mes doigts encore endoloris et que la diatribe de mon père résonnait toujours dans ma tête – cette histoire de serment fait devant Dieu de rester marié à une femme dont il ne cessait pourtant de dire qu'elle était impossible à supporter. « Tu n'as pas toujours pris au sérieux le septième commandement, si ? » Je savais que je ne lui adresserais pas ce reproche quand il reviendrait à table, sinon je risquais fort de devoir ramasser mes dents, le tout avec mes doigts cassés. Au lieu de ça, donc, j'ai commandé un verre de vin et choisi de rester coi. Mieux valait ne pas dépasser certaines bornes avec mon père. Celui-ci est réapparu peu après, les yeux injectés de sang, le visage encore rougi par cette brusque montée de rage. Il s'est rassis en évitant de me regarder et a fait un signe de la main. Le serveur, à qui cet accès de colère n'avait certainement pas échappé, s'est aussitôt approché.

— Vous désirez ?

Mon père m'a enfin regardé.

— Tu en prends un troisième ?

J'ai montré d'un geste le vin qui venait de m'être servi.

— Ça ira, ai-je affirmé, même si c'était loin d'être vrai.

— Eh bien, pas pour moi.

Et il a demandé un autre martini vodka bien tassé. Lorsque le serveur est reparti, il a commencé à parler et je me suis vite rendu compte qu'il avait profité de son passage aux toilettes pour préparer un petit discours.

— Écoute, je n'aurais pas dû te sauter à la gorge comme ça, même si tu as tendance à croire que tu comprends tout un peu trop bien. Le fait est que tu n'as pas le droit d'essayer de me dresser le tableau de ce qui « pourrait » être, quand tu sais pertinemment qu'il n'y a rien d'autre pour moi.

À cet instant, j'aurais voulu lui répondre, lui dire que je connaissais bien cette fâcheuse tendance qui nous pousse à rejeter ce qui « pourrait être », à nous persuader que le scénario de notre vie est écrit pour toujours, inchangeable et inflexible. Puis je me suis rappelé que j'arrivais à peine à fléchir les doigts. Inutile de rendre ce coûteux dîner encore plus pénible qu'il ne l'était déjà. J'ai eu beau me taire, mon père a dû deviner ce que je pensais car il a lancé d'un ton coupant :

— Cesse de prendre cette mine réprobatrice tout de suite !

J'ai levé une main en l'air, tel un policier voulant arrêter la circulation.

— Il n'y a aucune réprobation, papa.

— Foutaises.

— Le sujet est clos, entendu ?

— Tu t'y entends vraiment pour gâcher une soirée, hein ?

Son martini servi, il en a pris une longue gorgée

puis, les nerfs maintenant un peu moins à vif, a ajouté :

— Tes doigts, ça va ?

— Je pourrai encore écrire…

Silence. Je l'ai observé. La tristesse était tellement incrustée en lui, tellement inextricable…

Au bout d'un moment, il a retrouvé la parole :

— J'arriverai à partir dans le Maine. Un jour.

Et il s'est mis à frotter son front du pouce avec une insistance machinale.

> Tout homme enferme quelque chose de terriblement sombre, de prodigieusement amer, de maudissant, de détestant la vie, le sentiment d'être tombé dans une trappe, d'avoir cru et d'avoir été joué, d'être voué à la rage impuissante, à la démission totale, livré à une puissance barbare et inflexible, qui donne et qui retient, qui engage et qui abandonne, qui promet et trahit, et qui nous inflige par surcroît la honte de nous plaindre.

Ce tableau sans concession a été brossé par Paul Valéry, dans son recueil de *Mauvaises pensées et autres*[1]. Peu prolixe, Valéry a pourtant exercé une influence considérable, et pendant plus de vingt ans, il a consacré la plupart de ses matinées à la rédaction de son journal – ses *Cahiers* – dont il devait dire par la suite : « Ayant consacré ces heures à la vie de l'esprit, j'ai donc le droit d'être stupide pour le reste de la journée. » Valéry en savait long sur les recoins les plus sombres de la condition humaine et, comme

1. *Mauvaises pensées et autres*, Paul Valéry (Gallimard, 1942). (*N.d.É.*)

tout écrivain sérieux, il ne craignait pas d'énoncer certaines vérités générales à propos de l'enfer permanent qui consiste à vivre en compagnie de soi-même.

Prenez l'apparence d'équilibre, d'assurance et de contentement relatif affichée par un ami proche, ou même une simple connaissance. Il suffit de soulever le voile et vous constaterez que, sous cette apparente harmonie, il y a – ou du moins il y a eu – des explosions de rage causées par des revers ou des déceptions dont il est pourtant le principal responsable. Le monde occidental ayant connu dernièrement une longue période de stabilité et de prospérité – même les récents réajustements des marchés financiers n'ont pas provoqué de cataclysmes comparables à ceux de la fin des années 1920 –, la psychologie populaire s'est donc concentrée sur la poursuite du fameux « développement personnel » et l'élimination de tout ce qui rappelle de près ou de loin l'angoisse, la colère, le désespoir, la haine ou la négativité rampante (faites votre choix). Pourtant, j'avancerai l'idée que tout individu est à sa manière engagé dans une lutte titanesque avec lui-même, un combat qui, pour peu qu'on s'y intéresse, nous en apprendra beaucoup sur son histoire personnelle et la façon dont la vie l'a traité. On peut avoir réussi professionnellement, être riche à millions au point de provoquer chez les autres un immense sentiment d'infériorité, on conserve sous le vernis triomphant toute une palette de regrets, d'erreurs plus ou moins reconnues, et surtout, dans des moments d'honnêteté envers soi-même, une propension à méditer sur ses fameuses « occasions ratées ».

Vivre, c'est se confronter à un incontournable truisme : la trajectoire de chacun d'entre nous est un récit qui se développe d'une manière que nous n'aurions jamais envisagée. Et si, comme c'est bien souvent le cas, les dénouements successifs de chaque phase de l'histoire nous laissent insatisfaits, ou prisonniers d'une réalité à laquelle il est difficile d'échapper, une autre vérité dérangeante apparaît : nous sommes les principaux artisans des impasses dans lesquelles nous aboutissons.

Un ami cher – un architecte parisien très en vue et par ailleurs un vrai chic type – est resté des dizaines d'années prisonnier d'un mariage qui avait pourtant perdu depuis longtemps son souffle. Sa femme, élégante, raffinée, apparemment charmante, présentait dans la vie privée une personnalité tout autre : acerbe, distante et indifférente au sexe. Bien sûr, je percevais aussi chez mon ami, malgré sa grande générosité et son dévouement envers sa famille, des facettes complexes et des réactions qui ne devaient pas le rendre facile à vivre au quotidien. Gérard – nous l'appellerons ainsi – n'en était pas moins *mon pote**[1]. Lors de nos conversations, il se montrait d'une franchise remarquable à propos de ses petits défauts. Ou de son incapacité à s'extraire d'un cadre conjugal qui pourtant le plongeait dans un stress permanent. Sa tendance à l'embonpoint expliquait en partie sa réticence à se déclarer libre sur le marché sentimental. Il aurait aussi très bien pu adopter cet « arrangement à la française » qui consiste à se trouver une maîtresse en conservant une façade d'harmonie domestique, mais je sentais que cette perspective le mettait mal à l'aise : il tenait

1. Les expressions en italique suivies d'un astérisque sont en français dans le texte. (*N.d.T.*)

à préserver l'unité de sa cellule familiale – leurs deux filles étaient encore à l'orée de l'adolescence et il ne voulait surtout pas mettre en danger leur équilibre. Je savais d'expérience qu'un divorce, si désiré soit-il par l'une ou l'autre des parties, ou par les deux, a toujours un profond impact psychologique sur les enfants. Tout en lui confiant ma propre hésitation à mettre fin à mon mariage pour des raisons similaires aux siennes – la crainte de faire souffrir des êtres aimés, et celle de quitter le cocon domestique pour plonger dans le grand monde –, j'avais pourtant souligné que c'était un simple constat qui m'avait finalement décidé à franchir le pas, celui de m'être contenté pendant des années d'un état que je décrirais comme de la mélancolie à petites doses, mais constante.

Gérard éprouvait lui aussi cette insatisfaction permanente, je le voyais bien. Tout comme moi dans la phase ultime de mon mariage – cette époque où je m'épanchais auprès de mes plus proches amis –, il savait qu'il devait agir et s'en aller. Mais il avait l'impression d'être bloqué, paralysé, effrayé à l'idée de s'engager sur un terrain inconnu et surtout de déclencher un cataclysme. Comme je l'avais dit à l'un de mes grands amis lorsque j'avais reçu le jugement définitif de mon divorce – on parle en Grande-Bretagne de *decree absolute*, un terme évocateur de non-retour, de fin catégorique –, un mauvais mariage est une sorte de syndrome de Stockholm émotionnel : vous êtes piégé, mais vous en arrivez à aimer cet état d'enfermement. Même si vous savez que derrière le mur qui vous enferme dans votre mal-être se trouve la liberté, vous n'arrivez pas à vous décider à quitter la prison dans laquelle vous vivez depuis si longtemps.

C'est une réaction proche de celle, souvent décrite, des détenus de longue durée, qui répugnent à retourner à la vie normale, redoutant d'avoir de nouveau à faire des choix en abandonnant un univers où ils savent exactement ce qui les attend, jour après jour.

Rossini, à qui l'on demandait son avis sur l'interminable *Anneau du Nibelung*, eut cette réponse cinglante : « M. Wagner a de beaux moments mais de mauvais quarts d'heure. » On peut en dire autant du pire des mariages : après tout, on a beau ignorer si une relation sera viable à long terme, on s'y investit généralement avec les meilleures intentions et l'espoir qu'elle nous apportera un certain degré de bonheur. Pourtant, comme mon analyste le formula un jour, à la base, tous les êtres que l'on rencontre sont dans la même situation que soi, à savoir engagés dans un formidable combat avec eux-mêmes. Et ce combat, cette incessante discussion intérieure, est déterminant lorsqu'il s'agit des aspects les plus intimes et les plus vulnérables de notre existence. Prendre conscience de cette lutte interne, toutefois, nous amène à une autre conclusion, que le même analyste me suggéra à un moment particulièrement sombre de mon existence : nous ne sommes jamais responsables du bonheur d'autrui.

Cette affirmation a été comme une révélation, et m'a en effet conduit à reconsidérer toute ma conception de la condition humaine. Certes, il ne fait aucun doute qu'un père ou une mère a la responsabilité de procurer du bonheur à ses enfants dans la première phase de leur vie, mais il arrive un moment – habituellement au milieu de leur adolescence, et peut-être encore plus tôt que cela – où l'on s'aperçoit qu'eux aussi vont devoir s'engager dans la course d'obstacles, en apprenant chaque fois de leurs erreurs, et que leur propre histoire sera également truffée de déceptions, de peines de cœur, d'aspirations laissées inaccomplies, autant de leçons administrées par une existence souvent mesquine. Une fois qu'ils sont parvenus à ce stade, on peut certes tenter de les conseiller et de les guider, mais il faudra qu'ils prennent en main leur destinée, leur propre capacité au bonheur. Notre faculté à saisir les heureux hasards est aussi personnelle et singulière que nos empreintes digitales.

De la même façon, personne n'est en mesure d'assumer la responsabilité de l'épanouissement de son conjoint, de sa « meilleure moitié », comme on dit chez nous (suis-je le seul à trouver que cette formule frise le ridicule ?). Bien sûr, si l'on est enclin à critiquer son compagnon ou sa compagne, à voir une cause de litige dans chacun de ses faits et gestes – j'ai été avec quelqu'un de ce style pendant cinq mois « intéressants » après mon divorce, jusqu'à ce que je retrouve assez de bon sens pour mettre un terme à cette relation –, on sera en mesure de lui gâcher l'existence, voire de la lui rendre infernale si l'on est du genre à recourir à la violence physique ou au chantage émotionnel, ou à s'enfermer dans ses névroses, ou tout autre comportement répréhensible imaginable, et ce, alors même que ces ondes négatives sont dirigées contre quelqu'un que l'on prétend porter dans son cœur. Lorsque ces mauvais traitements et cette hostilité sont dirigés contre une personne adulte, sa seule responsabilité est, à la fin, de continuer à supporter tout cela ou, au contraire, de tourner les talons. Nous nous trouvons souvent des excuses pour endurer des situations qu'au fond de nous-mêmes nous rêvions de fuir, mais nombre d'entre nous (mon père, par exemple) ne parviennent jamais à s'éloigner de ce qu'ils savent pourtant gravement toxique pour eux. Un fait demeure : nous avons le choix de rester ou de partir. On pourrait dresser des listes entières de raisons pour lesquelles il serait préférable de supporter l'insupportable – que ces raisons soient matérielles ou sentimentales. Il nous reste toujours la possibilité de nous plaindre des défauts et de la malignité de l'autre, mais en définitive c'est nous qui faisons le choix de rester dans ces eaux troubles. Ou pas.

Et puis il y a ceux qui s'ingénient à bouder le bonheur, même quand il se présente à eux. Mon grand-père maternel – bijoutier à Manhattan, un New-Yorkais de la vieille école à qui on ne la faisait pas – avait recours au yiddish pour décrire ces râleurs professionnels : « Celui-là est un *shrayer* » (littéralement un « crieur », en yiddish), disait-il en parlant d'une personne qui évoluait sur le registre du « si tu penses que tu as des problèmes, tu ne vas pas croire ce qui m'est arrivé la semaine dernière ». Et il m'a toujours conseillé de me tenir loin du « *shrayer* de service », celui qui « est né avec un bâton dans le derrière et ne trouve jamais rien de bon à dire sur quoi que ce soit ». Conseil avisé, dispensé par un homme qui avait résisté à plus de cinquante ans de vie commune avec une femme qu'il supportait difficilement.

Notre rapport au bonheur est une chose compliquée. Et le malentendu vient peut-être du fait que nous nous demandons toujours si nous le méritons ou pas. Nos actes sont souvent guidés par une pulsion d'autopunition – nous reviendrons sur ce point un peu plus loin – dont le but est de mettre à distance tout ce qui pourrait aiguiller notre existence sur une voie plus heureuse. Et quand il s'agit de justifier ce comportement, ou les choix qui ont conduit à notre infortune et dont nous avons plus ou moins honte, nous faisons preuve d'une mauvaise foi totalement irrationnelle.

Mais quoi qu'il arrive, que nous regardions le monde avec optimisme ou pas – et quelle que soit notre capacité à accepter que la vie puisse nous sourire –, la seule réalité qui ne souffre aucune discussion est la suivante : nous, et nous seuls, sommes responsables de notre félicité personnelle.

Si l'on se sent piégé ou acculé par la vie, on peut bien sûr en rejeter la faute sur toutes sortes de facteurs, à commencer par la malchance. Seulement, même si les cartes que nous avons reçues sont terriblement mauvaises, il est nécessaire de les jouer le plus astucieusement possible. Derrière toute chose, il est question de choix, et le plus essentiel de tous est : à quel point souhaitons-nous être heureux ?

Ce qui me ramène à Gérard. Alors que son mariage tournait désespérément à la débâcle, que le fossé entre lui et sa femme se creusait toujours plus, il continuait de se demander pourquoi il acceptait une relation aussi glaciale, asexuée, avec quelqu'un qui rejetait l'idée de consulter un conseiller matrimonial, un psychologue, et de regarder en face l'impasse émotionnelle dans laquelle leur couple s'était enferré. Tous les ans en décembre, avant mon retour aux États-Unis pour les fêtes de fin d'année, nous déjeunions ensemble à Paris, et chaque année en décembre, c'est-à-dire depuis 2005 ou 2006, il m'assurait : « L'année prochaine, je quitte ma femme, je me trouve un endroit à moi et je repars de zéro. » Sauf qu'il ne le faisait jamais, arguant, pour justifier cet immobilisme, la stabilité des enfants, ou les complications financières que cela entraînerait, espérant toujours qu'un changement miraculeux se produirait sur le front conjugal. Et chaque année en décembre, fixant d'un air pensif le fond de son verre de vin, il répétait la phrase que j'avais entendue tant de fois :

— Je te promets que cette année je vais enfin…

— Ce n'est pas à moi qu'il faut le promettre, ai-je fini par le couper un jour. Mais à toi.

— C'est la promesse la plus difficile qui soit, a-t-il soupiré.

Et j'ai pensé : En effet.

En 1992, huit semaines après la naissance de mon fils Max, j'ai accepté de faire pour l'*Observer* de Londres un reportage sur la ville de Branson, dans le Missouri, le Las Vegas de la musique country, l'un des coins les plus ringards de mon pays natal – et il y en a beaucoup, croyez-moi. Ces cinq jours allaient me permettre de découvrir l'automne dans les Ozarks, qui à ma grande surprise s'est révélé aussi drapé de pourpre et d'or que la Nouvelle-Angleterre, et de rattraper quelque peu mon manque de sommeil après une longue série de nuits blanches dues à la colique persistante dont souffrait Max.

Cet éloignement temporaire m'a aussi fait prendre conscience du lien qui m'unissait à mon fils. Le pur plaisir de le tenir dans mes bras me manquait, et l'immense responsabilité que je ressentais envers lui et son avenir n'avait rien d'écrasant ni de limitatif. Je savais que j'allais continuer à voyager pour mon travail d'écrivain mais que j'arriverais à faire coïncider mon nouveau rôle de père et mon implication dans le monde au-delà de notre trois-pièces d'East Putney, à Londres.

Si Branson était encore plus « western » que je ne l'avais imaginé, une promenade dans les bois entourant mon hôtel – un merveilleux gîte rural à trente kilomètres et des années-lumière esthétiques de la ville – m'a permis de vérifier que je gardais un profond attachement aux paysages américains, au langage visuel du continent dont je suis issu. À cette époque, je menais une existence d'expatrié depuis déjà quinze ans, sans connexions professionnelles significatives avec mon pays d'origine. Ma carrière était à Londres, je n'avais pas encore été publié en dehors du Royaume-Uni, mon troisième livre de voyage venait de sortir et je m'étais attelé à mon premier roman. À trente-sept ans, j'étais maintenant père, dans un mariage aussi satisfaisant que tourmenté, et mon travail m'amenait à sillonner la planète. Londres étant alors la capitale du journalisme iconoclaste, je ne manquais pas de commandes et j'arrivais à gagner correctement ma vie avec ma plume. Rien d'époustouflant sur le plan matériel : nous avions une vieille Volvo rachetée à un ami, une petite maison dans un quartier londonien que nous n'aimions pas vraiment ni l'un ni l'autre mais qui avait l'avantage de se trouver à dix minutes à pied des bords de la Tamise et de ses espaces verts (l'autre extrémité de notre rue donnait sur l'artère encombrée qui conduisait à l'autoroute A3). Avec un bébé dans notre vie – le lien le plus solide qui soit –, nous cherchions le moyen d'engager une nounou sans grever notre budget, puisque nous travaillions tous les deux à la maison – mon ex-femme était alors agent en droits cinématographiques.

Comme il est saisissant de reconsidérer ce moment, vingt-deux ans après – oui, Max a vingt-deux ans maintenant –, et de remonter le fil de tout ce que la vie nous réservait alors. Malgré l'inévitable stress lié à l'arrivée d'un nouveau-né, les tensions dans notre couple et mes propres interrogations sur mon avenir d'écrivain, je m'étais attelé sérieusement à mon premier roman. Mes piges pour des journaux permettaient de payer les factures et, s'il m'arrivait parfois d'éprouver le poids de tout cela, je ne me sentais en aucun cas piégé. Cela dit, je prenais conscience que l'existence, parfois, vous pousse à faire voisiner vos rêves et vos désirs avec le poids des responsabilités.

Au cours de cette marche en forêt dans les Ozarks la veille de mon retour en Grande-Bretagne, je me suis promis de terminer mon premier roman d'ici au début du printemps, et j'ai également pris la résolution de clarifier le rapport complexe que j'entretenais avec mon pays natal. J'avais fui les États-Unis en 1977, quand mon père m'avait poussé pour que je me lance dans les affaires ou que j'entre au barreau, n'hésitant pas un jour à me taxer de « raté » car il estimait que je n'avais pas su faire fructifier le diplôme obtenu à Bowdoin avec les félicitations six mois plus tôt, lui qui pourtant m'avait confié n'avoir récolté que des C moins tout au long de ses études. J'avais donc quitté New York afin de fuir une pression parentale excessive, et parce que je savais d'instinct que, si je restais, je finirais par mener une vie dont je ne voulais pas. Mais une partie de moi continuait à se languir de l'Amérique, à éprouver l'attraction gravitationnelle qu'exerce ce qu'on appelle le « chez-soi ». Et là, sous le magnifique feuillage d'un automne américain – et même si c'était à au moins deux mille kilomètres des paysages de la côte Est auxquels j'étais habitué –, cette force s'est manifestée à moi, tranquillement mais avec une intensité particulière.

Le lendemain, mon court séjour à Branson achevé, j'ai pris le volant en direction de Kansas City au nord. Quatre heures au cours desquelles j'ai savouré le plaisir mythique des autoroutes américaines, cette sensation suscitée par cet espace ouvert, ces possibilités infinies, qui contrastaient avec la circulation automobile britannique. Comme il me restait du temps avant mon vol pour Detroit, puis Londres, j'ai décidé de me rendre dans une vieille librairie d'occasion que je connaissais, un endroit vraiment bohème pour une ville comme Kansas City, un de ces antres pour bibliophiles qui ont maintenant pratiquement disparu du continent à l'ère du digital. Piochant dans son stock aussi vaste que varié, j'ai trouvé des éditions originales de John Berryman, Randall Jarrell et même – vraie rareté – de e.e. cummings. J'ai déniché aussi des exemplaires de Sinclair Lewis et Graham Greene, et une première édition de *La Jungle* d'Upton Sinclair avec sa jaquette d'origine – un véritable trésor. Hélas, les prix dépassaient de beaucoup mes ressources en ce temps-là, et je n'aurais absolument pas pu justifier de dépenser plus de mille dollars pour un ouvrage d'Upton Sinclair… même s'il vaudrait sans doute quinze fois plus aujourd'hui.

J'ai tout de même réussi à glaner quelque chose d'excitant et de beaucoup plus abordable, une édition de poche de *La Fenêtre panoramique* de Richard Yates. Un ancien camarade d'université devenu journaliste littéraire à Boston avait interviewé Yates – lequel était décédé quelques mois avant mon voyage à Branson – et m'avait parlé de cet homme flétri, ravagé par l'alcool et le tabac, qui paraissait presque un octogénaire alors qu'il n'avait que soixante-cinq ans. Il ne s'était d'ailleurs pas montré des plus cohérents lors de cet entretien, mais, d'après mon ami, c'était pourtant l'un des écrivains américains de l'après-guerre les plus doués et l'un des plus sous-estimés, un homme qui avait parfaitement su percevoir les aspects les plus sombres de l'âme américaine, de son éthique du succès, et le prix à payer pour ce darwinisme social qui pousse inlassablement le pays vers l'avant.

Je me rappelle m'être dit sur le moment qu'il faudrait que je lise un de ses livres. Seulement, à l'instar de la plupart des grands lecteurs acharnés, j'ai la fâcheuse habitude d'acheter bien plus de livres que je n'ai le temps d'en lire, une addiction moins ruineuse que le crack ou les Porsche, et bénéfique pour mes collègues écrivains. Le seul bémol, c'est qu'environ un livre sur six dans ma bibliothèque n'a pas encore été ouvert, et je ne suis pas près d'y remédier puisque aujourd'hui encore je continue à acheter frénétiquement des livres.

En tombant sur *La Fenêtre panoramique* ce jour-là, je n'avais toutefois pas du tout l'intention de l'abandonner sur une étagère ; en réalité, j'ai commencé à le lire dans l'avion pour Detroit. Pendant les deux heures d'escale, je me suis installé au bar de l'aéroport avec un bon bourbon et j'ai continué à tourner les pages. Et durant le vol transatlantique de sept heures et demie, oubliant l'inconfort de mon siège, je suis resté plongé dans ma lecture de Yates, incapable de dormir avant d'être parvenu à la fin de l'histoire de ce mariage qui part à la dérive dans une triste banlieue de l'après-guerre et illustre parfaitement notre entêtement à nous enfermer dans une vie dont nous ne voulions pas.

L'intrigue est des plus simples, en apparence : un soldat américain récemment démobilisé, Frank Wheeler, fait la connaissance d'une jolie jeune femme, April, dans une soirée à Greenwich Village, à la fin des années 1940. Ils ont chacun un emploi peu passionnant mais des aspirations artistiques mal définies, et un dédain partagé envers le conformisme ambiant de la société américaine. Peu après, April tombe enceinte, ils se marient et prennent une décision qu'ils vont tous deux amèrement regretter plus tard : emménager dans une banlieue du Connecticut, dans une bicoque sur Revolutionary Road qu'ils en viendront à détester. Un deuxième enfant suit rapidement la naissance du premier, Frank se transforme en salarié exténué par les allers-retours entre la maison et la ville lointaine, tandis qu'April étouffe dans son existence de femme au foyer. Ils continuent à se moquer ensemble de l'esprit petit-bourgeois qui règne autour d'eux mais dès qu'ils sont en tête à tête ils se disputent âprement, souffrant de s'être enfermés dans une prison qu'ils ont eux-mêmes bâtie. Sous la plume de Yates, la description de leurs altercations, de cette débâcle matrimoniale, est d'une grande lucidité et d'une grande férocité. Chacun à sa manière,

April et Frank s'aperçoivent que le contexte social de l'Amérique banlieusarde est très préjudiciable à leur épanouissement respectif et à l'harmonie de leur couple, et à moins de trente ans ils sont déjà prisonniers d'une existence qu'ils détestent.

Puis April a une idée de génie : elle achète des billets pour Paris à toute la petite famille, persuadée qu'une fois qu'ils seront installés dans la Ville Lumière Frank pourra enfin devenir écrivain. Ce fantasme dépasse de très loin les aptitudes ou le véritable désir de Frank, mais il était très en vogue au sein d'une certaine catégorie d'esclaves de Wall Street dotés d'une bonne éducation. Elle imagine qu'elle-même pourra peindre, apprendre le français et contempler le monde depuis la terrasse des Deux Magots ou d'un autre célèbre café d'expatriés.

Mais, quand elle révèle ce plan soigneusement conçu à son mari, elle est sidérée par sa réaction. Non seulement il est furieux qu'elle ait concocté toute seule un projet pour échapper à leur petit enfer du Connecticut, mais il l'accuse de vouloir saboter sa vie. S'ensuivent deux pages de monologue intérieur dans lesquelles Frank Wheeler se convainc de rejeter catégoriquement cette chimère parisienne et de se borner à une existence qu'il déteste. Deux pages fabuleuses, qui reflètent si finement la psychologie du personnage qu'elles constituent un modèle de narration romanesque. Deux pages qui décrivent les aspects les plus noirs de l'esprit humain, notre obstination à être les architectes de notre désespoir.

La littérature nous pousse parfois vers des territoires que chacun de nous s'efforce pourtant de contourner, de ne pas voir ; des territoires où nous n'aimons pas nous rendre car s'y cachent des vérités navrantes auxquelles nous ne voulons pas faire face. Lorsque j'ai atteint ce passage extraordinaire, d'une grande brutalité – ce moment où Frank Wheeler décide de se résigner à une vie qu'il exècre, ce qui aura des conséquences tragiques sur sa famille et sur lui-même –, j'ai dû suspendre ma lecture, tant celle-ci m'a ébranlé. Ce que j'avais sous les yeux, c'était la tragédie de mon père, et même si ce fameux dîner où il faillit me briser les doigts n'avait pas encore eu lieu (il faudrait attendre quatre ans), je sentais déjà confusément l'intensité de son combat intérieur, incapable qu'il était de mettre un terme à un mariage malheureux qui, chaque jour, le minait un peu plus.

Cela me forçait aussi à réfléchir sérieusement aux doutes que j'éprouvais vis-à-vis de ma propre vie conjugale, à mes tentatives pour me persuader qu'elle était encore supportable et à ma peur instinctive de lui tourner le dos. Car, comme j'allais le découvrir près de dix ans plus tard, en entamant ce que l'on appelle une « méthode cathartique » ou *talking cure* en psychanalyse, je redoutais tout autant l'enfermement que la perspective d'être abandonné – contradiction qui, par bien des aspects, était la réplique du dilemme existentiel de mon père : un petit garçon terrorisé et écrasé par une figure paternelle despotique, dont l'agressivité masque un profond manque de confiance en soi, et qui craint à la fois d'être étouffé et rejeté. La différence, c'était que si la peur de l'abandon avait envahi mon père à partir de l'instant où il avait découvert sa mère étendue raide morte sur le sol de leur cuisine, elle était chez moi liée à la perspective d'être délaissé par mon père et livré aux griffes de ma propre mère.

Cette forme de réclusion volontaire découle-t-elle toujours de la crainte plus ou moins consciente d'être abandonné ? Tout en détestant l'idée d'être piégés, nous redoutons l'immensité du monde qui s'étend au-delà de ce piège. C'est cette contradiction que Yates dépeint si justement dans son roman, et dont j'avais commencé à prendre conscience. Une réflexion dont le résultat serait, quatre ans plus tard, *L'Homme qui voulait vivre sa vie*, le roman dans lequel je relate le sursaut de désespoir d'un avocat de Wall Street aux abords de la quarantaine. Ben Bradford a suivi les conseils « raisonnables » de son père et s'est lancé dans une carrière sans attrait, alors qu'il rêvait de devenir photographe professionnel. Lui aussi habite une banlieue cossue du Connecticut, au côté d'une épouse aux ambitions littéraires frustrées qui étouffe dans le carcan du train-train domestique avec deux très jeunes enfants. Comme il en prend peu à peu conscience, Ben a beau reprocher en secret à son père de l'avoir poussé à étudier le droit, à revenir à l'univers banlieusard dans lequel il avait grandi et qu'il s'était juré de quitter à jamais, qui a pris ces décisions majeures, sinon lui-même ? Qui s'est résigné à un mode de vie dont la logique le condamnait forcément à fonder une famille nucléaire dans un coin bien-pensant et bien léché du Connecticut, et à se soumettre aux valeurs prônées par son père ? Qui s'est convaincu d'accepter une existence dont il savait dès le début qu'elle serait à l'opposé des rêves et des aspirations qu'il avait cru un jour pouvoir réaliser ? C'est lui, et lui seul, qui a bâti sa prison.

Une fois que l'on a dit ça, une autre question se pose : est-il possible de sortir de cette geôle ? De s'évader d'une prison qui rend malheureux et nous empêche d'aimer la vie ? Ou faut-il s'y résigner, purger sa peine « jusqu'à la fin de ses jours » (selon la formule consacrée dans les films policiers des années 1930) ?

Ces interrogations sont elles-mêmes sous-tendues par un concept encore plus ardu et déstabilisant : le changement. Changer : c'est un terme essentiel dans le lexique de la psychologie populaire, teinté d'une bonne dose d'ultra-optimisme à l'américaine, le refrain du « *You can be what you want to be* » qui sonne toujours très allègre dans les comédies musicales de Broadway (enfin, sauf celles de Stephen Sondheim), ou dans les talk-shows de milieu de journée, lorsque l'animatrice semble persuadée de pouvoir convaincre la pauvre femme au foyer qui s'est soumise à l'exercice du grand déballage en public qu'elle est capable de perdre vingt-cinq kilos, de jeter dehors son mari infidèle et de réaliser enfin son grand rêve, devenir danseuse de cabaret professionnelle – j'exagère à peine. Le fait est qu'aux États-Unis nous sommes fascinés par l'idée de la réinvention personnelle et, en dépit de ce que Francis Scott Fitzgerald a pu dire sur le sujet, il y a quelque chose d'extrêmement réjouissant dans la conviction qu'une vie peut contenir plusieurs actes, et réserve des surprises et des rebondissements. D'un autre côté, ce message est si omniprésent qu'il peut vite conduire au désespoir et à l'implosion psychologique. Quoi qu'il en soit, c'est une composante essentielle de l'esprit américain depuis l'instant où les puritains, ces tenants obstinés d'une vision de l'humanité à la Hobbes, ont posé le pied sur le rocher de Plymouth.

Même si la société américaine s'est transformée en un vaste organisme multiculturel, pluraliste et majoritairement laïque – et ce, malgré la virulence des secteurs évangéliques les plus extrêmes et du camp de la réaction –, nos racines puritaines continuent à influer sur notre mentalité collective.

Ainsi, la notion de péché – et l'idée que nous aurons à payer la moindre de nos transgressions – occupe une place centrale. En particulier lorsqu'il est question de sexualité. Dans l'esprit français, cartésien et donc plus enclin à compartimenter l'existence, l'adultère est un *jardin secret* éloigné de la sphère de la vie domestique, protégé par un code social bien précis et une solide *omerta.* Sauf s'il s'accompagne de harcèlement sexuel – ou pire –, il reste habituellement hors de vue, rigoureusement régi par une série de règles tacitement acceptées, à commencer par celle-ci : l'affaire n'est jamais mentionnée nulle part et n'affecte en aucune façon l'existence des intéressés au-delà des « rendez-vous » soigneusement circonscrits.

Il ne fait cependant aucun doute qu'aux États-Unis aussi ces arrangements sont nombreux, ces alcôves privées dans l'édifice d'un mariage faisant office de contrepoids secret mais nécessaire aux complexités inhérentes à une relation sentimentale de longue durée. La comparaison s'arrête là, pourtant : alors qu'elle est globalement acceptable et acceptée en France, une aventure extraconjugale aux États-Unis expose immédiatement le ou la « coupable » à porter, telle Hester Prynne, le « A » infamant, la fameuse lettre écarlate. Non seulement l'adultère est considéré comme le pire des abus de confiance et la pire des trahisons, mais celui ou celle qui s'y prête est aussitôt jugé inadapté, incapable d'assumer ses responsabilités ou de contrôler ses pulsions. En privé, nombre de mes compatriotes sont bien plus nuancés quand il s'agit de considérer les contradictions de la sexualité et de la vie conjugale, se révélant plus indulgents et plus ironiques. Rares sont ceux néanmoins qui osent affirmer en public que, quoi qu'en pense notre partenaire ou notre voisin, et même si la société le condamne comme une sorte d'échec moral (demandez à Bill Clinton ce qu'on ressent lorsqu'on est roulé dans la boue pour avoir trompé son conjoint), l'adultère n'est pas comparable à un acte de génocide ou de répression dictatoriale, voire au bon vieux meurtre. C'est un fait, en revanche, qu'il provoque une peine considérable et entraîne des conséquences aussi imprévues que désastreuses. Cause et effet : ces conséquences peuvent se révéler catastrophiques, elles peuvent aussi être bénéfiques – surtout si l'on ne se fait pas attraper. On éprouvera du remords, par exemple, la nécessité de se racheter, ou l'exaltation de posséder un grand secret. On découvrira en soi un niveau de passion amoureuse insoupçonné. On se détestera, on s'en voudra, ou au contraire on se sentira indifférent aux multiples répercussions possibles… si jamais il y en a.

À l'instar de toute autre grande épreuve existentielle, l'adultère se prête à une immense palette d'interprétations. Dans l'histoire de la littérature mondiale, de *Madame Bovary* à aujourd'hui, il a souvent été décrit comme une réaction contre une forme d'emprisonnement sentimental. Épouse d'un médecin de province gentillet et ennuyeux, Emma Bovary étouffe dans une vie particulièrement étriquée, si monotone qu'elle se jette au cou d'un officier aussi inexpérimenté qu'insensible. L'intensité de sa passion ne faisant qu'exacerber ses fantaisies romantiques, Emma Bovary n'est pas en mesure d'appréhender la réalité, à savoir que son fringant militaire se sert simplement d'elle et lui tournera le dos dès qu'elle se montrera trop collante, ce qui finit naturellement par arriver. Cet amer épisode et la navrante expérience sexuelle avec un triste sire local qui s'ensuit ne mettront pas fin à son fiasco conjugal, Charles Bovary étant trop faible pour s'exposer au scandale, mais ils ne feront que détruire le peu d'estime de soi qu'elle conservait. Elle s'enfonce dans la dépression et Flaubert, avec une approche prémonitoire de notre temps, dépeint ses derniers mois comme une longue dérive consumériste, une fièvre acheteuse qui la fait accumuler des babioles inutiles, l'entraîne dans les dettes et rend son existence encore plus vaine. L'impression de se débattre dans une impasse la conduit au stade où la mort devient la seule issue possible à sa prison domestique.

Bien que remarquablement novateur dans sa description des effets corrosifs de l'ennui sur une destinée, Flaubert, qui écrit à une époque préfreudienne, ne discerne peut-être pas complètement à quel point Emma est aussi responsable que victime de son enfermement. Dans la France du milieu du XIXe siècle, comme ailleurs, les rôles assignés à chaque sexe étaient strictement définis, sans guère de possibilités d'aller à l'encontre des convenances ; hormis quelques rares exceptions, les femmes étaient des mères et des épouses, soumises à leur mari et privées de perspectives d'épanouissement dans un cadre professionnel ou dans une existence moins limitée que celle du foyer. Mais la tragédie d'Emma Bovary, c'est qu'elle investit entièrement sa quête d'identité dans les hommes avec lesquels elle se lie. Son emprisonnement est dû à son inaptitude à se définir une raison d'être. Une aspiration artistique ou une curiosité intellectuelle qui aurait pu l'élever au-dessus de son marasme quotidien lui fait défaut. Nombreux sont les romans de cette époque mettant en scène des femmes qui savent se servir de leur intelligence et de leur finesse pour échapper à la position sociale dans laquelle le patriarcat les avait confinées, et déjà plusieurs siècles auparavant les héroïnes des comédies de Shakespeare – la Beatrice de *Beaucoup de bruit pour rien*, ou même Kate dans *La Mégère apprivoisée* – sont souvent des femmes pleines de ressources, capables d'en remontrer aux hommes qui prétendent les dominer et refusant de se soumettre au statut inférieur que les traditions leur imposeraient.

Emma Bovary manque cruellement de détermination et de confiance en elle, qualités qui lui auraient probablement permis de combattre l'aspect étriqué de son existence. Ses rêves d'épanouissement sentimental sont des plus chimériques, centrés sur quelque chevalier servant invincible qui viendra ravir son cœur et la libérer de l'ennui provincial auquel elle est condamnée. Les conventions sociales de son temps l'empêchent de faire simplement sa valise et de partir sans être à jamais cataloguée comme une « femme de petite vertu ». Sa tragédie découle à la fois de la rigidité de la société de son époque et de son manque d'imagination : la vie qu'elle s'imagine est un roman à l'eau de rose, et elle est incapable de prendre les décisions concrètes sur lesquelles elle serait en mesure d'exercer un certain contrôle. L'idée qu'elle dispose d'un relatif libre arbitre qui pourrait lui permettre de déterminer son avenir est complètement hors de sa portée.

Un siècle sépare Emma Bovary du désespoir banlieusard de Frank et April Wheeler. Si le couple commence à entrevoir sa part de responsabilité, la société américaine des années 1950 reste assez intraitable à l'idée qu'une femme puisse aspirer à autre chose que faire des enfants et la cuisine, et le divorce, s'il n'est plus entièrement tabou, continue à être vu comme une tache indélébile, une dérobade devant ses responsabilités d'adulte, une flétrissure.

Quelques années après la sombre et finalement tragique histoire de Frank et April Wheeler, les couples des romans de John Updike, quoique plus aventureux sur le plan sexuel, connaissent toujours le blues de l'enlisement tout en explorant des espaces de liberté inédite et de nouvelles frontières morales. Dans l'univers updikien, l'adultère reste un élément central de la tragédie humaine : on peut certes se rebeller contre les limites que l'on s'est fixées, mais – et c'est là l'influence puritaine si présente dans son œuvre, comme d'ailleurs dans presque toute la création romanesque américaine – celui ou celle qui transgresse le pacte sexuel de la monogamie devra en payer le prix, et il sera exorbitant.

Aujourd'hui encore, alors que les divorces abondent, alors que la discrimination contre les femmes a été radicalement remise en cause, que l'idée de mobilité – professionnelle ou personnelle – s'est ancrée dans la mentalité collective, avec la grande flexibilité dont nous disposons dans notre vie, la sensation d'étouffement demeure omniprésente. Surtout quand il est question de la vie conjugale et des innombrables responsabilités qui pèsent sur nos épaules : depuis les crédits immobiliers et à la consommation jusqu'à l'engagement parental dont on ne peut jamais se défaire, en passant par des choix de carrière qui, au bout de vingt ans, nous condamnent à la monotonie, voire à l'ennui. Et ce n'est pas seulement un mal américain : l'ennui est une plaie universelle, ce qui, à mon sens, semble injustifiable pour peu que l'on ait disposé d'un contexte familial et éducatif favorable. On peut s'ennuyer lors d'une représentation théâtrale ou d'un dîner, pendant les six heures d'un vol transatlantique dont on guette impatiemment la fin, mais s'ennuyer dans sa vie ? Se résigner à un emploi ou à une relation amoureuse qui ne nous satisfont plus ? Pour moi, c'est affligeant. Et hélas si courant…

Peut-être est-ce une manière de ne pas affronter cette inconfortable réalité : qui a décidé d'accepter ce travail, de suivre cette trajectoire professionnelle, d'épouser cette personne, de signer l'emprunt pour la voiture, d'avoir des enfants, d'accumuler des biens matériels, de payer les frais de scolarité et de répondre aux attentes de tous ? J'ai fait tout cela, pour ma part, et de bon cœur, sans jamais regretter un seul de ces choix, même aux pires moments de mon divorce. Mon premier mariage ne s'est pas résumé à un interminable huis clos à la Strindberg : deux enfants extraordinaires sont nés de cette union, qui a connu des moments de bonheur véritable, sans compter que je m'absorbais dans un travail que j'ai toujours aimé malgré les inévitables frustrations, déceptions et revers que suppose une carrière d'écrivain. De plus, notre organisation domestique rendait nos déplacements professionnels assez faciles, que ce soit pour mon ex-femme ou pour moi.

Pourtant, alors que nous avancions tous deux dans le monde, l'insatisfaction minait notre couple, au point que je me posais de plus en plus la question : « Comment rester auprès de quelqu'un qui fait preuve de mépris à mon égard et dont les commentaires acerbes s'accumulent comme des plaques d'athérome dans l'aorte, au risque d'un "anévrisme conjugal" ? »

Pour aller droit au fait : ma femme a découvert que j'avais une liaison avec une universitaire française. Après avoir reçu la demande de divorce des mains d'un huissier, j'ai proposé à celle qui était encore mon épouse d'essayer de sauver notre union, mais la tentative de réconciliation n'a pas abouti – il faut dire que j'étais désormais très sceptique quant à la pertinence de cette idée. Ce qu'il y a de plus étonnant dans tout ce drame – qui allait virer au mélodrame dès que la machine juridique serait mise en branle –, c'est que je n'avais pas eu une seconde l'intention de quitter ma femme et mes enfants pour « l'autre » : si belle et intelligente fût-elle, je savais qu'envisager une vie commune avec elle était, pour diverses raisons, impossible. Cette aventure était surtout l'élément qui allait précipiter le changement, comme c'est souvent le cas. Quelques années plus tard, cette femme et moi allions nous retrouver pendant quelques mois, dans un contexte bien plus clair qu'à l'époque où nous devions nous voir en cachette, mais là encore il est apparu que notre histoire d'amour était de celles qui semblent contenir tous les ingrédients, sauf ceux qui auraient pu permettre de la transformer en relation à long terme. Il est des êtres qui ont un impact considérable sur votre vie, et qui possèdent d'immenses qualités, mais avec lesquels une existence au-delà de la passion amoureuse la plus intense est tout bonnement irréalisable. La fin de ce type d'aventure entraîne toujours une certaine mélancolie, car une histoire semblait possible. Mais il y a aussi cette certitude, difficile à accepter : passer à quelque chose de plus stable, de plus « sérieux », de reconnu socialement, serait trop hasardeux pour la stabilité psychologique et émotionnelle de l'un et de l'autre.

L'un de mes plus vieux amis, que j'appellerai Henry, m'a fait une confidence peu après son second divorce. La femme dont il venait de se séparer, bien que très à l'aise dans son milieu – cette intelligentsia new-yorkaise qui aime séjourner sur l'île de Nantucket –, brillante et pleine d'humour, était aussi en proie à des démons qui la poussaient à boire plus que de raison. Que la mère de Henry ait été une alcoolique chronique, emportée par cette addiction la cinquantaine à peine franchie, avait certainement eu une influence sur sa décision. Tout comme le fait que son épouse, de huit ans son aînée, avait tendance à le materner – même s'il ne s'en était jamais vraiment plaint. Il m'avait aussi avoué, après son troisième verre de vin, que leur vie sexuelle était insatisfaisante, pour ne pas dire désolante. À l'époque, j'avais été tenté de lui demander pourquoi il s'était embarqué dans cette relation dont il savait d'emblée qu'elle serait problématique. Mais, s'il me confiait ouvertement son anxiété à ce propos, je sentais qu'il n'avait pas envie d'entendre mon opinion, qu'il attendait de moi que je l'écoute sans faire de commentaires.

Leur union avait duré plus de dix ans, au cours desquels ils avaient accompli une chose merveilleuse en adoptant un bébé russe, une petite fille qu'ils avaient réussi à sauver d'un épouvantable orphelinat moscovite. D'un autre côté, les problèmes de boisson de sa femme n'avaient fait qu'empirer, de même que son tabagisme. Le sexe avait entièrement disparu de leur existence, la colère s'était installée entre eux de manière permanente et le recours à une conseillère matrimoniale n'avait fait qu'exacerber leurs conflits. Henry était donc parvenu à la conclusion qu'il fallait mettre un terme à cette situation. À la suite du divorce, son ex-épouse avait sombré encore un peu plus dans l'alcoolisme, et l'autodestruction : elle avait été condamnée pour conduite en état d'ivresse, autre marque infamante aux États-Unis. Leur fille avait fini par demander à vivre chez son père, sans d'ailleurs que sa mère s'y oppose. Henry m'a alors confié : « Je sais que tu trouvais que c'était une erreur de ma part dès le début, mais je sais aussi que tu avais compris que je n'étais pas prêt à l'entendre. Et puis, même si tu avais exprimé tes réserves, je n'en aurais pas tenu compte. Pourquoi ? C'est le mystère de nos actes, de nos choix, même quand on voit clairement que l'on va à l'encontre de son intuition. Tu veux que je te dise ? La première nuit de notre mariage, on était à Nevis, dans un hôtel chichiteux. On venait de faire l'amour, mal, et comme celle qui était désormais mon épouse avait bu plus que de raison avant d'aller au lit, elle est tombée dans les vapes aussitôt après. Je suis allé sur le balcon, j'ai regardé la mer et je me suis dit : "Je viens de commettre la plus grosse erreur de ma vie." »

N'est-il pas paradoxal de voir la catastrophe fondre sur nous, mais de préférer détourner le regard ou s'inventer une histoire qui nous permettra de prendre le mauvais chemin ? Bien sûr, Henry n'était ni le premier ni le dernier à se lancer tête baissée dans une relation dont il avait senti d'emblée qu'elle se révélerait conflictuelle, voire destructrice. Évidemment, toute relation suppose une prise de risque, un pari initial. Mais cela ne justifie pas que nous nous jetions tête baissée dans une aventure qui, nous le savons au plus profond de nous-mêmes, est vouée à l'échec. L'histoire de Henry m'a fait penser à celle de mon père. Ne s'était-il pas tout de suite douté que la vie avec ma mère se révélerait infernale ? N'avait-il pas trouvé inquiétant que le père de la future mariée le supplie presque de le délester d'un fardeau ? Il avait entrevu ce que leur existence en commun aurait de pénible, et pourtant il s'était soumis à quelque force du destin, il avait résolu d'opter pour le malheur car c'était probablement ce qu'il croyait mériter.

Le temps passe à une vitesse sidérante. Après avoir franchi le cap de la quarantaine, une année n'est plus qu'un fragment de vie sans substance, et l'on se découvre, à l'instar de tous ceux qui nous ont précédés sur terre, otage de l'éphémère, en butte au même constat : « Et tout ça, c'était pour quoi ? »

Le point d'interrogation est particulièrement cruel dans la mesure où il reflète le fait que nous avons passé la majeure partie de notre vie d'adulte emprisonné dans une existence dont nous ne voulions même pas au départ. Et il n'y a pas d'échappatoire : c'est nous qui avons décidé de ne pas changer. C'était sans doute la juste décision, pour toutes sortes de raisons complexes. On peut aussi se répéter que tout finira par s'arranger, même si l'on sait au fond de soi que ce ne sera pas le cas. Ou alors on peut s'adonner au jeu de la promesse réitérée chaque année, comme mon ami Gérard qui jurait toutes les veilles de Noël qu'il s'en irait bientôt…

Nous avons tous déjà caressé le rêve de prendre un nouveau départ, de rompre avec le passé. Pourtant, franchir ce pas, en ayant conscience des conséquences vertigineuses qu'il implique, s'aventurer sur un terrain inconnu où l'indépendance risque fort de se conjuguer avec la solitude est on ne peut plus difficile. Il n'est pas simple en effet de tourner le dos à l'insatisfaction, à la tristesse, à l'impasse conjugale ou professionnelle. Aussi faut-il se garder de pointer un doigt accusateur sur celui ou celle qui, à la fin, se résigne. Sans pour autant ignorer la pertinence de cette pensée de Kierkegaard : « Le plus grand danger, la perte de soi, peut se produire ici-bas sans le moindre bruit, comme si ce n'était rien. »

Il y a un an à peine, lors d'un de mes passages à Paris, j'ai envoyé un email à Gérard pour lui proposer de déjeuner avec moi. Sitôt arrivé au restaurant près de la Bourse qu'il avait suggéré, j'ai été frappé par son allure décontractée, lui que j'avais toujours vu sous pression, voire tourmenté. Nous avons pris un apéritif, échangé des nouvelles sur nos enfants et nos activités respectives, commandé notre repas et plaisanté un instant à propos d'un producteur de cinéma qui nous avait l'un et l'autre fait tourner en bourrique. C'est seulement au bout d'une heure de cette conversation détendue, alors que les entrées nous avaient été servies et après avoir échangé un aimable « *Bon appétit** », que nous en sommes venus à notre thème de prédilection : ses déboires conjugaux. Levant les yeux de son assiette, Gérard a tranquillement annoncé :

— Je suis parti de chez moi il y a une semaine.

Il est rare que je reste sans voix, comme on dit, mais c'est pourtant exactement ce qui s'est passé à cet instant. Ma stupéfaction était mêlée d'admiration : il avait réussi à attendre avant de lâcher sa bombe, la rendant aussi détonante qu'un rebondissement inattendu dans une bonne pièce de théâtre. Et la réalité l'était tout autant : après avoir passé presque dix ans à invoquer toutes les raisons acceptables et compréhensibles pour repousser l'échéance, il avait finalement appuyé sur le bouton stop et s'était installé dans un appartement non loin de la place de la Bourse.

— *Chapeau**, ai-je lancé avant de poser ma fourchette et d'ajouter : Ça, c'est une nouvelle…

— Tu croyais que je n'aurais jamais le cran de le faire ?

— Peu importe ce que je pensais. Je savais que tu avais du mal à te décider parce que ça n'a pas été facile pour moi non plus.

— Je suis un électron libre depuis une semaine et ça reste encore très bizarre.

— Ça le sera pendant un temps, mais puisque tu n'as pas de doute…

Il a pris un air farouchement résolu.

— Pas le moindre doute.

Tout récemment, alors que le divorce était sur le point d'être prononcé, il m'a avoué qu'il continuait à se sentir coupable du choc psychologique imposé aux enfants, m'a narré brièvement les errements sentimentaux dans lesquels la plupart d'entre nous se débattent après l'éclatement de la cellule conjugale, a évoqué le silence assourdissant qui l'accueillait encore parfois quand il rentrait seul à sa garçonnière, puis il a eu cette phrase remarquable : « N'empêche, ç'a été la meilleure des décisions épouvantables que j'aie jamais prises dans ma vie. Et tout compte fait, c'est une libération après trop de souffrances accumulées. »

« La meilleure des décisions épouvantables que j'aie jamais prises » : comme j'ai apprécié la sincérité et la justesse de sa formule ! Il est parfois nécessaire d'emprunter un chemin traumatisant afin de se dégager de ses entraves, ou tout simplement de ce qui nous interdisait d'être heureux. Si nous ne sommes pas responsables du bonheur des autres, nous sommes en revanche les seuls et uniques auteurs du nôtre. Et rien ne sert de se lamenter sur l'injustice du sort. Il suffit parfois de pousser le battant de l'issue de secours et un univers de possibilités s'ouvre devant soi. Car l'enfermement, par définition, exclut l'allégresse.

Pendant ce temps, quelque trois ans après ce fâcheux dîner où il avait menacé de me casser la main, mon père a coupé les ponts avec moi. Une dispute provoquée par la cause la plus classique et la plus attendue des brouilles familiales, à savoir l'argent, l'avait amené à me lancer un ultimatum : soit j'acceptais ses exigences, soit je n'existais plus à ses yeux. Je reviendrai plus loin sur ce navrant épisode ; pour l'heure, je me contenterai de relater un échange téléphonique datant de 2010, le premier coup de fil que je recevais de lui en près de neuf années. Il avait trouvé le numéro de mon domicile dans le Maine et il voulait… Nous y reviendrons. Toujours est-il qu'à la fin de cette conversation extrêmement troublante, mon père, la voix soudain blanche, a murmuré : « J'aurais dû m'en aller, j'aurais dû ! Et maintenant… »

Il n'a pas été en mesure de terminer sa phrase. Plus tard, j'ai appris qu'il avait commencé à présenter les symptômes de la maladie d'Alzheimer. Douze mois après, j'ai été contacté par le seul membre de ma famille avec qui j'étais resté en contact, le seul doué de sensibilité. Mon père avait attaqué ma mère avec sa canne et il avait été conduit à une clinique spécialement conçue pour accueillir les patients souffrant de ce mal. Et de commenter sèchement : « Je crois que ton père s'est servi de sa maladie comme d'une excuse pour accomplir ce qu'il voulait faire depuis cinquante ans, à savoir la mettre en pièces sous prétexte qu'elle lui avait gâché la vie. Encore que, autant que je sache, c'est lui qui a choisi de rester, même s'il me disait toujours qu'il avait envie de partir. Alors, question de gâcher sa vie… "Médecin, guéris-toi toi-même", non ? »

Ce à quoi j'ai répondu, en mon for intérieur : Oui, mais au moins il s'est libéré d'elle…

Il est mort quatre jours plus tard.

Je venais de rentrer à New York après avoir rendu visite à mon fils Max sur son campus en Floride. J'étais aussi en train de terminer mon nouveau roman, *Mirage*, et tellement accaparé par cet effort que j'avais écrit sans discontinuer dans l'avion du retour, et même dans le taxi depuis l'aéroport. J'étais si concentré que je n'avais pas entendu le petit « bing » annonçant l'arrivée d'un message sur mon téléphone. À mon appartement, la moitié des lampes ne marchaient plus, conséquence d'une soudaine panne de courant. Je venais d'entrer en contact avec le gardien de l'immeuble, lequel m'avait promis que le problème technique serait réglé le lendemain matin – et laissé entendre que je devrais me contenter d'un logis partiellement éclairé jusque-là –, lorsque j'ai enfin perçu le petit signal sonore sur mon iPhone. Un texto à l'écran, en provenance de l'un de mes frères, avec lesquels je n'entretenais plus de relations : « Papa mort il y a quinze minutes. Appelle si tu veux détails. »

Non, je n'en voulais pas. J'aurais donné cher pour que les choses se soient passées différemment. Tout comme j'aurais aimé que mon père trouve le moyen, d'une manière ou d'une autre, de dépasser cet entêtement qui le vissait à sa colère, cette conviction qu'il devait avoir raison à tout prix, quitte à sacrifier sa relation avec son fils aîné. J'ai repensé à toutes les fois où il avait rejeté mes tentatives de réconciliation, mes rameaux d'olivier dans une guerre émotionnelle particulièrement destructrice, simplement à cause de sa logique affligeante du « Tu me suis ou tu me trahis » qui le conduisait à considérer que toute tentative pour arranger les choses entre nous aurait été un aveu de faiblesse de sa part. Et brusquement, il était mort. Point final à la conversation qui aurait pu ou non se nouer. Je me retrouvais dans un appartement new-yorkais plongé dans la pénombre, les yeux baissés sur l'écran de mon smartphone, tentant d'encaisser la nouvelle que je n'avais désormais plus de père.

Je suis de ceux qui croient fermement aux vertus rassérénantes du whisky dans les moments d'extrême désarroi. Je me suis dirigé vers le placard où je rangeais ma réserve d'alcool, je me suis versé une double dose de Sazerac Rye et je l'ai avalée en quelques gorgées. Ensuite, j'ai fait les cent pas en pensant à mille choses, puis j'ai téléphoné à l'un de mes plus vieux amis, mon colocataire au temps de l'université et le parrain de ma fille, lui demandant s'il pouvait venir me voir plus tard dans la soirée car j'avais réellement besoin d'une présence amicale. Assis dans un coin du canapé où il m'arrive souvent d'écrire, j'ai cligné des yeux et senti les larmes arriver. Graham Greene a dit un jour que tous les écrivains doivent avoir une stalactite dans le cœur, un élément de froideur et de pondération qui leur apporte cette sorte d'équilibre si important dans ce labeur solitaire, sans cesse miné par le doute.

Mon verre terminé, je l'ai abandonné sur la table, j'ai ouvert mon ordinateur portable et je me suis mis à écrire. Au cours des trois heures suivantes, je me suis plongé dans l'écriture de mon roman, j'ai aligné près de deux mille mots sans presque jamais quitter l'écran du regard, achevant ainsi l'avant-dernier chapitre. J'ai sauvegardé le fichier, éteint mon ordinateur et consulté ma montre : 23 heures approchaient, et mon ami Frank n'allait passer qu'après minuit. J'ai attrapé mon blouson, un cigare et le verre à nouveau rempli de whisky, et je suis descendu. J'ai marché sept pâtés de maisons vers le nord, jusqu'à parvenir à la Bibliothèque municipale de New York, monument dédié à la littérature et à la pensée.

Je me suis installé sur ses marches de pierre. La nuit était douce, le ciel dégagé au-dessus de ma tête. J'ai allumé le cigare, savourant plusieurs longues bouffées.

Contemplant la falaise d'immeubles en face de moi, je me suis fait la réflexion que, au temps où il travaillait pour l'industrie minière, papa avait eu son bureau tout près d'ici, 42e Rue, de l'autre côté de Grand Central Station. Dans ma mémoire, je l'ai revu un demi-siècle plus tôt – j'avais neuf ans et lui autour de trente-cinq, l'archétype de l'adulte : costume anthracite, chemise blanche et cravate rayée –, se penchant vers moi pour me dire : « Eh bien, peut-être que toi aussi tu auras un bureau comme celui-là, un jour », avant de me présenter à l'une des secrétaires avec laquelle – je le découvrirais plus tard – il avait une liaison. J'avais alors perçu, comme à de multiples reprises au cours de mon enfance, à quel point il se sentait mal à l'aise dans l'existence qu'il s'était forgée. Une sensation si forte qu'elle l'avait entraîné au bord du gouffre, l'avait poussé à l'agressivité envers ses supérieurs, à accabler ses fils de reproches, à se murer de manière obsessionnelle dans son orgueil. Sans pouvoir le formuler, j'entrevoyais déjà que sa terrible colère contre tout et tous provenait de la conscience qu'il avait de s'être lui-même infligé ces blessures. Et maintenant…

Maintenant, il n'était plus là et tout le bruit et toute la fureur qu'il avait générés dans sa vie n'avaient plus de sens. Pour ma part, je savais que je continuais et continuerais à affronter les retombées psychologiques de la rage blessée qui l'avait conduit à couper les ponts avec moi, à démolir systématiquement ce qui avait existé entre nous. Et, bien que j'aie fini par m'y résigner, je comprenais aussi que l'infinie tristesse de cette situation pèserait sur moi jusqu'à mon ultime éclair de conscience.

Et là, quelques heures après sa mort, sur le perron de

la grande bibliothèque, je me suis revu trouvant refuge dans celle, plus modeste, de la 23ᵉ Rue Est, lorsque, enfant, je me plongeais dans la lecture pour échapper aux mots corrosifs qui fusaient entre mes parents. Et c'est ainsi que, parvenu à l'aube de la soixantaine, sous la protection de ce temple dédié aux livres, j'ai levé mon verre en l'honneur de mon père qui dormait maintenant du plus irréversible des sommeils.

Un couple de jeunes branchés est passé devant moi. Le garçon – barbichette, chapeau mou incliné sur l'oreille, jean noir moulant et lunettes d'aviateur reflétant la nuit urbaine – a remarqué mon verre, mon Robusto dominicain.

— On fête quelque chose, là ?

Je n'ai pu réprimer un petit rire.

— Oui. Je fête d'être ici ce soir.

Contrairement à mon père, ai-je failli ajouter, lui qui n'est plus là, qui ne peut pas goûter cette belle soirée dans cette ville merveilleuse, qui a tout perdu... comme cela nous arrivera à tous un jour. Une gorgée de whisky plus tard, le cheminement de mes pensées m'a ramené à Graham Greene. Et si la vraie stalactite dans le cœur d'un écrivain était ce grand enseignement auquel l'écriture nous conduit, à savoir que le seul outil nécessaire à la création est la soif de persévérance ? Comme j'aurais voulu que mon père comprenne que, s'il avait trouvé la force de ne pas céder aux démons de son insatisfaction pathologique, lui et ceux qui l'entouraient auraient moins souffert ! Comme j'aurais voulu que lui aussi ait conscience de cette stalactite dans son cœur, celle qui vous apprend que la ténacité est la meilleure défense contre vos tourments...

3

Réécrivons-nous toujours l'histoire
pour la rendre plus supportable ?

Le fait divers m'a aussitôt captivé. Il était tellement sombre, brutal, dostoïevskien dans toutes ses implications. Je résume : Neil Entwistle est né dans une famille ouvrière de Nottingham à l'aube de l'ère Thatcher, en 1978. Son père était mineur, sa mère travaillait dans une cantine scolaire. Très tôt, il montre des dispositions pour les études et finit par être accepté à York, l'une des meilleures universités britanniques. Étudiant en ingénierie, il suit la tradition des grandes écoles anglaises en rejoignant l'équipe d'aviron de son campus et c'est ainsi qu'il rencontre une jeune Américaine, Rachel Souza, qui se trouve en Grande-Bretagne dans le cadre d'un programme d'échange international. En tant que barreuse du huit, elle crie ses instructions à Neil et à ses camarades tandis qu'ils fendent les eaux de l'Ouse de leurs rames synchronisées.

Neil et Rachel tombent amoureux, se marient en 2003 et partent vivre dans le Massachusetts, l'État dont Rachel est originaire. Comme ils n'ont guère d'argent, ils habitent chez le père et la belle-mère de la jeune femme avant de louer une maison dans une banlieue de Boston, d'acheter une BMW en leasing et de trouver du travail. Rachel enseigne dans une école catholique locale et Neil développe des sites de commerce en ligne. Leur fille, Lillian, voit le jour en avril 2005, et puis… Et puis les fissures dans cette existence en apparence sans histoire commencent à apparaître. Les projets numériques de Neil ne rapportant presque rien, la petite famille s'endette pour continuer à mener le train de vie qu'elle s'est choisi : grande maison avec jardin, coûteux véhicule d'importation, etc.

Personne ne savait exactement ce qui se passait alors dans le foyer de Neil et Rachel, ni à quel point leur union encore fraîche s'était dégradée. Tout ce que l'on sait, c'est que les corps sans vie de Rachel et Lillian Entwistle sont découverts dans leur maison des abords de Boston le matin du 22 janvier 2006. Elles ont toutes deux été tuées d'une seule balle dans la tête. Naturellement, la police s'intéresse aux faits et gestes de Neil Entwistle autour de cette date. Elle apprend ainsi qu'il s'est rendu à l'aéroport Logan de Boston le 21 à 5 heures du matin et a fait l'achat d'un aller simple pour Londres. Quant à l'arme du crime, elle faisait partie de la collection que son beau-père conservait à son domicile de Worcester, dans le Massachusetts, mais elle avait été rapportée et remise à sa place. En inspectant la voiture d'Entwistle laissée au parking du terminal, les policiers tombent sur une copie des clés de la maison du beau-père ; l'analyse du canon du calibre 22 retrouvé révèle ensuite des traces d'ADN appartenant à la femme et à la fille du fugitif.

En appelant les parents d'Entwistle dans le Yorkshire, les enquêteurs recueillent l'alibi le plus étonnant qui soit : Neil serait rentré chez lui le soir du 20 janvier et serait tombé sur les cadavres de son épouse et de sa petite fille. Effondré par ce meurtre ou ce suicide, il se serait ensuite rendu chez ses beaux-parents, sachant qu'ils étaient en voyage mais disposant de leurs clés. Là, il aurait pris le pistolet calibre 22 – qu'il connaissait pour l'avoir déjà utilisé à un centre de tir de Worcester – afin de mettre fin à ses jours, puis il aurait changé d'avis et, dans un état second, serait remonté en voiture pour gagner l'aéroport et attraper le premier vol pour Londres.

Environ une semaine plus tard, Neil Entwistle est appréhendé par une unité spéciale de la police londonienne à l'entrée de la station de métro Royal Oak. Après avoir d'abord contesté la demande d'extradition, il finit par accepter d'être reconduit dans le Massachusetts, où il est inculpé de double meurtre au premier degré. Les preuves présentées contre lui sont accablantes : ses empreintes digitales sur la crosse du pistolet, l'ADN de sa femme sur le canon, les clés du domicile du beau-père dans sa voiture, l'aveu qu'il s'est rendu là-bas pour prendre le calibre 22... L'inspection de son ordinateur a également permis à la police de s'apercevoir qu'il était en train d'essayer de monter un site pornographique payant sur Internet, et surtout qu'il avait consulté plusieurs pages relatives à la préparation d'un homicide. Son alibi, quant à lui, présente plus de trous qu'une tranche de gruyère, et son allégation selon laquelle son épouse a d'abord tué leur fille avant de retourner l'arme contre elle ne tient pas une minute devant l'expertise balistique, étant donné l'emplacement de l'impact mortel sur son crâne, sans même parler du profil psychologique de la victime, que tous les témoignages décrivent comme une mère aimante et dévouée, quels que soient les problèmes qu'elle devait certainement avoir avec son mari. Il y a aussi ce petit détail : au lieu de prévenir la police quand il a découvert sa femme et sa fille mortes à leur domicile, il prétend s'être rué à l'aéroport et avoir pris un avion pour Londres, non sans s'être arrêté chez ses beaux-parents pour manipuler le calibre 22, soi-disant sous une impulsion suicidaire.

L'accusation réussit à prouver qu'il s'agit d'un meurtre-suicide dans lequel le coupable n'a pas été capable d'exécuter la dernière phase de son scénario, c'est-à-dire de se tirer une balle dans la tête. Cédant à la panique à la vue de son crime, le coupable est allé remettre l'arme dans le placard de son beau-père, sans même la nettoyer avant de s'enfuir outre-Atlantique. Comme allait le noter la procureure Martha Coakley dans son réquisitoire, il existe des cas d'homicide dont la motivation échappe à la compréhension, et celui-là en fait assurément partie. Au bout de neuf heures de délibération, le jury reconnaît l'accusé coupable de deux meurtres au premier degré et, la peine de mort n'existant pas dans le Massachusetts, il est condamné à la réclusion criminelle à perpétuité sans possibilité de libération anticipée. En 2006, date de la sentence, Entwistle n'avait que vingt-huit ans ; aujourd'hui, quelque neuf ans plus tard, tous ses appels ont été rejetés – la Cour suprême des États-Unis refusant même de considérer le dossier, tant l'affaire semble claire –, et il est certain qu'il passera le reste de sa vie derrière les barreaux.

Jonathan Raban[1] a donné une brillante description du « crime et châtiment » de Neil Entwistle dans la *London Review of Books*. De fait, il y a une intensité digne de Fiodor Dostoïevski dans cet acte, comme si le meurtre de sa fille et de son épouse avait été déclenché par une pulsion d'autopunition irrépressible. Comme Raban le remarque, Entwistle aurait probablement échappé à toute condamnation s'il avait simplement jeté le pistolet dans la Charles River après son double meurtre, toutes les autres preuves restant indirectes, même si elles suggéraient sa culpabilité. Le seul fait qu'il ait remis l'arme dans la collection de son beau-père indique soit une gigantesque ignorance des méthodes d'investigation de la police – surtout lorsqu'il s'agit d'un crime aussi révoltant –, soit, et c'est l'explication que je choisis, le besoin délibéré d'être démasqué et puni.

Je me rappelle avoir discuté de l'affaire Entwistle, quelques jours après avoir lu l'article de Raban, avec une amie romancière à Londres, où je vivais encore à l'époque. Elle aussi avait été impressionnée par ce papier de la *London Review of Books*, et en tant qu'auteurs de fictions professionnels nous avons aussitôt comparé nos théories respectives sur le cas. J'étais, pour ma part, tenté d'explorer la vie domestique de leur couple : sa femme lui avait-elle reproché son incapacité à nourrir sa famille ? L'accablait-elle en tant que mari, père, homme ? Était-ce cela qui l'avait finalement poussé à un geste aussi extrême ? Pourtant,

1. Écrivain britannique résidant à Seattle. (*N.d.T.*)

la défense n'avait jamais invoqué le spectre d'une épouse harpie comme mobile du crime, et même si elle l'avait fait, cela n'aurait pu expliquer qu'Entwistle ait abattu sa fille de cette manière, lui tirant froidement une balle dans le crâne. C'était en outre l'acte de quelqu'un qui était diplômé d'une grande université britannique, qui avait de l'instruction, qui avait grandi dans une famille stable, du moins en apparence, sans expérience de violence domestique. Pour citer à nouveau le réquisitoire de l'accusation, il est des cas qui dépassent tout bonnement notre entendement.

Le plus fascinant peut-être, à mes yeux, était que, jusqu'à l'instant où il avait appuyé par deux fois sur la détente, Entwistle disposait d'une issue très simple et pacifique : il aurait pu se contenter de prendre la porte et disparaître. En fait, il lui aurait suffi d'accomplir la seconde partie de son scénario : monter dans la voiture, aller à l'aéroport et sauter dans le premier vol pour Londres. Il serait complètement libre, aujourd'hui, et surtout sa femme et sa fille seraient encore en vie. L'épouse abandonnée et ses parents l'auraient sans doute tenu pour un lamentable raté et un dégonflé, mais il aurait pu se consoler avec l'idée que, s'il était répréhensible de trahir ainsi la confiance des autres, s'enliser dans une vie de couple intenable l'était tout autant.

Mon amie a accueilli mon interprétation avec une moue sceptique.

— Ce que tu oublies, c'est que même s'il était prisonnier d'un quotidien petit-bourgeois, et même si sa femme lui reprochait chaque jour ses échecs, le plus intéressant – pour reprendre une constatation qu'un psychiatre m'a exposée un jour – c'est ceci : dans la plupart des cas, les hommes qui tuent leur famille le font parce qu'ils ne supportent pas que leur épouse et leurs enfants soient les témoins de leur propre chute.

— Pas mal, ai-je approuvé. Et ça s'applique particulièrement bien à Entwistle, jeune et naïf Britannique qui s'est certainement marié trop tôt, qui est venu aux États-Unis plein d'illusions quant au fameux « rêve américain » et qui s'est retrouvé criblé de dettes, dans une impasse où il s'était engagé de son propre chef, avec la grande maison de banlieue, la bagnole de nouveau riche, un enfant, sans réussir dans quoi que ce soit. Et là, patatras… Ils allaient être saisis à cause de tous les impayés, perdre ce dont ils disposaient à crédit. La honte, la sensation d'échec absolu sont devenues insupportables, et il s'est mis à concevoir un plan qui…

— Un plan complètement aberrant, m'a-t-elle coupé. Il devait nager en pleine psychose, pour croire qu'il était sensé de se servir d'une arme prise dans la collection de son beau-père.

— À moins que son intention n'ait réellement été de tuer sa femme et sa fille avant de se supprimer à son tour.

— Mais, si c'est vrai, s'il n'a pu aller jusqu'au bout, la question que soulève Raban dans son papier s'impose forcément : pourquoi ne pas avoir jeté le pistolet dans le fleuve ? On l'aurait soupçonné, évidemment, mais un bon avocat l'aurait sans doute sorti du pétrin.

— Est-ce un Raskolnikov ? ai-je avancé. Commettre un meurtre afin d'être sûr de se faire punir… Est-ce la peur d'être démasqué, poussée jusqu'à son contraire ? Ou bien évoluait-il dans l'irréalité absolue ? Je me dis souvent que les gens qui ont perdu tout contact avec la réalité arrivent à se persuader que le stratagème le plus saugrenu est parfois la seule solution, l'unique issue. Mais l'élément qui m'a vraiment scié, dans l'exposé de Raban, c'est...

— La mère ?

— Les grands esprits se rencontrent !

Une observation à propos de la mère d'Entwistle dans l'article de la *London Review* nous avait tous les deux stupéfiés. Après le verdict, alors que son fils venait d'être condamné à perpétuité, cette dernière avait été interviewée par des journalistes. Brisée par le chagrin, elle avait cependant contesté avec véhémence la conclusion du jury en rejetant les preuves irréfutables qui accablaient son fils. Toutes les personnes qui avaient suivi de près ou de loin le procès estimaient que la reconnaissance de la culpabilité de Neil Entwistle était pratiquement empirique mais là, devant les caméras, sa mère affirmait que ce verdict était terriblement injuste, et que la seule et unique coupable était sa belle-fille décédée. C'était elle qui avait tué sa fille, puis s'était suicidée, et maintenant son fils allait payer pour elle. Le monstre, c'était elle, non son Neil chéri. Il était innocent, il était la victime. Elle connaissait la vérité : il n'avait pas commis ce crime. Il n'aurait jamais pu le faire.

Revenons sur le mot « empirique ». Les dictionnaires lui donnent des acceptions qui peuvent être positives – « fondé sur l'expérience du métier, des autres ou de la vie », comme dans « loi empirique » – ou nettement péjoratives – « fortuit, ne reposant sur aucun système ou théorie ». Lorsque nous parlons de « faits empiriques », nous voulons désigner certaines vérités universelles, incontestables, par exemple que le soleil se lève à l'est et se couche à l'ouest, que la marée monte et descend, ou que c'est un catholique qui siège sur le trône de saint Pierre. Dressez une liste de faits empiriques que vous connaissez, et vous constaterez qu'elle n'est pas aussi longue qu'on pourrait le croire, et surtout qu'ils s'incarnent rarement dans notre vie souvent compliquée, confuse et paradoxale.

Pour illustrer ce propos, je vais vous raconter un incident survenu il y a quelques années pendant l'un de mes voyages, sur un vol entre Singapour et Perth, en Australie-Occidentale. J'avais rangé une bouteille de whisky achetée au duty-free dans le compartiment au-dessus de moi, et lorsque la passagère assise à la rangée suivante en compagnie de son mari l'avait ouvert pour y placer un sac, je l'avais priée de prendre garde à la bouteille, recommandation à laquelle elle avait acquiescé d'un signe de tête. Le dîner servi et achevé, le couple derrière moi s'est assoupi, j'ai moi-même incliné le dossier de mon siège et tenté de dormir un peu. Une ou deux heures plus tard, j'ai été réveillé par un bruit de verre brisé, suivi d'un : « *Oh, fucking hell !* » lancé avec un accent cockney prononcé : la même passagère avait rouvert le compartiment supérieur et, oubliant la bouteille qui s'y trouvait, l'avait fait tomber dans la travée. Pendant que les hôtesses s'affairaient à ramasser les morceaux de verre et à éponger le liquide au puissant arôme – c'était une bouteille de Lagavulin seize ans d'âge, tout de même ! –, la responsable des dégâts m'a jeté un regard agacé.

— Je vous rembourserai, m'a-t-elle dit d'un ton coupant.

— Merci, ai-je répondu, mais ce n'est pas grave. Ce sont des choses qui arrivent.

Une heure encore s'est écoulée. Dans la travée désormais nettoyée, deux hôtesses ont poussé le chariot des ventes hors taxe, mais la passagère n'a pas fait mine de vouloir acheter une bouteille pour remplacer celle que j'avais perdue, ni de m'offrir quelques billets. Son mari, un petit homme replet dont l'accent des faubourgs de Londres était encore plus marqué, s'est soudain penché en avant pour m'annoncer d'une voix agressive :

— C'est pas parce que vous réclamez que ma femme va vous racheter une bouteille.

— Je n'ai rien réclamé.

— C'est ça. Je lui ai dit de rien payer. Fallait pas la mettre là-haut, pour commencer.

— Mais je vous avais tout de même dit que la bouteille était là, et j'ai demandé poliment à votre femme d'ouvrir le compartiment avec précaution.

— Tant pis, fallait pas la mettre là-haut !

— Où aurais-je dû la mettre, alors ?

— C'est pas mes oignons, mon vieux. Et réclamer d'être remboursé, c'est nul !

— Je vous répète que je n'ai rien exigé.

— C'est vous qui le dites, mais c'est pas la vérité.

J'aurais pu lui assener quelques commentaires sur ce qui définit la nullité et la vérité, mais le passager distingué assis à côté de moi, un homme d'affaires de Singapour, comme je l'avais appris, s'est retourné pour faire face calmement au fâcheux.

— Excusez-moi, j'ai bien entendu votre épouse dire à ce monsieur qu'elle le rembourserait pour le whisky, et c'était une offre qui n'avait pas été sollicitée.

Les yeux de l'homme se sont élargis, ses narines se sont mises à palpiter sous l'effet de la rage. Il s'est levé pour venir se placer devant nous.

— « Pas sollicitée, pas sollicitée » ! a-t-il répété dans une piètre imitation de l'accent « gentry anglaise » qu'on exigeait jadis des speakers de la BBC avant que la station ne reflète la diversité culturelle du monde anglophone. J'me rappelle pas vous avoir demandé votre avis, à vous !

— Mais vous reprochez à ce monsieur un comportement qu'il n'a pas eu, et votre femme a en effet…

— La ferme ! a sifflé le type d'un ton franchement menaçant.

Soudain, un steward très grand, très musclé, très bronzé, et très ostensiblement gay, est apparu à côté de lui.

— Il semble que nous ayons un petit problème, ici ? s'est-il enquis.

— Demandez-le-lui, ai-je suggéré en montrant du menton le passager belliqueux.

— Eh bien ?

Le steward s'est tourné vers le type en colère, tout sourire, et l'intéressé a aussitôt adopté la posture du faiseur d'histoires qui se sent contesté.

— C'est lui qu'a commencé ! a-t-il couiné en pointant un doigt vengeur sur moi.

— Non, pas du tout, a corrigé mon voisin.

— Il est de son côté, lui ! Mais moi je connais la vérité, la vérité vraie !

— Certainement, monsieur, a répliqué le steward, cinglant. Et maintenant, si vous voulez bien regagner votre siège…

Revenu à sa place, le triste individu n'a pas attendu trente secondes pour reporter sa fureur sur son épouse.

— Tu vois dans quelle embrouille tu m'as fourré, crétine ! Voilà ce que je récolte en prenant ta défense !

Et le digne Singapourien de glisser en m'adressant un clin d'œil :

— La vérité, c'est tellement controversé…

Absolument. Et plus encore : ce que révélait cet incident, c'est qu'il ne s'agissait pas tant de vérité que de deux versions contradictoires d'un événement. Malgré la présence d'un témoin impartial, comment parvenir à convaincre la partie adverse d'accepter notre version, si elle a simplement décidé de la repousser ? Avait-il bien entendu sa femme me proposer de me dédommager pour son geste malencontreux, avant de le lui reprocher et de lui interdire de tenir sa promesse ? Ou, pour reprendre son style de raisonnement et d'expression : « Ce stupide Yankee a fourré sa fichue bouteille de whisky dans ce fichu compartiment, je m'en tape qu'il t'ait dit qu'elle était là, il l'a fait et c'est sa faute. Et en plus, il t'a sorti qu'il voulait que tu lui en achètes une autre ! » Bien sûr, cela n'est qu'une supposition de ma part, sans doute proche de sa réaction mais tout de même hypothétique : une interprétation possible de ce qui s'est passé dans la rangée derrière moi, en aucun cas la transcription d'une tirade que j'aurais surprise. Et même si je l'avais effectivement entendu réprimander sa compagne, même si nous autres romanciers sommes des éponges capables d'absorber le souvenir de scènes les plus anodines, qui pourrait certifier que la manière dont je viens de résumer sa pensée est un compte rendu pertinent de ce qui a été réellement proféré ?

Comme ce Singapourien fort avisé l'avait fait remarquer, la vérité est décidément sujette à d'infinies controverses.

Revenons-en à l'empirisme et aux faits empiriques. À ce qui est vérifiable et à ce qui peut être sujet à interprétation. Pourquoi votre « vérité » n'est pas forcément la mienne ? Et plus encore, pourquoi avons-nous souvent tendance à réécrire l'histoire ?

Il s'agit indubitablement de l'un des comportements les plus répandus qui soient : le besoin de réorganiser les événements afin d'en tirer une version qui nous paraisse « supportable ». Et c'est précisément pour cela que la malheureuse mère de Neil Entwistle refusait d'accepter les preuves de la culpabilité de son fils réunies par l'enquête et confirmées devant le jury. Que ses empreintes digitales et l'ADN des victimes l'aient accablé, que la chronologie du crime et des faits postérieurs ne laisse aucun doute, peu importait : seule comptait la certitude qu'elle avait que son fils ne pouvait être un assassin.

Le plus ahurissant, et le plus tragique, quand elle déclarait que sa belle-fille s'était suicidée après avoir tué leur fille et avait tout calculé pour que la faute retombe sur son fils, c'est qu'elle était convaincue d'avoir raison. Du moins était-ce l'image qu'elle voulait donner à tout le monde. On peut recourir à des explications psychologiques convenues pour caractériser sa démarche – « déni de réalité » ou « autoper-

113

suasion » –, mais je préfère quant à moi le formuler ainsi : c'était l'histoire qu'elle avait conçue pour survivre à l'horreur de la situation. Et même si sa version du drame ne suscitait que l'incrédulité tant elle paraissait éloignée des conclusions des enquêteurs, c'était « sa » vérité, et donc une vérité.

Cette pulsion de « réécrire l'histoire » à notre convenance – je le sais d'expérience – est on ne peut plus fréquente, et nous l'avons tous fait au moins une fois, ayons l'honnêteté de le reconnaître. Dans son autobiographie, Elia Kazan rapporte une très savoureuse et très édifiante anecdote à propos de son décorateur, Boris Aronson. Comme Kazan, celui-ci était un émigré – originaire d'Ukraine, tandis que Kazan venait de Grèce – qui s'était fait un nom dans le monde du théâtre aux États-Unis, devenant l'un des créateurs de décors les plus recherchés. Comme le célèbre cinéaste, il était un infatigable coureur de jupons. Quoique profondément attaché à son épouse, il ne cessait de la tromper. Donc, selon Kazan, Aronson avait profité un après-midi de l'absence de sa femme pour amener une danseuse de Broadway chez eux et la convaincre de le rejoindre dans le lit conjugal. Ils étaient en pleins ébats lorsque la porte de la chambre s'était ouverte, laissant apparaître Mme Aronson, dont la voiture était tombée en panne alors qu'elle se rendait à leur maison de campagne. Elle avait donc dû regagner Manhattan et s'était retrouvée plongée dans cette scène de vaudeville. La réaction du mari pris en flagrant délit ? Il a sauté hors du lit nu comme un ver en s'écriant : « C'est pas moi, c'est pas moi ! » J'imagine qu'à ce moment critique il en était persuadé : ce n'était pas vraiment lui.

Ou, dans le cas de la mère de Neil Entwistle : « Ce n'est pas lui, ce ne peut pas être lui ! »

Comme John Milton, l'auteur de *Paradis perdu*, l'a si bien dit : « L'esprit est à soi-même sa propre demeure, il peut faire en soi un ciel de l'enfer, un enfer du ciel. » Alors pourquoi réinventons-nous l'histoire ? Simplement pour survivre.

« Nous mentons le plus effrontément quand nous nous mentons à nous-mêmes. » Il n'est guère étonnant que l'aphorisme d'Eric Hoffer[1] le plus souvent cité soit celui-ci. Car le principal bénéficiaire de nos fictions, ce n'est pas tant autrui que nous-même.

À la fin de ma procédure de divorce en mai 2009, Frances et Caroline, les deux avocates très compétentes et très habiles qui m'avaient représenté au cours de cette *totentanz* qui a tout de même duré un an, m'ont invité à un excellent déjeuner dans un luxueux restaurant de Fleet Street. Sur le ton aussi ferme qu'ironique d'une présidente de conseil lycéen, Frances a déclaré :

— Vous avez été un excellent client, Douglas : vous avez toujours payé dans les temps, vous ne m'avez jamais téléphoné pendant le week-end et vous avez su garder votre sang-froid face à une agressivité considérable.

J'ai souri à ce commentaire, qui m'en a inspiré un autre auquel je n'avais jusqu'alors pas vraiment réfléchi :

1. Philosophe et essayiste américain, autodidacte et auteur de *The True Believer*. (*N.d.T.*)

— Vous savez, s'il y a une leçon que j'ai tirée de tout cela, c'est qu'au-delà du problème de l'argent, qui est central, un divorce est avant tout une compétition narrative. Il y a eu un mariage, et maintenant il y a deux versions opposées de ce qu'il a été. Qui a raison ? « Moi, évidemment ! » Mais, en réalité, personne. Ce sont seulement deux façons différentes de raconter la même histoire. Pas de vérité, ici, juste deux angles de récit distincts.

Ce constat spontané était en réalité la conclusion inconsciente à laquelle j'étais parvenu après avoir été longtemps consumé par l'expérience hautement déplaisante, mais hélas indispensable, de mon divorce. Je crois que c'était là un tournant, le début d'une prise de distance et d'une cicatrisation des blessures résiduelles laissées par ce triste affrontement. Je commençais à acquérir une vision plus globale de mes petits tracas, à laquelle faisait écho cette phrase bien connue de Joan Didion : « Nous nous racontons des histoires afin de vivre. » Sans doute, mais, au départ, c'est surtout pour justifier notre comportement et chercher un dénouement qui nous redonnera une certaine assurance, voire la satisfaction de nous sentir innocentés.

Je suis persuadé que même les êtres les plus narcissiques, sûrs d'eux, certains d'avoir toujours raison, passent par des moments de désespoir au cours desquels ils sont obligés de considérer quelques inconfortables vérités à leur sujet. Et même les plus lucides d'entre nous ne peuvent nier que la vie les a parfois contraints à se convaincre que, oui, ils avaient raison. Ou encore à se raconter, et à soutenir devant autrui, que la faute ne venait pas d'eux mais de quelqu'un d'autre. Car c'est dans ce but que nous nous arrangeons le plus volontiers avec la réalité : en récapitulant les maux que les autres nous ont infligés.

Un samedi de l'année de mon divorce, je venais de sortir de la représentation en matinée d'une petite pièce allemande assez bien vue sur les affres de la discorde conjugale – tout à fait de circonstance – au Royal Court Theatre de Londres, et j'allais reprendre ma voiture pour me rendre à un concert de Schoenberg (les *Gurrelieder*) au Royal Festival Hall. Mon appétit pour la culture était alors féroce, antidote à la détresse suscitée par ma séparation. Je regagnais ma voiture, donc, quand je suis tombé sur une connaissance que nous appellerons ici Jessica. D'environ mon âge, habituée des cercles littéraires londoniens, c'était une femme d'une grande intelligence mais affligée d'un manque d'estime de soi patent, qu'un sérieux problème de poids n'aidait pas à dissiper, pas plus que la présence ronchonnante de son mari, Michael, directeur commercial dans une importante compagnie d'assurances, qui, chaque fois que je l'avais croisé à des signatures de livres ou des soirées culturelles, paraissait difficilement supporter tout ce qui avait à voir avec l'édition, le journalisme, la création artistique, bref le petit monde dans lequel sa femme s'efforçait d'évoluer. Outre nos rencontres dans des événements publics, nous déjeunions ensemble une fois par an et j'appréciais sa conversation, notamment en matière de littérature, même si elle s'excusait abondamment chaque fois qu'elle exprimait un avis, de cette manière tellement britannique qui consiste à demander pardon non tant pour ce que l'on vient de soutenir que parce que l'on éprouve une forme d'embarras existentiel, comme si le seul fait d'être là était une offense faite

117

à autrui. Enfin, je l'estimais vraiment, et j'avais aussi sincèrement de la peine pour elle car elle était de toute évidence engagée dans une lutte permanente et féroce avec elle-même.

Par le bouche à oreille du milieu littéraire londonien – tout cercle partageant des intérêts communs, qu'ils soient artistiques, corporatistes, mercantiles ou même religieux, se nourrit de cet oxygène vicié qu'est le commérage –, j'avais appris que Michael l'avait récemment abandonnée pour une collègue de travail nettement plus jeune qu'elle, une experte en sinistres à peine trentenaire. Depuis lors, Jessica entonnait devant quiconque voulait l'entendre l'aria des cœurs brisés, comme si leur divorce imminent représentait le dernier acte du *Götterdämmerung*, un véritable crépuscule des dieux matrimoniaux. Et voici qu'elle était devant moi, à deux pas de Sloane Square, émergeant de la boutique d'un fameux chocolatier londonien, munie d'un sac imposant de friandises 70 % pur cacao. Elle avait énormément maigri, ses joues s'étaient creusées et il y avait dans ses yeux l'expression hagarde de quelqu'un qui n'a pas dormi depuis des lustres. En me voyant, elle a crié mon nom, s'est précipitée vers moi et s'est mise à sangloter en enfouissant son visage dans mon épaule. Au bout d'une minute, elle a réussi à hoqueter :

— Michael… m'a appelée ce matin… pour me dire que Paula… est enceinte…

Je ne lui avais pas parlé depuis plus d'un an, et n'avais pas eu le moindre contact téléphonique ou électronique avec elle. Cette entrée en matière des plus directes, sans même un salut préliminaire, m'a donc décontenancé. Comme elle me serrait dans ses bras et gardait la tête contre mon blouson en cuir, elle n'a toutefois pas été en mesure de remarquer ma stupéfaction.

— Ça c'est une nouvelle, ai-je fini par réussir à articuler.

Le chocolatier ayant disposé quelques tables en terrasse devant sa boutique, et bien que le fond de l'air ait été frais en cet après-midi automnal, Jessica m'a supplié de prendre un café avec elle. Dès que les macchiatos ont été commandés, j'ai eu droit à la version en cinq actes de ses malheurs, dans les moindres détails : elle se sentait seule et négligée depuis des années ; Michael avait toujours eu un complexe d'infériorité de petit vendeur d'assurances face à tous ses amis lettrés ; il s'était peu à peu éloigné d'elle sur le plan physique ; sa pingrerie était allée en augmentant, tout comme sa manie de l'ordre, y compris la façon dont il pliait et rangeait ses caleçons dans le tiroir ; elle savait qu'il avait eu des liaisons au cours de leur mariage, mais il clamait maintenant sur tous les toits qu'il avait été « transfiguré par l'amour » ; Paula était l'archétype de l'arriviste inculte et fière de l'être, pour qui sa BMW de fonction symbolisait sa victoire sur ses modestes origines ; lorsque son mari lui avait annoncé un matin au petit déjeuner qu'il la quittait, l'humiliation avait été aussi forte que la sensation d'être trahie ; elle avait accepté non sans mal son refus total d'avoir des enfants – « Et pourtant j'avais trente-huit ans quand je l'ai connu, donc je savais que je risquais de laisser passer ma dernière chance d'être mère » ; il en était venu à rejeter sur elle l'échec de leur couple, soutenant qu'elle lui avait toujours jeté à la figure son manque de curiosité culturelle – « Je ne

me rappelle pas avoir parlé de ça une seule fois ! » ;
il vivait désormais avec Paula ; elle n'avait pas dormi
depuis des mois ; le ciel lui était tombé sur la tête, et...

En écoutant Jessica dresser la liste interminable des
blessures psychologiques que lui avait infligées son
mari, je n'ai pu m'empêcher de repenser à la phrase
de Cicéron – qui l'avait lui-même empruntée au philosophe grec Bion de Borysthène – que mon professeur
de latin en seconde avait tenu à nous faire traduire :
« Il est inutile de nous arracher les cheveux quand
nous sommes plongés dans la douleur ; en pareil cas,
la calvitie n'est point un remède efficace. »

Personne ne peut affirmer en toute honnêteté qu'il
ne s'est jamais laissé aller à cette forme de désolation
sentimentale, et cette plongée dans la brume de la tristesse s'accompagne le plus souvent d'un récit inventé
à notre mesure, dans lequel nous sommes la victime
dupée, le personnage dont la confiance a été abusée
et piétinée. Je voyais pertinemment que ce n'était pas
pour me demander conseil que Jessica s'était lancée
dans la grande scène de l'épouse bafouée. Non, son
chagrin la poussait à raconter son histoire à qui voudrait bien l'écouter. Il doit exister quelques grands
stoïques capables de rester coi face à l'adversité, mais
ce flegme à toute épreuve me semble surtout être une
invention romanesque. Qui, à part Sam Spade[1], peut
annoncer à la femme dont il est tombé amoureux
avant de découvrir qu'elle avait assassiné son associé, Miles Archer : « J'espère qu'ils ne te pendront
pas par ce joli cou, ma beauté. Eh oui, mon ange,

1. Détective privé particulièrement imperturbable, héros du
roman policier de Dashiell Hammett *Le Faucon maltais*. (*N.d.T.*)

je vais te livrer à la police. Il y a une chance que tu t'en tires avec la prison à vie. Ce qui veut dire que tu seras sortie dans vingt ans, si tu te montres une gentille fille là-bas. Je t'attendrai. Et si on te pend, je me souviendrai toujours de toi. »

L'univers des romans policiers abonde de ce genre de détachement glacial, les « durs » étant précisément capables de cela, d'endurer les coups du sort. Dans la vraie vie – et son psychodrame permanent –, en revanche, nous cédons pour la plupart au besoin bien humain d'expliquer à notre avantage nos actes et nos décisions, et de rabâcher cette histoire jusqu'à ce qu'elle paraisse crédible. La psychanalyse elle-même se fonde avant tout sur le récit répété des héritages et des événements à la source de nos cicatrices et de nos traumatismes, et cette narration est inspirée par le désir du patient ou de la patiente de réinterpréter l'histoire de sa vie.

Jessica, elle, était encore trop accablée pour faire plus qu'exprimer sa peine. Et je compatissais : après avoir reçu la demande de divorce, j'avais moi aussi recherché des oreilles amies et je m'étais trop souvent surpris à ressasser les mêmes explications (des semaines durant), veillant à m'attirer la sympathie des autres face à la vilenie dont j'étais la victime. Bien entendu, je n'ignorais pas que, de son côté, ma future ex-épouse répandait dans tout Londres sa propre version de la saga, et que, d'après ce qui m'avait été rapporté, elle déclarait *urbi et orbi* qu'elle allait me mettre sur la paille. Comme je l'ai déjà noté, il ne faut jamais confier quelque chose que l'on veut garder privé quand on évolue dans les milieux où l'on aime s'écouter parler, cela revient inévitablement aux oreilles de la personne décriée. Avec le recul, je comprends pourquoi elle s'adonnait à de telles déclarations, dont la malveillance ne faisait que souligner l'une des grandes raisons pour lesquelles notre union allait être dissoute. Quand une vie commune d'un quart de siècle s'effondre, la pulsion d'exprimer sa colère est forte.

De mon côté, lorsque je me suis aperçu que je ne faisais que ressasser mon histoire, j'ai décidé de me ressaisir, de restreindre mes confidences à trois amis proches, en me limitant aux problèmes juridiques auxquels j'étais confronté chaque semaine. Au fond, mon indignation et mes constantes protestations contre l'injustice de ce que j'avais à traverser commençaient à me lasser moi-même. Pour reprendre les termes d'un vieil ami probablement las de m'entendre me plaindre, et qui était passé par une expérience presque aussi mélodramatique quelque quarante ans plus tôt : « Tu veux ce divorce, donc tu devrais arrêter de le justifier sans arrêt devant moi. Et cesser de râler, aussi. Après tout, si vous vous séparez, c'est que vous avez une bonne raison, non ? Et qui peut certifier que ta version des faits est celle que les autres vont croire ? Et puis, franchement, que le tribunal de l'opinion pense que tu es dans le vrai ou non, on s'en bat un peu… »

Assenés avec une fermeté toute fraternelle, ces conseils ne m'ont pas laissé indifférent. Et ils m'ont rendu encore plus attentif au fait que je partageais beaucoup trop et que certaines choses devaient être gardées par-devers soi. Il avait entièrement raison : mon comportement revenait à essayer de vendre aux autres mon point de vue, ma propre explication du délitement de mon union. Bref, je donnais à fond dans l'autojustification, additionnée à la volonté de me dépeindre comme la victime, obligé de subir un processus aussi ruineux sur le plan émotionnel que financier, soumis au refus de négocier manifesté par la partie adverse, à la merci de quelqu'un qui cherchait à se venger.

Lorsque j'ai raconté à une amie française, elle aussi écrivain, pour quelle raison la procédure de divorce avait été entamée, elle a ouvert de grands yeux incrédules : Quoi, tout ça pour une liaison avec une autre femme ? Quelqu'un qui ne vit pas dans le même pays, dont tu n'étais pas follement amoureux et avec qui tu ne t'affichais pas en public ? Et ta future ex veut flanquer par terre vingt-cinq ans de vie commune pour une broutille pareille ? C'est absurde. Et très anglo-saxon, aussi...

— Elle est irlandaise.

— Ah, la passion catholique de la punition divine ! Même si, au final, le plus grand dommage, c'est à elle-même qu'elle va l'infliger. Elle doit certainement raconter à tout le monde que tu es un vrai salaud. Laisse-la faire. Les gens qui sont le plus proches de toi, à commencer par tes enfants, ne tomberont pas dans le panneau. Et de toute façon, une fois que vous serez parvenus à un accord et que le papier sera signé, personne ne se souciera de savoir qui de vous deux avait raison.

— C'est vraiment horrible, pour les enfants...

— Oui, mais ils surmonteront ça et ils finiront par comprendre. Et tu ne vas pas les perdre, parce que tu es un père très investi et parce que, d'après ce que tu m'as raconté, tu t'abstiens de leur dire du mal de leur mère.

— Ce serait la pire chose à faire.

— Bon, et maintenant, tu te sens coupable d'avoir eu cette liaison ?

— Je me sens coupable des répercussions sur les enfants, c'est tout.

— Alors, la France t'a complètement corrompu !

Après avoir éclaté de rire, j'ai réfléchi à ce que mon amie m'avait dit, à ce que cela impliquait, et en particulier au fait que toutes les controverses et les polémiques allaient très bientôt tomber aux oubliettes. Sauf à sortir de cette expérience avec une telle dose de colère, ou de regret, ou des deux, qu'il soit impossible de se dégager du passé et de tourner la page.

En reconsidérant les confidences larmoyantes de Jessica, je me suis rendu compte que la douleur qu'elle exprimait était moins liée à tout ce que lui avait fait subir Michael avant leur rupture qu'à la détresse de se voir abandonnée alors qu'elle abordait la cinquantaine. Certes, il s'était montré intraitable dans son refus d'avoir des enfants, mais elle avait néanmoins décidé de faire sa vie avec lui ; certes, il n'avait pas caché son antipathie envers ses amis intellos mais, ce faisant, il avait également révélé ses propres failles et ses complexes ; et, certes, il avait rompu le septième commandement – non que Jessica ait accordé beaucoup d'importance à l'aspect doctrinal de la chose –, il s'était montré de plus en plus distant, n'ayant d'ailleurs jamais été enclin à manifester physiquement son affection, mais, mais... Il y a toujours un mais, une autre version de l'histoire, non ?

Considérons un instant la fin d'une union conjugale, la nôtre ou alors une dont nous avons été témoins. Toutes les explications contradictoires qui ont accompagné cette crise, les plaintes d'avoir été dupé mais aussi le soulagement à l'idée que ce soit enfin terminé, tout cela n'est précisément qu'une « histoire », une trame narrative dans laquelle on distribue les rôles en fonction de ce qui nous arrange : « Je n'avais plus d'autre choix que de partir », ou celui, inverse : « Comment a-t-on pu me faire une chose pareille ? » Et ensuite, histoire de se sentir encore un peu plus mal à l'aise, mettons-nous à la place de l'autre et voyons l'histoire de son point de vue : si on est suffisamment honnête vis-à-vis de soi-même, on constatera qu'elle n'est pas si différente, déjà parce que le dessein est le même : répondre de ses actes.

« Tu ne t'es jamais engagé à fond dans notre relation », « Je n'ai jamais su ce que tu pensais vraiment de nous deux », « Pardon, mais j'ai besoin de quelqu'un qui soit un peu plus présent dans ma vie », « Tu es surtout amoureux de toi-même », « Tu n'as jamais pris ce que je disais au sérieux », « Pourquoi ne pas m'accorder une chance de te montrer que je peux réellement changer ? », « Je ne peux pas fonctionner à ton rythme », « Il n'est peut-être pas aussi intéressant que toi, mais il n'a pas la bougeotte, lui », « Dès que tu as l'impression que je suis difficile, tu te refermes sur toi-même »… Ce sont quelques-unes des nombreuses remarques que j'ai pu entendre au cours de ma vie, chaque fois que je voulais rompre ou que l'on me montrait la porte. Rétrospectivement, ce qui est le plus frappant dans un tel ping-pong sentimental, c'est que d'un côté comme de l'autre la préoccupation essentielle était de présenter les choses de manière à authentifier la décision de s'en aller ou, dans le cas contraire, à souligner les défauts de l'autre afin de rendre plus supportable la souffrance d'être repoussé.

Interpréter pour justifier : de la Grèce antique à aujourd'hui, la littérature mondiale n'est faite que de cela, de tentatives de réinterprétation. C'est un thème particulièrement présent dans la création théâtrale américaine du XXe siècle, par exemple, à commencer par *Le marchand de glace est passé* d'Eugene O'Neill et ses longues considérations sur le besoin si humain de s'abandonner à des rêves chimériques dans le but d'esquiver ce que la réalité quotidienne révèle trop souvent sur notre compte. Il y a aussi les belles dames du Sud frustrées de Tennessee Williams, notamment l'Amanda Wingfield de *La Ménagerie de verre* et la Blanche DuBois d'*Un tramway nommé désir*, perdues dans la brume parfumée de la nostalgie, retranchées dans un passé mythifié qui semble très loin de leur triste, voire tragique présent. Et, bien entendu, la guerre domestique sans merci que se livrent George et Martha dans *Qui a peur de Virginia Woolf ?* n'est qu'un écran de fumée derrière lequel se dissimule leur déni de la réalité, en l'occurrence ce fils qu'ils se sont inventé.

Mais le plus tragique de tous les automystificateurs américains est sans doute le Willy Loman de *Mort d'un commis voyageur*[1], obstinément retranché dans un scénario fictif qui n'a rien à voir avec sa pitoyable existence. Encore convaincu d'être un commercial irrésistible, il se vante du respect indéfectible que lui vouent ses nombreux clients du nord-est des États-Unis devant ses garçons, sa femme – qui ne dit rien, mais

1. Pièce d'Arthur Miller, datant de 1949. (*N.d.T.*)

n'en pense pas moins – et tous ceux qui sont prêts à l'écouter, récitant la liste des villes qu'il a conquises avec l'aplomb d'un général toujours victorieux. La vérité, néanmoins, est tout autre : non seulement il a perdu son emploi, de sorte que ses voyages d'affaires sont en fait des errances sans but, mais ses clients l'ont oublié. Il maquille son suicide en accident de voiture afin que son épouse puisse garder leur maison, et son enterrement n'est suivi que par sa famille proche et deux amis. En créant peut-être le plus banal et le plus dérangeant des mythomanes modernes, qui emporte dans la tombe le secret de ses illusions de grandeur, Arthur Miller partage avec O'Neill, Williams et plus tard Edward Albee une conscience innée de l'importance de la réinvention personnelle dans une culture fondée sur *the bitch-goddess success*, la « déesse-garce du succès », pour reprendre la fameuse expression de William James, le premier philosophe aristotélicien des États-Unis, ainsi que sur le dogme de l'éthique protestante *close that deal*, l'idée que tout peut être atteint à condition de travailler dur, et tout ça avec le sourire.

L'aveuglement et le recours pathologique à des scénarios hautement fantaisistes ne sont évidemment pas des travers purement américains. Pensons seulement à *Othello* de William Shakespeare. Au-delà de la confrontation avec ce « monstre aux yeux verts » qu'est la jalousie, la pièce montre de façon saisissante comment nous dévoilons nos angoisses et nos doutes les plus secrets en nous accrochant à un mensonge, et ce, même si nous savons que l'illusion entraînera des conséquences dramatiques. La pièce, pourtant, s'ouvre sur une note tout à fait banale, un rêve professionnel : Iago voit la promotion militaire qu'il attendait aller à Cassio, qu'il considère comme un théoricien en chambre de l'art de la guerre, alors que lui-même est monté au feu ; son supérieur et auteur de l'affront, Othello, est un général de l'armée de Venise d'origine maure. Iago est en bons termes avec Rodrigo, un aristocrate intrigant qui convoitait Desdémone, la fille d'un sénateur, mais cette dernière s'est enfuie avec Othello, ce damné basané. Par ailleurs, dans sa grande paranoïa, Iago est persuadé qu'Othello a couché une fois avec sa femme, Emilia, qui n'est autre que la servante de Desdémone. Suivant un plan machiavélique, il convainc Emilia de dérober un mouchoir qu'Othello a offert à Desdémone en gage d'amour. Il le dissimule au domicile de Cassio et entreprend de semer le doute dans l'esprit de son commandant quant à la fidélité de sa belle. Il invite ce dernier à écouter sa conversation avec Cassio (lequel a déjà perdu son nouveau rang après que Iago l'a conduit à s'enivrer). Aussi roué qu'un avocat chevronné, il s'arrange pour qu'Othello soit persuadé que Cassio parle de Desdémone, alors qu'il raconte ses ébats avec une certaine Bianca, une « femme facile ». C'est à ce moment-là que le mouchoir est découvert chez Cassio, « preuve » accablante qui achève de faire perdre la tête au général maure.

Ce qui est si fascinant dans l'histoire d'Othello, c'est qu'elle illustre la facilité avec laquelle nous nous laissons piéger par les machinations d'autrui en croyant aveuglément une histoire conçue pour précipiter notre ruine. C'est un scénario inexorable, mille fois répété dans l'histoire de l'humanité. Il peut s'agir de la pulsion totalitaire et de l'endoctrinement de masse qui conduisent toute une population à se croire menacée par un ennemi commun – le Troisième Reich d'Adolf Hitler en est un bon exemple –, ou encore des excès de la foi religieuse (intégrisme ou logique de secte). Heaven's Gate, la secte fondée à San Diego par un comédien raté au nom aussi improbable que Marshall Applewhite, avait atteint un tel niveau que son fondateur, non content de persuader ses fidèles masculins de subir la castration volontaire, allait entraîner le groupe dans un suicide collectif très théâtral – bon, le type avait la formation adéquate. Chacun des adeptes, affublé d'un survêtement et de baskets noirs, était ainsi censé partir rejoindre un vaisseau spatial évoluant dans la queue de la comète Hale-Bopp qu'ils avaient peu avant contemplée au firmament californien.

Pour ceux d'entre nous qui gardent les pieds sur terre, tout ce délire apparaît comme le mauvais remake d'un film de science-fiction des années 1950 probablement concocté par le maître de l'histrionisme extraterrestre, Ed Wood, mais il n'empêche que Marshall Applewhite a tout de même réussi à convaincre cinquante-huit adultes de se joindre à lui dans sa montée suicidaire aux étoiles et, avant cela, seize de ses disciples mâles de suivre son exemple d'ascétisme en se rendant à Tijuana – cette ville-frontière mexicaine qui avait l'avantage de se trouver à une vingtaine de kilomètres de San Diego et d'offrir à la vente toutes les bizarreries possibles et imaginables – pour y laisser leurs testicules.

Mais comment un individu en apparence sain d'esprit peut-il se laisser convaincre par de pareilles absurdités ? demanderez-vous. C'est que la foi, évidemment, n'a pas besoin de preuves, et toute croyance religieuse – à moins qu'elle ne soit résolument détachée de tout dogmatisme, ce qui est le cas de l'unitarisme – exige de ses fidèles qu'ils croient sans faillir à ses histoires, même quand celles-ci défient l'entendement. Je connais nombre de juifs réformés, et même traditionalistes, qui considèrent leur confession plus comme une éthique de vie que comme une collection de révélations d'origine divine. Au cours des vingt-cinq ans où j'ai vécu à Londres, il m'est souvent arrivé de me rendre à la cathédrale Saint-Paul – à quinze minutes à pied de l'appartement que je garde désormais en guise de pied-à-terre londonien – pour écouter l'« Evensong », la prière du soir accompagnée d'hymnes liturgiques. Chaque fois je trouve un grand réconfort dans la cohésion de la communauté anglicane et dans son extraordinaire tradition chorale, mais mes convictions agnostiques ne m'ont jamais autorisé à accomplir le saut spirituel qui m'aurait fait passer du ravissement produit par un motet de Thomas Tallis à la croyance en la Sainte-Trinité. Je compte par ailleurs dans mes connaissances nombre de fidèles anglicans qui considèrent le doute comme un élément essentiel de leur équation ecclésiastique.

J'ai aussi rencontré durant mes tribulations à travers le Sud américain des fondamentalistes chrétiens charmeurs de serpent qui savaient non seulement manipuler les vipères les plus venimeuses mais aussi « parler en langues », cette glossolalie extatique par laquelle l'Esprit saint s'exprimerait dans un langage sans relation aucune avec toute structure linguistique connue. À ce stade, le non-croyant est forcé de se demander si tout cela n'est pas que du cinéma, une performance dramatique particulièrement kitsch et outrancière, tandis qu'un autre témoin, habité par la foi, lui, sera probablement persuadé de se trouver en présence d'un émissaire du Créateur. Est-ce réellement un « baptême dans l'Esprit », ainsi que les tenants du « Renouveau charismatique » américain qualifient ces moments de possession mystique, ou un abus de crédulité ? Tout comme les adeptes de Marshall Applewhite étaient convaincus que le « temps de la moisson » était venu – ses propres termes dans le message vidéo glaçant qu'il allait laisser après le suicide collectif – et qu'ils devaient abandonner leur enveloppe mortelle pour aller rejoindre le vaisseau spatial qui les emmènerait vers les étoiles. Accepter de sacrifier sa vie, et auparavant sa virilité – oui, je l'admets, ce détail m'a troublé –, pour une cause aussi improbable, c'est basculer dans une illusion cauche-mardesque, dans le mythe, dans le fantasme. On peut appeler ça comme on veut, mais à la fin cela revient à accepter de renoncer à sa perception de la réalité pour se vouer corps et âme à une version alternative proposée par un redoutable manipulateur, versé dans l'art de vendre une histoire.

En ce sens, Iago est indiscutablement un maître du genre. Il a saisi les multiples failles que dissimule la façade martiale d'Othello, la principale étant sa condition de Noir dans un monde de Blancs, et de Noir qui a ravi le cœur de la ravissante fille d'un notable local (blanc). En l'amenant à croire que sa « femme-trophée », qui a passé le plus clair de la première partie de la pièce à flatter son mari et à le conforter dans son fragile amour-propre, le trompe en réalité avec un jeune officier dont il est le supérieur, Iago mine les fondations incertaines de son édifice psychique, le privant ainsi de sa relative stabilité. En résumé, Othello croit la fiction que Iago a machiavéliquement concoctée pour l'aveugler, et une fois pris au piège il est aisément convaincu par son âme damnée, son soi-disant meilleur ami mais aussi son confesseur attitré et confident, que seule la vengeance pourra laver son nom et son honneur. Le bilan des victimes à la fin de la pièce est plutôt lourd, d'autant qu'Othello se tue lorsqu'il comprend que tout cela n'était que mensonges et manipulation. Malgré ses efforts pour croire Desdémone et les supplications de celle-ci, il l'étouffe avec un coussin. Confronté au carnage qu'il a provoqué, Iago refuse de répondre à Rodrigo, qui exige des explications sur les raisons qui l'ont poussé à semer tout ce malheur, et se borne à un commentaire lapidaire : « Ne me demandez rien : ce que vous savez, vous le savez. »

Un frisson m'a parcouru lorsque j'ai entendu cette ultime tirade, si laconique et en même temps si profonde, il n'y a pas si longtemps au National Theatre de Londres. Car ce que dit alors Iago, à Rodrigo et à nous tous, c'est : à quoi bon tenter de se justifier lorsque rien ne pourra plus réparer l'irréparable ? Pourtant, il y a encore une autre façon d'interpréter les propos de Iago : qu'importe que je vous livre ma version des faits, vous pourrez toujours – et c'est ce que vous ferez – fabriquer votre propre histoire sur les cendres de ce drame.

En ce sens, la construction de cette pièce est surprenante. Un récit mensonger est imposé à un individu psychologiquement faible, qui non seulement l'accepte mais se laisse entraîner jusqu'à son pire développement possible, tuant la femme qu'il aime malgré ses protestations d'innocence, son appel déchirant pour tenter de faire retomber la furie qui l'aveugle. À la fin, Iago se mure dans le silence, refusant de se laisser entraîner dans une discussion sur la catastrophe qu'il a provoquée. Pourquoi ? Car sa version ne sera jamais qu'une interprétation partielle de ce qui s'est réellement passé, donc subjective, donc totalement hermétique à toute vérité définitive.

Mais n'est-ce pas la nature même de tout récit ? On peut se réclamer de la vérité vraie, tout ce que nous sommes en mesure de proposer ne sera jamais que notre version des faits. Une vision forcément altérée par notre désir de rationaliser les événements, d'attribuer les responsabilités – rarement en notre défaveur –, de justifier nos actes, de rechercher des excuses ou même une forme d'absolution. Tout cela pour rendre les choses plus acceptables à nos yeux.

Prenons cette discussion avec mon amie écrivaine parisienne racontée plus haut : en relatant sa réaction magnanime à mon égard, il est évident que j'essayais de me présenter sous un jour plus favorable. Pourquoi n'ai-je pas choisi de raconter cet autre échange, avec une femme écrivain encore, mais australienne celle-ci et résidant à Londres, qui m'a pratiquement raccroché au nez quand je l'ai appelée au début de ma procédure de divorce, me faisant sèchement savoir qu'elle n'avait aucune envie de me parler ? Pire encore, je pourrais également sombrer dans le mauvais goût et vous dresser la liste de toutes les raisons pour lesquelles mon premier mariage s'est délité, mais ce ne serait encore qu'une approche subjective, et donc limitée, de la réalité.

Alors revenons-en à Jessica, et à ce frais après-midi

d'automne londonien. Nul doute que j'étais en empathie tandis qu'elle me contait la perte de ses repères émotionnels et, d'une voix que la désolation altérait, se demandait tout haut :

— Et maintenant, comment vais-je rencontrer quelqu'un d'autre ? Je veux dire, qui voudra encore de moi ?

Désireux de la raisonner, j'entrepris de lui prouver que la plupart des déboires que la vie nous inflige, à part une maladie en stade terminal, sont surmontables. Et je lui ai confié que moi aussi, pendant des années, je n'avais pas été capable de mettre un terme à une vie conjugale qui pourtant ne me rendait pas heureux. Et c'était seulement bien après l'épreuve traumatisante du divorce que je m'étais aperçu que ce pas douloureux avait néanmoins été positif.

— Tu essaies de m'expliquer que je vais finir par oublier ? a objecté Jessica d'un ton indigné.

— J'essaie juste de dire que la blessure est encore fraîche, ce qui est normal, mais qu'avec le temps...

— Épargne-moi les platitudes, d'accord ?

— Je ne crois pas que ce soient des platitudes. Tu passes par un moment terrible, mais tu verras...

— Je verrai quoi ? Un ciel plus bleu ? Un horizon plus dégagé ? Des fleurs qui poussent sur un sol stérile ?

— Je sais que rien ne peut te soulager, pour l'instant. Et pourtant, tu finiras par te faire une raison.

— Accepter ce qu'« il » m'a fait ? Jamais !

À quoi j'ai immédiatement rétorqué :

— C'est un choix.

Étonnant, n'est-ce pas, comme un simple commentaire lancé sans réfléchir nous oblige parfois à remettre en question notre manière de voir les choses ? Décider qu'il n'existe aucune possibilité d'aller au-delà d'une déception, si grande soit-elle, est un point de vue, rien de plus. Et aussi une volonté de ne pas renoncer à son rôle de victime innocente, mortellement blessée par la méchanceté et l'égoïsme d'autrui.

C'est un point de vue, en effet. Et m'entendre dire à Jessica que son refus de considérer la vie au-delà de ses déboires conjugaux du moment n'était qu'un choix parmi d'autres m'a amené à reconsidérer ce qui m'était arrivé, à me montrer moins sévère avec les acteurs de certaines péripéties que j'avais jusqu'alors tenus pour injustement hostiles à mon égard. De mes propres problèmes familiaux et professionnels, j'avais tiré un récit où j'occupais le rôle de la victime, et au fil des années j'avais ainsi accumulé une dose alarmante de colère.

Cette capacité à nous raconter des histoires nous conduit souvent à oublier que, si nous n'avons que peu de prise sur le déroulement du récit, si son dénouement n'est en général pas entre nos mains, nous sommes en revanche maîtres de choisir « comment » nous voulons l'analyser et l'interpréter. À nous de donner à une rupture sentimentale la dimension d'une tragédie capable de modifier le cours d'une vie entière, mais il est aussi des êtres qui, après être passés par le pire – maladie grave, échec professionnel, débâcle financière et même, le plus terrible de tous les drames, perte d'un enfant –, ont continué à avancer.

Ma grand-tante Belle, la sœur de ma grand-mère maternelle, était l'authentique New-Yorkaise ultralucide, toute menue mais pleine d'aplomb, dotée d'un humour décapant, et sans aucune patience envers les imbéciles. C'était aussi ma plus sûre alliée au sein d'une famille particulièrement conflictuelle, et ses reparties hilarantes ainsi que sa redoutable capacité à démasquer les baratineurs en tout genre rendaient sa compagnie délicieuse. Lorsque mon frère Bruce avait épousé Heather, une petite-bourgeoise possessive et très manipulatrice, Belle avait été aussitôt sur ses gardes, d'autant que la nouvelle venue essayait de gagner son approbation par la flatterie. Quelques mois après leur mariage – en 1987 –, alors que j'étais venu passer une semaine à New York, Brice a proposé que nous allions dîner en ville. J'ai proposé à Belle d'être ma cavalière, ce soir-là. Il ne m'a pas fallu deux minutes pour constater qu'outre le fait qu'elle avait développé un embonpoint assez considérable, Heather semblait plus que déterminée à placer son mari sous sa coupe. À un moment, entre les rouleaux de printemps et le canard laqué – nous nous étions retrouvés dans un restaurant chinois de l'Upper West Side –, elle s'est levée d'un bond, a dandiné (je ne vois hélas pas d'autre terme pour caractériser sa démarche) autour de la table pour aller se placer derrière Bruce et, l'enlaçant de ses bras aussi dodus que possessifs, a proclamé d'une voix de stentor : « Je veux juste que vous sachiez comme j'aime cet homme, vous deux ! » Belle m'a aussitôt décoché un coup de pied sous la table et, une heure plus tard, alors que je l'installais dans un taxi sur Broadway, elle m'a lancé en me faisant un clin d'œil : « Tu imagines comment cette grosse dondon doit être au lit ? » Il n'est pas inutile de préciser qu'elle avait alors quatre-vingt-trois ans…

Vivant à Londres, je parlais à Belle au téléphone au moins une fois par semaine, et j'attendais avec impatience chacun de mes trois voyages annuels aux États-Unis pour lui rendre visite. Déjà très âgée et très seule – Al, son mari, était décédé quand elle avait une soixantaine d'années –, elle restait pleine de vie et de curiosité, toujours remarquablement informée et connectée, mais je savais qu'elle gardait en elle un chagrin incurable, dont elle ne parlait presque jamais. C'est un après-midi de mai 1999, alors que j'étais allé la voir à son appartement de Kew Gardens avec ma fille Amelia, qui avait alors trois ans, que nous avons évoqué sa peine secrète. En regardant ma grand-tante qui rencontrait sa nièce pour la première fois, j'avais été frappé de constater que quatre-vingt-douze ans les séparaient. Amelia, qui était une enfant extrêmement polie et consciente dès le plus jeune âge des limites à ne pas franchir dans le monde des adultes, allait de-ci de-là dans le salon de Belle, saisissant délicatement des bibelots en porcelaine pour les examiner, observant avec de grands yeux des portraits encadrés datant des années 1930. Soudain, alors que je jetais un coup d'œil à ma grand-tante, je m'étais rendu compte qu'elle pleurait. J'ai aussitôt compris la raison de cette soudaine tristesse, qu'elle laissait rarement transparaître : en 1935, alors qu'elle avait juste trente ans, Belle avait perdu sa fille âgée de six ans au cours d'une banale opération des amygdales. Elle n'avait jamais eu d'autre enfant, et là, soixante-quatre années plus tard, la vue d'Amelia avait ravivé sa détresse enfouie dans un lointain passé.

Je me rappelle avoir murmuré quelque chose comme : « Ça ne s'en va jamais, n'est-ce pas ? » À cet instant, ses traits se sont durcis et, me fixant d'un regard sans concession, ma tante de quatre-vingt-quinze ans m'a lancé : « Merde, Douglas, qu'est-ce que tu croyais ? »

Deux ans après, elle mourait d'un cancer de l'estomac qui s'était propagé lentement mais, fidèle à elle-même, elle est restée lucide presque jusqu'à la fin. De passage à New York plusieurs mois avant son décès, j'étais allé la voir et l'avais emmenée déjeuner dans un restaurant de son quartier, à huit ou neuf minutes de marche qu'elle avait tenu à accomplir sans aide. Au cours du repas, je lui ai parlé d'un ami proche mort à trente-neuf ans, son cœur n'ayant pas résisté à l'abus de diverses substances chimiques illégales. Je lui ai confié que, même longtemps après sa disparition, je continuais à regretter nos conversations, qui avaient toujours été animées, loufoques et souvent très arrosées. Elle a hoché la tête et m'a confié à son tour qu'au bout de trente années elle regrettait toujours de ne plus pouvoir entendre la voix de son mari, Al. Puis elle a ajouté : « Mais qu'est-ce qu'on peut y faire, sinon refuser de s'enfermer dans la tragédie, contrairement à ce que font tant de mes connaissances ? C'est comme ça que j'ai réussi à survivre à la mort de ma fille, tu sais : en décidant de ne pas tomber dans le piège de la douleur sans fin. Crois-moi, les dix premières années, cela a été affreusement difficile, mais un jour je me suis dit : "Voilà, j'ai le choix, ça ne tient qu'à moi, et je choisis de ne pas me laisser détruire par ça." Ce qui ne signifie pas que j'aie jamais pu m'en dégager entièrement, atteindre une paix complète. J'ai simplement passé un accord avec moi-même, qui consistait à ne pas me laisser hanter constamment par cette perte... même si le souvenir de cette merveilleuse petite fille demeurera à jamais en moi. »

J'ai rapporté ces paroles de Belle lorsque j'ai prononcé son éloge funèbre et, tout en soulignant le courage et la force de caractère qu'elle avait ainsi manifestés, j'ai également noté que sa résolution prouvait à quel point le terme de *closure* (« fermeture de la plaie », pourrait-on dire), si omniprésent dans la psychologie populaire américaine, était spécieux : comment « clore » une expérience aussi tragique que la perte d'un enfant ? Comment pourrait-on déposer un tel traumatisme dans une boîte, la refermer, la ranger sur l'étagère d'un placard et verrouiller la porte ? Ce serait un exploit inatteignable même pour le pire des sociopathes. Non, tout ce qui peut survenir, et seulement avec le temps et au prix d'un effort considérable sur soi-même, c'est une sorte d'ajustement, un *modus vivendi* qui requiert sans doute quelques arrangements permettant de rendre supportable l'insupportable.

Belle ne s'est jamais résolue à l'insupportable et cependant elle a réussi à trouver une façon d'apprivoiser le deuil, de réinventer une existence après le plus grand des traumatismes. A-t-elle été heureuse ? Dans ma mémoire, elle pétille à jamais d'intelligence et d'ironie, sans cesse au bord de sa blessure intérieure, et c'est certainement grâce à sa volonté de se réapproprier son histoire pour être en mesure de continuer à vivre, en dépit de la douleur qui l'a accompagnée pendant quelque soixante-sept ans… Il y a peut-être une leçon à tirer : sans occulter toutes les horreurs que la vie peut nous réserver, il est des « réécritures » qui nous permettent de continuer à fonctionner, d'oser vivre face à la pire adversité.

J'ai réussi à terminer mon discours à l'enterrement de Belle sans céder à l'émotion que je sentais monter en moi. Ensuite, dans le taxi qui me ramenait à l'aéroport, je n'ai pas versé de larmes alors même que je venais de perdre un être qui m'avait octroyé le plus beau des dons, l'amour sans conditions, et qui avait paru comprendre intimement l'acuité du conflit qui m'opposait à des parents que je n'avais visiblement jamais satisfaits et que je trouvais de plus en plus difficile à gérer.

L'une des raisons pour lesquelles je n'ai pas pleuré à la mort de Belle, c'est que, en quittant ce monde, sa souffrance s'achevait. C'est ainsi, avec la tragédie : on peut parfois s'arranger avec elle, mais il n'y a pas de réponses aux multiples questions qu'elle laisse en suspens, et même les âmes exceptionnelles dont on dirait qu'elles sont parvenues à la surmonter restent accompagnées par son ombre. Jusqu'à ce que celle-ci meure avec elles. C'est pourquoi il faut s'approprier son histoire afin de trouver une certaine paix intérieure tant que nous sommes encore en vie. C'est un travail aussi difficile qu'indispensable.

4

La tragédie est-elle le prix à payer
pour être de ce monde ?

En apparence, il avait une vie de rêve. À trente-trois ans à peine, James Bland avait été promu maître de conférences en histoire à Bowdoin, l'une des universités privées les plus réputées des États-Unis. Sa titularisation n'avait pourtant pas été facile, car il n'avait pas publié beaucoup de travaux et l'un des membres du conseil pédagogique de Bowdoin lui vouait visiblement une haine tenace. Si j'étais au courant de ses difficultés, c'est parce que Bland était mon référent pédagogique et qu'il avait décidé de se confier à moi. Ses craintes quant à cette hostilité s'étaient toutefois révélées infondées, d'autant qu'il avait l'estime de tous ses étudiants. Brillant conférencier, il savait admirablement intégrer les considérations philosophiques et culturelles aux grands aléas de l'histoire.

Son cours sur le « dilemme puritain » dans l'Amérique coloniale avait été pour moi une véritable révélation, m'ouvrant des perspectives insoupçonnées sur les racines théocratiques de notre société, et c'est avec la même fascination que je l'avais écouté analyser pour nous le New Deal, seule et unique expérience de type social-démocrate de l'histoire des États-Unis. Au cours de mes deuxième et troisième cycles, il avait été l'un des trois ou quatre enseignants à avoir eu une influence considérable sur ma façon de penser. Il avait clarifié ma vision du monde et m'avait amené à considérer sous un jour nouveau la littérature, le mouvement des idées, le caractère étrangement répétitif et infernal de la plupart des comportements humains, les errements sans fin de l'histoire.

Il était encore un tout jeune homme quand je l'avais connu – il avait à peine trente et un ans. Pourtant, même si nous n'avions que quatorze ans d'écart, il me faisait l'effet d'un adulte accompli, avec déjà un *curriculum* impressionnant derrière lui. Il avait soutenu son doctorat à Harvard, sous la direction de l'un des principaux historiens de la colonisation américaine, Perry Miller, dont les livres magistraux avaient exploré les prémices du puritanisme américain, et notamment l'expérimentation de la colonie de Massachusetts Bay, tentative d'organisation sociale à vrai dire assez christiano-talibanesque. Que Bland ait été attiré par cette période de l'histoire nationale était logique, puisqu'il était issu de l'une des « FFV », les « Famous Families of Virginia », ce qui, pour notre jeune pays, ressemblait le plus à une aristocratie. Ses origines le rattachaient donc à la classe des grands propriétaires terriens, mais il représentait ce que l'Amérique « WASP » – blanche, anglo-saxonne et protestante – a de meilleur. Rien à voir avec l'arrogance de la gentry conservatrice et hostile aux minorités ethniques personnifiée par la famille Bush et le plus insupportable de ses rejetons, George W. Avec sa chevelure blonde, ses lunettes à monture d'écaille, sa tenue vestimentaire très Ivy League, son humour indulgent et cet air d'être légèrement détaché des réalités mercantiles de la vie moderne, il était l'archétype du jeune universitaire de Nouvelle-Angleterre. Il avait de l'argent, c'était clair, mais en bon patricien WASP il n'en faisait nullement étalage. Il possédait une jolie maison traditionnelle sur Federal Street à Brunswick, sans doute l'avenue la plus belle de cette bourgade, et un voilier qu'il amarrait dans l'un des nombreux petits ports de la côte. Il avait trois jeunes fils avec sa femme, rencontrée pendant ses études à Harvard.

Bref, c'était un professeur admiré à juste titre, à qui une vie confortable et plaisante semblait promise, surtout après sa titularisation à Bowdoin. Parce que j'étais toujours en quête (inconsciente) d'un grand frère qui pourrait me comprendre, et négligé par un père qui me jugeait trop cérébral et différent de l'idée qu'il se faisait de la virilité, l'estime que me portait Jim Bland et son amitié comptaient beaucoup pour moi. Surtout à un moment de mon existence où, derrière la façade du petit crâneur de Manhattan, je doutais profondément de mes capacités. « Il est évident que vous voulez écrire et vous devez le faire », avait-il par exemple noté en commentaire de l'une de mes dissertations. En le connaissant mieux, j'avais découvert que lui aussi recelait une bonne part de doutes et d'incertitudes. Chose qui m'avait beaucoup surpris à l'époque, car, à peine âgé de dix-huit ans, je ne savais pas encore à quel point la vie était un combat permanent avec soi-même.

Sous le sceau de la confidentialité, il m'avait parlé de cet enseignant opposé à sa titularisation, ou de la grande déception qu'il avait ressentie en apprenant que certains de ses étudiants avaient triché à un examen, une « trahison », selon ses propres termes, qui l'avait beaucoup affecté. J'avais aussi perçu son inquiétude, même s'il ne l'avait pas exprimée, lorsque, au début de ma deuxième année à Bowdoin, il avait dû subir une opération chirurgicale à cause d'un polype bénin sur ses cordes vocales. La crainte d'avoir un cancer s'était heureusement révélée infondée, mais il souffrait depuis d'un mal de gorge permanent. Malgré ce handicap pénible pour quelqu'un qui se servait autant de sa voix dans son travail, il avait paru surmonter ses soucis, et son cours sur le New Deal avait été si captivant que la trentaine d'étudiants présents à sa conférence de clôture l'avait spontanément applaudi.

Une semaine après cet exposé mémorable, je m'étais rendu à son bureau pour mon bilan de fin d'année car, en plus d'être mon professeur, il était mon conseiller d'orientation. Nous avions discuté de mon départ pour Dublin après l'été – j'allais suivre un programme d'études d'un an au Trinity College – et du mémoire de maîtrise en histoire auquel j'avais commencé à réfléchir et que je présenterais à mon retour à Bowdoin. Soudain, de but en blanc, il m'avait demandé : « Vous n'avez jamais envisagé de devenir historien ? »

La question m'avait pris de court. Résolu à résister à la pression de mon père qui voulait que je fasse des études de droit – carrière qui ne m'intéressait nullement – et en dépit de mes timides aspirations à me lancer dans une carrière de metteur en scène (j'avais manifesté quelques modestes dons pour l'expression théâtrale), je me sentais attiré par le monde de l'écrit. Une sphère hautement personnelle et privée qui, du moins durant l'acte de création initial, ne fait appel à personne d'autre que soi-même. D'un autre côté, j'admirais Bland et son éloquence de conférencier, et je commençais à me dire que la condition d'enseignant universitaire ne serait peut-être pas désagréable – douze heures de cours par semaine... Néanmoins si, grâce à mon professeur, j'en étais venu à voir l'histoire comme une fresque grandiose, ouverte à l'interprétation qualifiée et contenant une abondance de thèmes, je n'avais jamais pensé devenir historien.

Mais mon rêve de devenir un jour écrivain se heurtait à la dure réalité : bien que très populaire auprès des étudiants, l'animateur de l'atelier d'écriture à Bowdoin avait descendu en flammes le texte que j'avais présenté, tandis que le rédacteur en chef de la revue étudiante du campus, non content de rejeter toutes les contributions que je proposais, avait proclamé que j'étais absolument dépourvu de talent. Soit dit en passant, c'était un fils à papa et il allait finir par tenir un restaurant... Un conseil à tous les écrivains en herbe un tant soit peu sérieux : vous recevrez nombre de claques de ce genre, à vos débuts, et même si vous arrivez à percer et à vous faire une place au soleil de la littérature, vous ne serez pas toujours épargnés par les commentaires désobligeants. Apprendre à encaisser les refus et les critiques souvent venimeuses fait partie intégrante de la vie littéraire, et l'antidote à ces attaques pernicieuses se résume à ceci : obstination, persévérance, amour du travail bien fait et mépris le plus total à l'égard des mauvais coucheurs.

Lors de cet entretien avec Bland, celui-ci avait perçu quelque chose en moi que je n'étais pas alors en mesure de saisir, et il avait poursuivi presque comme s'il ne doutait pas que je répondrais par l'affirmative : « Le programme de doctorat à Harvard est à considérer, d'autant que j'ai d'excellents contacts là-bas. Yale serait aussi une possibilité, ou peut-être Chicago et Berkeley, bien que ces deux facultés soient un peu trop figées dans le dogmatisme politique, à mon goût. Mais je suis sûr que Harvard vous prendrait, à condition évidemment que vous mainteniez vos résultats universitaires au niveau actuel et que vous nous écriviez un remarquable mémoire de maîtrise. »

Comme je lui disais que j'allais bien entendu réfléchir à cette idée inattendue, et que je le remerciais de sa confiance, il m'avait rétorqué : « Vous la méritez. » Je me souviens aujourd'hui encore à quel point cette affirmation m'avait touché. Il n'est en effet pas si courant qu'un détenteur de l'autorité reconnaisse le potentiel d'un jeune novice et l'encourage.

Ensuite, je m'étais enquis de ses maux de gorge, qui persistaient et le gênaient considérablement. « Ce n'était pas une tumeur maligne, au moins », avait-il répondu, l'air soudain absent. Sentant qu'il était temps de prendre congé, je m'étais levé et je lui avais tendu la main, qu'il avait prise dans les siennes. Il m'avait regardé droit dans les yeux avant de me dire : « Bonne chance, Douglas, et au revoir. » Et moi : « On se revoit en septembre 1975, donc. » J'étais sorti dans une splendide matinée de fin de printemps ; et peu après, je prenais le car pour Manhattan, un périple de neuf heures, à l'époque.

Cet été-là, j'ai travaillé au service de presse du

département de la santé de New York. Un jour, je me suis rendu à la bibliothèque publique – vous rappelez-vous le temps d'avant Internet où il fallait se déplacer pour consulter des livres ? – et j'ai réussi à convaincre un employé de me trouver le programme d'études de troisième cycle à Harvard, afin de glaner toutes les informations concernant le doctorat d'histoire. Les semaines ont passé. Je rédigeais des communiqués à propos d'une invasion de termites ou d'un cas de rage détecté dans le Bronx, je me familiarisais un peu avec les rouages complexes des services municipaux. Le soir venu, je me réfugiais dans quelque galerie d'art dotée de l'air conditionné, dans un cinéma qui passait des classiques, dans un club de jazz ou une salle de théâtre expérimental.

Je ne cessais de me demander si j'étais fait pour le monde universitaire. Non seulement il m'était difficile de renoncer à mes inclinations artistiques, mais j'étais surtout conscient, après deux années à Bowdoin, que la vie sur un campus exigeait une diplomatie à toute épreuve et une attention portée aux susceptibilités personnelles de chacun assez contraignante. Pourtant, en cet été 1974, la suggestion de Bland – devenir historien et diplômé de Harvard – continuait à avoir une certaine résonance. L'aspect rassurant de cet avenir tout tracé contrebalançait mon appréhension face à la perspective de passer un an à Dublin, une ville dont je ne savais absolument rien.

Mon emploi à la municipalité de New York s'est terminé la veille du week-end du Labor Day. Le lundi suivant cette courte trêve, à 9 heures du matin – alors que je comptais faire la grasse matinée –, ma mère a frappé à la porte de ma chambre. Elle avait un exemplaire du *New York Times* tout frais à la main et affichait une expression atterrée.

— Regarde ça, a-t-elle soufflé en me tendant le journal.

J'ai cligné des yeux pour chasser les derniers restes de sommeil. Encore groggy, j'ai distingué la page des faire-part de décès et brusquement, alors que ma vision s'ajustait aux caractères d'imprimerie, j'ai ressenti comme un coup de poing en pleine poitrine : j'avais devant moi l'avis de décès de James Bland, maître de conférences à la chaire d'histoire du Bowdoin College, mort « subitement » deux jours plus tôt et laissant derrière lui son épouse et leurs trois fils.

— Tu sais s'il était… ? a interrogé ma mère.

— Il avait eu un polype à la gorge, mais… il m'avait dit que c'était bénin.

— Peut-être qu'il ne voulait pas t'inquiéter, ou reconnaître que c'était plus sérieux qu'il ne le disait.

Quelques instants plus tard, j'ai appelé les renseignements à Brunswick, dans le Maine, afin d'obtenir le numéro personnel de William B. Whiteside, le doyen de la faculté d'histoire à Bowdoin, qui avait aussi été un de mes maîtres à penser.

— Je suis désolé de vous déranger chez vous, professeur, mais…

— Ce pauvre Jim, c'est affreux, m'a-t-il coupé, comprenant aussitôt la raison de mon appel. Je regrette d'avoir à vous apprendre une nouvelle encore plus affligeante, mais il semble… il semble qu'il ait mis fin à ses jours.

Certaines révélations sont si inattendues, si incompréhensibles et si choquantes qu'elles vous font perdre pied. J'avais à peine dix-neuf ans, à l'époque, et j'ignorais presque tout des aspects les plus sombres de l'existence. Un de mes oncles, un représentant en produits pharmaceutiques qui venait d'atteindre la soixantaine, s'était jeté sous une rame de métro dans un accès particulièrement grave de dépression chronique ; et un étudiant de troisième année à Bowdoin avait délibérément lancé sa bicyclette contre une voiture arrivant en sens inverse, un acte de désespoir qui avait porté un coup terrible à ses malheureux parents, un simple mouvement de guidon mettant fin à une vie et plongeant une famille dans un deuil insurmontable… Mais que Jim Bland se soit suicidé était certainement la tragédie la plus atterrante que j'aie jamais entendue : un être qui paraissait avoir tout pour lui, dont l'existence était visiblement une combinaison harmonieuse de stabilité professionnelle et d'épanouissement personnel, avait décidé d'y apporter une conclusion aussi brutale qu'imprévisible.

En réalité, comme plusieurs de ses collègues et amis me l'ont expliqué quand je suis revenu dans le Maine pour ses obsèques, son geste avait été dûment préparé. J'ai découvert aussi que, en dehors de l'amphi et de son bureau à l'université, il avait été en proie à de sévères tendances dépressives, sujet à de brusques changements d'humeur qui l'entraînaient au fond d'abîmes insoupçonnés, et que ce polype aux cordes vocales, bien que bénin, l'obsédait, alimentant des pulsions autodestructrices déjà existantes. Pendant l'été, il avait rendu visite à toute sa famille dans le Nord-Est et en Virginie, ce qui pouvait être interprété après coup comme une tournée d'adieu. Puis, après avoir inventé un prétexte pour éloigner sa femme et ses enfants de Brunswick pendant le week-end du

Labor Day, il avait avalé une dose massive de somnifères et avait été retrouvé sans vie dans son bureau à la maison, entouré par les livres qui l'avaient accompagné toute sa vie.

Digérer toutes ces informations, au sujet de quelqu'un que je croyais connaître, n'était pas facile pour le très jeune homme que j'étais. La mort de Bland m'avait porté un coup sans précédent, et d'ailleurs toute la petite ville universitaire était sous le choc. Dans l'église bondée lors de la cérémonie funèbre, un silence torturé régnait : comment quelqu'un d'aussi respecté, adulé par ses étudiants, en apparence parfaitement à l'aise dans une vie que beaucoup lui avaient enviée, avait-il pu céder à de telles ombres ? À cette époque, on parlait peu de la dépression et le corps médical ne disposait pas encore largement des outils pharmaceutiques ou thérapeutiques pour la traiter avec succès. Le sujet restait tabou – même si je suis presque sûr que ma mère et ma grand-mère maternelle en souffraient –, en particulier dans les petites villes de province, et il est probable que Bland n'ait pas reçu l'assistance médicale dont il aurait eu besoin. Ou peut-être, avec le *moralisme* anglo-saxon qui le caractérisait, avait-il rejeté l'idée de chercher de l'aide, intériorisant son mal-être au point que personne, à part peut-être son épouse, ne se doutait de la gravité de son état ?

Comme j'allais malheureusement le constater à plusieurs reprises, le suicide est un choix qui plonge les survivants dans le désarroi, et souligne cruellement, mais sans jamais apporter de réponses, ces difficiles moments que nous traversons parfois, ces moments où nous n'éprouvons que du désespoir et une immense sensation de vacuité. Sommes-nous tous exposés à ces accès de pessimisme absolu ? Bien entendu. N'avons-nous jamais, dans une conjoncture particulièrement accablante, envisagé de nous supprimer ? Je serais enclin à me méfier de ceux qui répondraient catégoriquement non. Pour la plupart, nous parvenons néanmoins à maintenir ces sombres pensées à la marge, à faire face au lendemain. Chaque fois que j'apprends un suicide, je suis frappé par les témoignages de ceux qui ont vécu aux côtés de ces disparus jusqu'à ce moment fatal : tous ces êtres déterminés à mettre fin à leurs jours en sont arrivés à considérer le suicide comme une solution logique et, une fois leur décision prise, ils ont manifesté un calme exceptionnel dans les semaines précédant le passage à l'acte. Mais, pour ceux qui restent, les interrogations demeurent entières, dont la plus déchirante de toutes : comment ai-je pu croire que je connaissais vraiment cette personne ?

Après la cérémonie funèbre, il y a eu une réception à la résidence des Bland, sur Federal Street. En vraie fille de la Nouvelle-Angleterre, la veuve de mon professeur accueillait les invités sur le perron avec une force d'âme et un sens du devoir très dignes. Quand mon tour est venu de lui serrer la main et de lui présenter mes condoléances, je me rappelle encore avoir été si ému que je suis resté sans voix – ce qui, mes proches vous le confirmeront, ne m'arrive guère souvent. Nous nous connaissions un peu car nous nous étions croisés à plusieurs reprises. Lorsqu'elle m'a vu marmonner quelques paroles incompréhensibles tout en essayant de refouler mes larmes, elle s'est penchée vers moi.

— Vous ne vous sentez pas bien, Douglas ? a-t-elle demandé, polie mais distante.

Secouant la tête en signe de négation, je me suis surpris à balbutier :

— C'est que... son amitié était si importante pour moi...

Quelques semaines plus tard, j'étais en Irlande, plus précisément à Dublin, qui était alors un trou paumé mais peuplé, comme j'allais m'en apercevoir, d'incroyables conteurs dont la mentalité alliait l'austérité janséniste à une rare lucidité devant l'absurdité de l'existence. Le premier cours auquel j'ai assisté au Trinity College était donné par Brendan Kennelley, l'un des enseignants les plus doués que j'aie pu connaître et lui aussi un conférencier remarquable, capable de recourir au lyrisme sans rien perdre de la précision de ses analyses. Ce premier jour du « Michaelmas Term » – c'est ainsi que, dans les vénérables universités britanniques, on désigne le premier trimestre, en référence à la Saint-Michel –, Kennelley a commencé son programme en citant William Butler Yeats[1] :

> Tout se disloque. Le centre ne peut tenir.
> L'anarchie se déchaîne sur le monde
> Comme une mer noircie de sang : partout
> On noie les saints élans de l'innocence.
> Les meilleurs ne croient plus à rien, les pires
> Se gonflent de l'ardeur des passions mauvaises.

---

1. « La Seconde Venue », W. B. Yeats (trad. de l'anglais [Irlande] par Yves Bonnefoy, *Quarante-cinq poèmes*, suivis de *La Résurrection*, © 1989, Hermann, www.editions-hermann.fr). (*N.d.É.*)

En écoutant ce texte magnifique, je me suis rappelé ce que l'un des collègues de Bland, quelque peu éméché après les obsèques, m'avait confié. Un ou deux jours après son suicide, son adversaire au conseil d'administration, celui qui avait tant œuvré pour bloquer sa titularisation, aurait déclaré : « J'avais bien dit qu'il était bon pour l'asile ! » Les vers de Yeats superbement déclamés par le Pr Kennelley m'ont ramené à ce long trajet en car, lorsque j'avais regagné Manhattan, et à toutes les questions qui m'avaient alors assailli. Je me suis également dit que ce commentaire fielleux prouvait que la cruauté dissimule toujours la plus abjecte petitesse d'esprit.

Considérée maintenant, à un âge plus avancé, la mort de James Bland garde un écho singulier en moi, bien au-delà de la stupéfaction initiale. J'écris ces lignes en ce même week-end férié aux États-Unis où il a mis fin à ses jours, il y a trente-neuf ans, quand il en avait alors trente-trois. En constatant qu'il entrerait dans sa soixante-douzième année s'il était resté de ce monde, j'ai du mal à me dire que j'ai maintenant vingt-cinq ans de plus que lui à l'âge de sa mort, qu'il n'a pas eu le privilège – parfois contraignant, il est vrai – d'expérimenter la maturité, de voir ses enfants se frayer une voie à travers l'adolescence et entrer dans le monde adulte, et qu'il n'a pas pu être témoin des énormes transformations sociales, économiques, culturelles et technologiques des quatre dernières décennies. C'est le problème, avec la mort : non seulement elle met fin à la conversation avec une brutalité sans pareille, mais elle vous extrait brusquement d'un récit en constant développement. Lorsque je pense à ma propre fin – n'est-ce pas Montaigne qui a dit qu'il était nécessaire de réfléchir chaque jour un peu à la mort afin de continuer à vivre ? –, je dois accepter le fait incontournable que la comédie humaine s'accommodera sans doute fort bien de mon absence, et surtout que toutes les déceptions, petites et grandes, toutes les réussites et tous les revers, toutes les complexités qui ont déterminé mon existence s'évaporeront avec moi. Que mes livres continuent à être lus vingt ou trente ans après mon décès est un autre élément sur lequel je n'ai aucun contrôle, et, à vrai dire, ce ne sera pas d'une grande importance pour moi quand l'heure aura sonné. En dehors de mes proches, et de ceux ou celles dont j'ai à un titre ou un autre effleuré la trajectoire, ma disparition sera pareille à celle de l'immense majorité de mes semblables : enregistrée sur le moment, pleurée par quelques-uns, puis le cortège humain continuera sa route et mon souvenir finira par s'émousser, comme pour tout le monde.

Dans *Un homme*, Philip Roth considère l'irrévocabilité de la mort comme le moyen qu'a trouvé la biologie de nous aider à évoluer. L'une des raisons pour lesquelles le suicide de James Bland a eu un tel impact sur moi, c'est bien sûr parce qu'il m'a fait réfléchir à l'incroyable fragilité de l'existence, et au caractère éphémère de toute chose et de tout être. Mais surtout, j'ai compris que les pensées les plus sombres peuvent parfois se dissimuler sous une surface resplendissante. Bland était de ceux que nous observons en nous disant, trop souvent sans doute : Si seulement j'avais la même vie que lui, je serais tellement plus heureux ! Alors, s'il faut ne retenir qu'une chose, c'est bien cela : aucune existence n'est parfaite. Derrière l'apparence idyllique, des ombres continuent à nous hanter, tous. Et chacun de nous est susceptible de se laisser engloutir.

Le suicide de James Bland a été en quelque sorte ma première confrontation avec la tragédie. Quand bien même nous voudrions l'éviter, elle finit toujours par frapper à notre porte. Personne ne peut l'esquiver. Le tragique fait intrinsèquement partie de l'existence.

« Montrez-moi un héros et je vous écrirai une tragédie », a noté un jour Francis Scott Fitzgerald, l'un des plus grands auteurs américains d'épigrammes. Pour citer un autre de ses joyaux doux-amers : « Il n'y a pas de deuxième acte dans les vies américaines. » Encore un ? « La preuve d'une intelligence supérieure, c'est de nourrir dans son esprit deux idées contradictoires et d'être encore en mesure de fonctionner. » Et aussi : « Dans la nuit noire de l'âme, il est toujours 3 heures du matin, chaque jour. »

Il faut dire que Fitzgerald s'y connaissait en matière de tragédie, n'ignorant pas la relation tristement complémentaire que celle-ci entretient avec le succès. En 1921, à vingt-quatre ans, il avait soudain été considéré comme le plus célèbre écrivain des États-Unis. Pourtant, une dizaine d'années plus tard, à la sortie de *Gatsby le Magnifique*, il estimait qu'il était déjà en bout de course. Même si son fidèle éditeur, Maxwell Perkins, trouvait que le livre avait la dimension d'une épopée moderne, la majorité des critiques allaient le bouder, et les ventes se révéler plus que moyennes. Encore une décennie après cet échec, la femme de

Fitzgerald, Zelda, était enfermée dans une clinique psychiatrique aux environs de Baltimore, où elle allait périr dans un incendie. Entre-temps, le prince de la littérature américaine moderne, celui que l'on tenait pour le chantre des Années folles – même si son travail d'écrivain allait bien au-delà du clinquant de cette période qu'il appelait pour sa part « l'ère du jazz » –, avait vendu sa plume à Hollywood. Il vivait avec une chroniqueuse mondaine, Sheilah Graham, abusait de la bouteille, abhorrait les travaux de réécriture de scénarios que les studios lui concédaient et qui lui permettaient à peine de survivre, tentait désespérément de rétablir sa réputation artistique avec le roman sur lequel il s'escrimait, *Le Dernier Nabab*. Un jour, il s'est réveillé, avec une sérieuse gueule de bois, au côté de la femme avec laquelle il partageait maintenant son lit. Titubant jusqu'à la cuisine pour se préparer une tasse de café qui le remettrait d'aplomb, il a ressenti soudain une décharge électrique dans le torse et le bras : la crise cardiaque a été si foudroyante qu'il est mort avant même de s'effondrer sur le sol.

A-t-il perçu ces signes avant-coureurs ? A-t-il eu conscience de ce qui lui arrivait ? Était-ce le dénouement auquel il s'attendait depuis toujours, survenu alors qu'il n'avait que quarante-quatre ans, si jeune et déjà fané ? A-t-il compris en ces ultimes secondes que sonnait la fin de ce qui était devenu une si triste existence ?

On peut évidemment spéculer à foison sur une mort aussi prématurée et qui semble presque souhaitée. Même si, à l'époque, on n'était pas à quarante-quatre ans aussi jeune que maintenant. Sa lassitude face aux déceptions, aux revers et aux illusions perdues était manifeste. C'est ce qu'il évoque, de manière poignante, dans *Tendre est la nuit*[1] :

> On dit des cicatrices qu'elles se referment, en les comparant plus ou moins aux comportements de la peau. Il ne se passe rien de tel dans la vie affective d'un être humain. Les blessures sont toujours ouvertes. Elles peuvent diminuer, jusqu'à n'être plus qu'une pointe d'épingle. Elles demeurent toujours des blessures. Il faudrait plutôt comparer la trace des souffrances à la perte d'un doigt, ou à celle d'un œil. Peut-être, au cours d'une vie entière, ne vous manqueront-ils vraiment qu'une seule minute. Mais quand cette minute arrive, il n'y a plus aucun recours.

Peu avant sa mort, la publication de *L'Effondrement*, cri du cœur autobiographique, allait être accueillie avec dérision par les adeptes de l'école *hemingwayenne du stoïcisme machiste* (soit dit en passant, Hemingway lui-même était avant tout un éternel petit garçon cherchant une mère plutôt qu'une vraie compagne, comme devait le constater sa troisième épouse, Martha Gellhorn, une correspondante de guerre intrépide et une femme farouchement indépendante). Si l'on va au-delà des moments où Fitzgerald cède à la tentation de s'apitoyer sur son triste sort, la dimension la plus stimulante de son œuvre reste sa perception de la tragédie sous-jacente derrière le matérialisme triomphant qui caractérise l'*American way of life*.

Il a exploré l'idée de l'aspiration à une sorte de sérénité rédemptrice dans cette poursuite obsession-

---

1. *Tendre est la nuit*, Francis Scott Fitzgerald (trad. de l'américain par Jacques Tournier, Belfond, 1985). (*N.d.É.*)

nelle de la prospérité, ainsi que l'importance de l'argent dans la construction de soi des Américains.

« Montrez-moi un héros et je vous écrirai une tragédie » : à bien des égards, Fitzgerald allait à l'encontre du consensus idéologique américain en écrivant cela, car aux États-Unis le tragique est une dimension que nous avons tendance à contourner. L'écrivain britannique Victor Sawdon Pritchett, bien trop méconnu et toujours sous-estimé, l'avait déjà remarqué on ne peut plus clairement : « En Amérique, la tragédie n'existe pas. C'est seulement que quelque chose a mal tourné. » Si péremptoire et dédaigneusement british ce commentaire puisse-t-il apparaître, il pointe avec justesse et ironie une réalité de notre pays : nous avons du mal à admettre que certaines circonstances échappent à notre contrôle et que nous sommes souvent incapables d'en réparer les conséquences. Nous sommes tout autant troublés par l'idée qu'il n'existe peut-être pas de « grand dessein » à l'œuvre derrière les événements que la vie nous réserve, et encore moins d'enseignement quelconque à en tirer.

Là encore, nos origines puritaines sont très certainement déterminantes dans cette conception du monde. Puisque les colonisateurs de l'Amérique du Nord adhéraient aux thèses du moraliste anglais Thomas Hobbes, selon lequel l'homme est une créature déchue qui ne peut se racheter que par son dévouement aux valeurs du travail et de la discipline, il n'est pas étonnant que la tragédie, au temps de la colonie de Massachusetts Bay et après, ait été perçue comme une punition infligée à ceux qui ne s'étaient pas rédimés par le dur labeur et la dévotion. Grâce aux penseurs du mouvement des Lumières américain,

John Adams, Benjamin Franklin, James Madison et Thomas Jefferson, qui, un siècle et demi plus tard, ont rédigé la Constitution américaine en prenant soin de souligner la nécessaire séparation de l'Église et de l'État, conscients qu'ils étaient des tentations théocratiques persistant dans les élites politiques, nous avons depuis longtemps renoncé à cette idée que nous avons bien mérité les calamités qui nous tombent dessus. Il n'empêche que les anciens préjugés incrustés dans la mentalité collective ne s'effacent pas si facilement, et que nous sommes toujours tentés de discerner une relation de cause à effet dans les caprices imprévisibles de la tragédie.

Il y a quelques mois, un ami de Londres m'a rapporté une histoire consternante : Sarah, la meilleure camarade de classe de sa fille Polly, avait été renversée par une voiture à trois rues de chez eux. Les détails de cet accident avaient de quoi glacer le sang car ils ne faisaient que souligner le caractère complètement imprévisible et arbitraire de cette tragédie. La mère de Sarah était occupée à faire descendre de leur voiture les deux jeunes frères de la fillette, juste devant leur maison, quand celle-ci, apercevant une amie sur le trottoir d'en face, était sortie pour la rejoindre et avait été immédiatement happée par le véhicule arrivant de l'autre côté. Âgée de dix-huit ans et titulaire de son permis de conduire depuis quelques jours seulement, mais sans une goutte d'alcool dans les veines et respectant avec soin la limitation de vitesse dans ce quartier résidentiel, la conductrice n'avait pas vu la portière s'ouvrir pour la bonne raison que la voiture des parents de Sarah était munie de portes coulissantes. Et ce n'était pas le choc initial qui avait tué la petite fille : elle avait été projetée contre un lampadaire, une chance sur dix mille, et s'était ainsi brisé le cou.

Mon ami m'a raconté : « Je n'oublierai jamais l'appel téléphonique de la directrice de l'école, le samedi matin. Et après, devoir annoncer la nouvelle à Polly… Elle a été l'une des rares camarades de classe de Sarah à insister pour aller à l'enterrement. La veille, elle m'a appelé dans sa chambre et elle m'a dit : "Je n'arrive pas à croire que Sarah est maintenant dans une boîte et qu'on va la mettre dans la terre demain." J'avais la gorge si serrée que j'ai eu du mal à trouver les mots, à lui expliquer que, dans la vie, certaines choses nous dépassent complètement, que la tragédie est parfois juste une question de malchance, à une minute ou une seconde près… »

En effet, si la voiture des parents avait eu une portière classique, la conductrice l'aurait certainement vue s'ouvrir ; et si la trajectoire du choc n'avait pas précipité Sarah contre un lampadaire, et si la mère de cette dernière n'avait pas alors été occupée avec ses petits frères et avait eu le temps de lui crier de ne pas quitter le véhicule de ce côté, et si elle avait été retenue quelques instants de plus à un feu rouge de retour de l'école, et si l'autre véhicule était arrivé un tout petit peu plus vite ou plus lentement… Nul doute que la mère effondrée a dû tourner et retourner dans sa tête tous ces impondérables, ces infimes hasards ayant fini par provoquer le pire drame qui puisse exister, la perte d'un enfant. En tentant de considérer tous ces questionnements lancinants, j'ai repensé au principe d'incertitude de Heisenberg. Ce physicien allemand avait rejeté le présupposé d'Einstein selon lequel nous pouvons non seulement suivre la course d'un atome mais déterminer ce que sera sa position finale. Il estimait que c'était tout bonnement impossible et que nous n'étions donc pas en mesure de prétendre avoir la moindre connaissance empirique du comportement des particules élémentaires qui composent l'univers. Au contraire, nous serions à la merci de leur totale imprévisibilité, incapables de savoir comment elles en viendraient à s'aligner, à se reconstituer ou à se séparer.

La théorie de Werner Heisenberg va plus loin : même quand nous sommes sûrs que certains éléments sont fixes et constants, nous ne pouvons jamais être certains qu'il en sera toujours ainsi. C'est une métaphore éloquente du caractère imprévisible de la vie, qui explique aussi la soif que nous avons de permanence : l'ami ou l'amie qui sera toujours là pour nous, la position professionnelle qui nous donnera sécurité et stabilité, l'amour éternel dont nous ne nous lasserons jamais. Et pourtant, vivre, c'est apprendre que l'amitié peut faiblir ou s'éteindre, qu'une carrière est parfois interrompue ou brisée sans préavis, que la passion amoureuse a tendance à s'étioler ou même à disparaître, que malgré notre désir de certitude et de constance nous restons les jouets du hasard.

Ainsi, pas plus que nous ne sommes capables de contrôler les sentiments d'une autre personne à notre égard, nous ne pouvons déterminer la conjonction d'événements qui finiront par constituer une tragédie. Admettons par exemple que vous soyez un de ces adeptes d'une hygiène de vie ultrarigoureuse avec jogging quotidien, régime strict basses calories, zéro cigarette et pas plus d'un verre de vin par jour. Cette existence si prudente et raisonnable ne garantit pas que vous ne serez pas atteint par un terrible cancer à cinquante ans à peine. Pouvez-vous définir une seule raison précise qui aurait provoqué cette calamité, ou bien êtes-vous seulement victime d'une déficience cellulaire survenue fortuitement ? Tout comme la malheureuse petite Sarah a perdu la vie uniquement parce qu'elle se trouvait au mauvais endroit, au mauvais moment. Et même si son amie était capable de comprendre l'effroyable arbitraire de sa mort, ce coup du sort a ruiné l'innocent optimisme de son enfance, parce qu'elle a soudain vu que derrière l'émerveillement d'être en vie se dessine toujours la possibilité de la tragédie.

« Quelque chose a mal tourné » : dans notre culture moderne, la notion de tragédie s'accommode mal des exhortations permanentes à « prendre la vie du bon côté », à « faire de nécessité vertu », à « appartenir à l'équipe gagnante » et autres formules chères aux auteurs de manuels de développement personnel. Reconnaître qu'un caprice du destin est toujours susceptible de nous briser le cœur et de mettre à l'épreuve notre persévérance, que le tragique est une composante inévitable de la condition humaine, c'est pour d'aucuns prendre le risque d'attirer le malheur sur soi, de provoquer le rire cruel des dieux.

Considérons le cas de Gustav Mahler lorsqu'il a composé son cycle pour voix et orchestre des *Kindertotenlieder*, inspiré par les poèmes de Friedrich Rückert. Le titre seul de ce monument musical, *Chants pour des enfants morts*, explique pourquoi sa femme,

Alma Mahler, l'avait supplié de renoncer à ce projet. En vain. À sa création, cet ensemble de cinq lieder, aux côtés de ses *Chants d'un compagnon errant*, des *Rückert-Lieder*, et plus tard du *Chant de la terre*, allait être salué comme l'une des œuvres vocales et orchestrales les plus importantes du nouveau siècle, et c'est encore vrai aujourd'hui. Mais, peu après qu'il eut achevé de composer cette œuvre, la fille adorée de Gustav et d'Alma, Sophie, contractait la scarlatine et décédait à l'âge de six ans. Ceux qui croient aveuglément au bon et au mauvais karma concluront sans doute que le génial compositeur aurait dû écouter la voix de la prudence maternelle et s'abstenir de tenter le destin. Pour ma part, je constaterai que la scarlatine était alors, avec d'autres maladies comme la rubéole, la poliomyélite et même la rougeole, l'une des causes principales de mortalité infantile, que même à Vienne, une ville particulièrement en avance sur le plan médical à l'orée du XXᵉ siècle, les vaccins efficaces et les antibiotiques n'étaient pas encore disponibles. Cette mort poignante n'était donc pas la conséquence d'une punition divine infligée à un musicien ayant osé traiter d'un tel drame, mais simplement le résultat d'une propagation de microbes qui pouvaient se révéler mortels.

La tragédie, évidemment, se présente sous divers atours. Il y a la maladie qui détruit ou affaiblit terriblement quelqu'un qui nous est proche. Les circonstances aussi incontrôlables que fatales. La démence destructrice, la soif de pouvoir, l'obsession de « pureté ethnique » d'un individu ou d'un groupe, dont les sinistres exemples sont bien trop nombreux, de Staline à Hitler, de Pol Pot à Milošević, des Hutus décidés à massacrer plus de huit cent mille Tutsis au Rwanda jusqu'aux prisons infâmes du régime nord-coréen en passant par la répression féroce déclenchée par Bachar el-Assad contre ses opposants, leurs femmes et leurs enfants… Sans oublier les terribles événements qui ont récemment touché la France et l'Europe.

Le 12 novembre 2015, je suis sorti de mon appartement dans le 10ᵉ arrondissement de Paris pour faire un petit tour en fin de matinée. J'avais emporté la dernière édition de *The New York Review of Books*, un bloc-notes et un stylo à plume. J'avais éteint mon téléphone portable, car avoir parfois un peu de temps rien qu'à soi est l'un des luxes les plus précieux dans notre monde hyperconnecté. Je souhaitais me promener tranquillement dans la ville, flâner à ma guise en me laissant guider par ma curiosité – un grand plaisir pour le citadin que je suis.

Ce matin-là, j'ai longé le canal Saint-Martin, tourné à droite et descendu le boulevard Voltaire, en passant devant la mythique salle de concert du Bataclan. Après une pause dans un café le temps de fumer un cigare et de boire un verre, j'ai poursuivi mes pérégrinations en revenant au cœur de l'arrondissement. J'ai remarqué un restaurant qui avait pour nom Le Petit Cambodge, et j'ai pensé qu'il faudrait l'essayer bientôt. Puis je suis revenu prendre mon sac chez moi avant d'aller déjeuner au Terminus Nord avec un ami réalisateur de cinéma et de prendre l'Eurostar pour Londres.

Le lendemain, ma journée dans la capitale britannique n'a été qu'un enchaînement de rendez-vous et de réunions. À 19 heures, je me suis rendu au Hampstead Theatre, l'une des scènes les plus avant-gardistes de Londres, pour assister à une représentation de la nouvelle pièce de David Hare, jadis iconoclaste, aujourd'hui révéré, mais toujours aussi stimulant. J'y étais accompagné de l'un de mes plus vieux amis, américain comme moi mais londonien depuis près de trois décennies – pour ma part, j'ai fait mes valises en 2011, après vingt-trois années à Londres, ville à la fois extraordinaire et horripilante. Le spectacle terminé, nous sommes allés dans un restaurant tout proche. Nous venions de lever nos verres à notre amitié lorsque mon portable a sonné. Voyant sur l'écran que l'appel provenait de l'un de mes plus proches amis en France, Stéphane Lieser, j'ai aussitôt répondu. « Où es-tu ? » a-t-il lancé sans préambule. Quand je lui ai répondu que je me trouvais à Londres, son soulagement a été palpable : « Dieu merci… » Et il a continué : « Il vient d'y avoir une série d'attaques épouvantables dans ton quartier et autour. Au moins quatre-vingt-dix morts, pour l'instant… »

Une minute plus tard, j'étais sur le site Internet du *Guardian*, en train de lire les premières informations sur les fusillades au Bataclan, dans des restaurants et des cafés des 10e et 11e arrondissements, les assassins toujours en action… Dans ce genre de moment, face à une réalité si brutale et sidérante, c'est comme si on se balançait au bord du vide. Vertige, silence irréel autour de moi : c'est ce que j'ai ressenti en découvrant l'horreur des premiers témoignages en provenance des scènes de massacre.

Le dîner a été bref, comme on peut l'imaginer. Impossible d'avaler quoi que ce soit alors que je venais d'apprendre que, quelques mois après l'attaque contre *Charlie Hebdo*, Paris était à nouveau frappé par la barbarie terroriste. La différence, c'était que, cette fois, à en juger par les informations alors disponibles, ce n'était pas l'équipe de l'un des journaux satiriques les plus inventifs et intrépides au monde qui avait été la cible, mais des gens comme vous et moi, en train de goûter un vendredi soir parisien. N'importe qui ayant eu la malchance de se trouver à la portée des armes automatiques des terroristes.

De retour à mon pied-à-terre londonien environ une heure après, j'ai zappé entre CNN et la BBC, tout en surveillant le fil d'infos du *Monde* et de l'Agence France-Presse sur mon ordinateur portable. L'étendue de l'abomination commençait à apparaître. De plus en plus atterré, j'ai appris comment les assaillants du Bataclan avaient abattu tout ce qui bougeait, des spectateurs pour la plupart dans la vingtaine ou la trentaine venus assister à un concert de heavy metal ce soir-là, et la tentative ratée d'explosion au Stade de France, et toutes ces terrasses mitraillées, dont celle du Petit Cambodge… Moins de trente-six heures auparavant je passais devant tous ces lieux. Cette idée m'obsédait.

À moins de croire dur comme fer en un Tout-Puissant, en une main divine et omnisciente ou en quelque destinée attribuée à chacun, la *musique du hasard** accompagne chacun de nos pas.

Je repense souvent à la succession d'événements survenus lors d'un festival de cinéma à Glasgow, en 1983. J'avais passé un moment à essayer de séduire une ravissante avocate d'Édimbourg au bar de l'hôtel où le festival avait lieu. Vers minuit, constatant que je ne l'intéressais décidément pas du tout et que mes efforts ne conduisaient nulle part, j'avais pris congé d'elle et demandé à la réception de m'appeler un taxi pour rentrer là où je séjournais, de l'autre côté de la ville.

La voiture est arrivée pendant que je fumais une cigarette dehors – j'étais sérieusement accro à la nicotine à l'époque. Mais, alors que je tendais la main pour ouvrir la portière, un petit gros bâti comme un pit-bull et que l'abus d'alcool rendait aussi avenant que ledit animal a repoussé sèchement mon bras. « C'est mon taxi, Jimmy », a-t-il lancé. « Jimmy » étant l'équivalent de « mec » dans le parler argotique de Glasgow. La blonde très maquillée qui l'accompagnait m'ayant jeté un regard de défi, j'ai compris qu'il n'hésiterait pas à faire usage de ses poings pour l'impressionner, son ivresse le rendant audacieux. J'ai donc opté pour la conciliation avec un « Tout à fait, monsieur, c'est le vôtre » des plus diplomatiques. Au moment où je revenais à la réception pour commander un autre taxi, une jeune femme du Centre national du cinéma irlandais que j'avais croisée à quelques reprises dans un cadre professionnel est entrée dans le lobby. « Hello, Grace. – Hello, Douglas. » Je l'avais un jour invitée à prendre un verre, mais cela ne s'était jamais fait pour des raisons d'emploi du temps. Cette fois, elle était libre et nous sommes allés au bar, le taxi n'étant soudain plus nécessaire. Cette rencontre marquait le début d'une histoire qui conduirait à notre mariage, deux ans plus tard.

Vingt-cinq ans après, alors que mon union avec Grace se terminait et que je me retrouvais plongé dans une procédure de divorce particulièrement difficile, j'ai été frappé par ce constat : toute mon existence aurait été différente si ce roquet imbibé ne m'avait pas volé mon taxi un soir à Glasgow. Non que je regrette ces années de vie commune : malgré leurs hauts et leurs bas – notamment à la fin –, elles m'ont apporté de vrais moments de bonheur. Plus encore, Max et Amelia, mes merveilleux enfants, ne seraient pas là aujourd'hui si j'étais monté dans ce taxi, et cette seule idée rend tout plus tolérable, même l'insatisfaction et l'échec. Quoi qu'il en soit, il ne fait aucun doute que le destin, de quelque manière qu'on le définisse, est le plus souvent déterminé par le fait que l'on se trouve à tel endroit à tel moment, et bien sûr par les décisions que l'on prend à la suite d'un événement inattendu.

Mais si l'on en revient au terrorisme, et à cette volonté de tuer le plus de monde possible, des gens qui ne faisaient que « passer par là », il est clair que dans ce cas nous n'avons aucun contrôle. Le plus souvent, on rencontre quelqu'un par hasard, puis on décide de donner suite ou de ne pas aller plus loin, et ce quelqu'un dispose également de ce choix. Il est en revanche impossible de prévoir quand et comment la tragédie va survenir. Bien sûr, entreprendre de sillonner en solo le nord du Mali comporte indiscutablement une part de risque, de même que s'aventurer dans Lagos, considérée aujourd'hui comme la ville la plus dangereuse de toute la planète. Mais, mis à part quelques mesures de précaution élémentaires, il n'est pas vraiment possible de se protéger de la nature fondamentalement imprévisible du terrorisme.

Quinze jours après les attentats du 13 novembre, j'ai décidé de retourner en France pour une série de séances de signatures et de conférences. Plusieurs de mes amis américains ont exprimé leur inquiétude : ils craignaient que je ne me mette en danger. Tous m'ont dit : « En tout cas, fais attention ! » Bien que touché par leur sollicitude je me suis aussitôt demandé : « D'accord, mais comment "faire attention" ? En m'enfermant chez moi définitivement ? En évitant le métro, les restos, les rencontres ? » Face à la menace terroriste, on ne peut « faire attention » qu'en s'enfermant dans son petit monde…

J'ai une conception de la vie plutôt fataliste, je dois dire. J'espère vivre presque centenaire, chose assez courante dans ma famille, mais comment savoir ce que l'avenir nous réserve ? En ce moment même, sept de mes connaissances luttent contre le cancer – et une seule d'entre elles a beaucoup fumé. Là encore, nous devons nous en remettre à la *musique du hasard**. Et à la génétique.

Je refuse d'être intimidé par ceux qui brandissent l'arme du terrorisme, d'en venir à craindre des forces et des événements qui échappent à mon contrôle.

Il n'empêche que la peur est maintenant là, latente, car c'est précisément ce que le terrorisme engendre. La peur, et la tragédie, essentiellement fondée sur la nature hasardeuse de l'existence, sur la possibilité qu'une vie tout entière soit bouleversée parce que vous êtes sorti d'une voiture au mauvais moment, ou monté dans une rame de métro à une certaine heure. Nous ne pouvons jamais savoir dans quoi nous allons mettre les pieds, et c'est l'une des réalités déplaisantes mais inévitables qui régissent notre vie.

J'écris ces lignes en avril 2016, peu après de nouvelles attaques meurtrières à Bruxelles, à Lahore et en Côte d'Ivoire, qui m'ont poussé à réfléchir une nouvelle fois à cette notion de hasard. Les Irlandais aiment à dire : « Nous sommes tous des jouets de la chance. » Ce dicton m'a toujours frappé par sa pertinence. Nous sommes soumis aux caprices de la fortune, et à tout moment notre chemin peut croiser celui de la tragédie. Aussi vaut-il mieux prendre le parti de profiter de la vie, de ne gâcher aucun moment.

Il est également une autre forme de tragédie, celle qui naît de l'incompréhension, de la vanité, de l'égocentrisme, du narcissisme, de la stupidité, de l'incapacité à voir plus loin que ses propres limites, d'un désir de vengeance, d'une pulsion autodestructrice, ou d'une combinaison de tous ces éléments à la fois. Cette calamité qui se nourrit d'elle-même ne se limite pas à un complexe moderne défini par les postfreudiens : remontons quelques millénaires en arrière, bien avant Shakespeare, Chaucer ou même les paraboles bibliques, et intéressons-nous au concept aristotélicien de l'anagnorisis, à savoir la version dramaturgique d'une révélation. Dans l'esprit d'Aristote, toutefois, ce moment de prise de conscience ne se limite pas à la compréhension des péripéties qui ont plongé tel ou tel individu dans l'expérience du tragique, mais contient aussi la reconnaissance de son rôle dans le dénouement funeste de la représentation théâtrale.

Voici ce qu'Aristote en dit lui-même dans son traité de poétique, définition que j'ai retrouvée grâce aux inépuisables ressources de Wikipédia : « L'anagnorisis est le passage de l'ignorance à la connaissance, qui peut insuffler l'amour ou la haine chez les personnages que le poète destine à une bonne ou mauvaise fortune. » Passer de l'ignorance à la connaissance : n'est-ce pas l'acte fondateur de toute humanité, notamment quand elle est confrontée à la tragédie ? La plupart des héros tragiques de la Grèce antique, une fois qu'ils découvrent la réalité de l'histoire qu'ils ont développée et dont ils sont aussi les jouets, ne résistent pas à l'impact gigantesque de la révélation. Ainsi Œdipe se crève-t-il les yeux en apprenant que la femme qu'il a épousée, non sans avoir préalablement expédié son père dans l'au-delà, n'est autre que sa propre mère. Devant la monstrueuse vérité qui se dévoile à lui, il ne demande pas pardon pour ce terrible forfait, ne cherche pas de l'aide auprès d'un psychothérapeute, et ne décide pas non plus de s'amender. Toutes ces réactions sont bien trop modernes. Confronté à son anagnorisis, il se prive à jamais de la vue du monde, et c'est dans un tombeau de ténèbres que sa honte le condamne à poursuivre son existence.

N'est-ce pas l'anagnorisis, encore, qui plonge Agamemnon dans les affres du doute après avoir convaincu sa fille Iphigénie de se laisser sacrifier aux dieux des vents propices qui pousseront favorablement la flottille de son père et accorderont à celui-ci la victoire sur les barbares ? Car il lui est impossible de ne pas prendre conscience de l'horreur de son geste, de l'immensité de sa perte et de la pitoyable vanité qui lui interdit de perdre la face sur le plan militaire. De même, Iphigénie passe « de l'ignorance à la connaissance » en insistant pour donner sa vie, comprenant que c'est là son destin et que celui-ci, faut-il ajouter, n'est pas tragique.

À la fin de l'*Iphigénie à Aulis* d'Euripide, un oracle annonce à Agamemnon et à son épouse, Clytemnestre, que les dieux ont été tellement impressionnés par la bravoure de leur fille qu'ils l'ont soustraite *in extremis* au couteau du sacrificateur et entraînée dans leur sphère divine, la remplaçant par une biche. Dans d'autres versions, plus récentes, du drame – et du mythe –, Clytemnestre accueille ce subterfuge divin par des sarcasmes furibonds, interdisant à Agamemnon de fuir sa responsabilité dans la disparition de leur fille. Il a le sang d'Iphigénie sur les mains, telle est son anagnorisis, et Eschyle ira jusqu'à imaginer Clytemnestre se faisant justice en tuant son mari. Puis c'est au tour d'Électre, leur autre fille, d'avoir une révélation quand elle se rend compte que l'inconnu qui se tient devant la tombe d'Agamemnon est son frère Oreste, qu'elle n'a pas vu depuis des années.

Sans reprendre les règles strictes de l'anagnorisis définies par Aristote, le théâtre de Shakespeare regorge lui aussi de moments où la tragédie est propice à une épiphanie personnelle. Centrale, également, l'idée que la comédie est une tragédie évitée de justesse, porteuse de leçons vitales quant à la fragilité de l'être humain. Dans son *Conte d'hiver* – sans doute sa réflexion la plus pénétrante sur l'égarement auquel la colère peut conduire et sur la nécessité du pardon –, un roi qui a banni son épouse parce qu'il était persuadé que celle-ci l'avait trompé apprend sa mort en exil et s'aperçoit soudain que sa culpabilité était seulement le fruit de sa jalousie obsessionnelle. Sa désolation d'avoir provoqué le décès aussi injuste que prématuré de la femme qu'il aimait s'accompagne d'une prise de conscience de ses propres travers. En ce sens, il traverse la même expérience d'anagnorisis qu'Othello, prenant la mesure de son obstination maladive et de son refus d'entendre les protestations d'innocence de celle qui était injustement accusée. Contrairement au carnage final de la tragédie vénitienne, le *Conte d'hiver* s'achève sur un heureux rebondissement : la reine est en réalité toujours en vie, et le roi se répand en excuses, promettant de s'amender. Ici, ce n'est pas tant que la tragédie a été évitée : elle est fermement et providentiellement rejetée par l'auteur qui, par cette « pièce à thèse », entend montrer aux spectateurs les dangers de l'aveuglement psychologique. Shakespeare semble proclamer ici : « Par ce retournement de situation, je m'offre le droit d'épargner au roi des années de remords et de détestation de soi. Mais attention : dans la vie réelle, si la rage et le doute vous amènent à incendier votre maison, aucun miracle n'aura lieu, et il ne vous restera qu'à piétiner les cendres de ce que vous aurez détruit. »

Il y a quelques années de cela, un soir où nous avions un peu trop bu, un ami et moi, nous nous sommes mis à modifier les intrigues des plus grandes pièces de Shakespeare. Dans ces versions hollywoo-diennes, les bons sont récompensés et la catastrophe finale oubliée. Ainsi, Ophélie est sauvée de la noyade par Hamlet, et le frère de celle-ci, Laërte, lui en est si reconnaissant qu'il lui pardonne d'avoir tué acci-dentellement leur père, Polonius, croyant que c'était l'intrigant Claudius qui se cachait derrière les rideaux dans la chambre de Gertrude, la mère de Hamlet. Plus encore, il aide le prince à démasquer l'usurpateur du trône, ce même Claudius, qui préfère se suicider quand il comprend qu'on va enfin lui attribuer le meurtre du père de Hamlet. Une fois couronné, celui-ci accorde sa clémence à sa mère, désormais veuve de Claudius, et la cantonne dans un exil confortable sur l'une des îles de la côte danoise. Ophélie, devenue reine, lui donne un fils l'année suivante, tandis que Laërte est promu général en chef des armées du royaume, qu'Horatio reçoit un duché et que les fidèles courtisans

Rosencrantz et Guildenstern se voient offrir la direction du Théâtre national...

À la Tate de Londres sont exposés trois tableaux du peintre préraphaélite Ford Madox Brown où l'on voit Cordélia au chevet du vieux roi Lear, versant des larmes sur le père qui l'a rejetée et a préféré écouter les mensonges fielleux de ses deux autres filles, les perfides Goneril et Régane. Admettons que nous suivions la dynamique de ce triptyque victorien, et voici qu'Edgar devient le héros de la pièce, supprimant le fils bâtard de Gloucester, Edmund, et envoyant les deux sœurs diaboliques dans deux couvents de carmélites, où elles seront confinées pour le reste de leur vie et auront ainsi le loisir de prier, de méditer et d'expier leurs méfaits. Pendant ce temps, Lear et Cordélia regagnent leur palais et le père, désormais assagi et en paix avec le monde, expire dans les bras de sa fille, non sans lui avoir confié qu'il peut maintenant gagner le repos éternel en toute quiétude, ayant réparé les injustices dont elle a été victime.

La facilité avec laquelle on peut subvertir – corriger ? – une intrigue tragique est tout bonnement fascinante. Les torts sont effacés, les méchants punis, les bons libérés de leurs dilemmes et de leurs pulsions autodestructrices, l'amour triomphe, la sagesse s'impose et nous sommes tous assurés d'une vie apaisée pour peu que nous parvenions à vaincre nos démons, ces fameux ennemis intérieurs. Comme ce serait simple... Seulement, quand la tragédie n'est pas le produit de forces indépendantes de notre volonté, ou pur caprice d'un hasard aveugle, les seuls et uniques responsables de la dévastation sont en général aisément identifiables : nous-mêmes.

Alors que je parcourais les étendues grandioses du Montana afin de préparer mon deuxième roman, *L'Homme qui voulait vivre sa vie*, j'ai croisé la route d'un gentleman auquel je donnerai le nom d'emprunt de Howard Robertson. Ce qu'on disait de lui : une personnalité locale, un journaliste talentueux qui tenait une chronique remarquée dans l'un des meilleurs quotidiens régionaux du pays, *The Montanan*, marié et père de famille. Ses essais à la fois lyriques et lucides sur la vie dans ces contrées magiques laissaient penser qu'il obtiendrait forcément le prix Pulitzer tôt ou tard, et il complétait sa réputation – et ses revenus – en enseignant brillamment le journalisme à l'université du Montana.

Lorsque nous nous sommes donné rendez-vous à l'Oxford Bar and Grill de Missoula, je m'attendais à voir arriver un grand gaillard auquel le succès professionnel et sa connaissance du vaste Ouest américain conféreraient une assurance tranquille. C'est peu dire que j'ai été surpris : l'homme qui se tenait devant moi ne semblait pas avoir eu une vraie nuit de sommeil depuis un an et ses yeux cernés paraissaient hantés par de multiples spectres.

Nous avions été mis en contact par le légendaire James Crumley, auteur de romans policiers prolifique et génial qui devait nous quitter en 2008, son système cardiovasculaire n'ayant pas résisté aux excès de toutes sortes qu'il lui avait imposés toute sa vie. Avant mon départ pour le Montana, un ami commun m'avait donné le numéro de Crumley et nous avions passé un moment mémorable ensemble. Nous nous étions retrouvés vers midi dans un bar assez louche de la rue principale. Crumley m'attendait, un bock de bière et un shot de whisky devant lui, ainsi que deux cigarettes allumées dans un cendrier – c'était l'époque où l'on pouvait encore fumer pratiquement partout aux États-Unis, sauf peut-être dans l'unité de soins intensifs d'un hôpital. Au bout de dix minutes de conversation à bâtons rompus, il s'était tourné vers le barman et lui avait lancé, de sa voix de stentor :

— Non, mais tu entends ce mec ? Il dit qu'il est américain, alors qu'on croirait carrément que c'est un foutu British !

Je lui avais donc expliqué que, même si j'étais né et si j'avais grandi à New York, j'avais passé les vingt dernières années de ma vie outre-Atlantique. À quoi il avait répondu :

— Bon, c'est sa foutue histoire et il en démordra pas ! Alors, est-ce que le British américanisé va boire quelque chose avec moi ?

Je découvrais le style Crumley, celui de la vie réelle et non seulement celui de ses écrits : un mélange d'agressivité bourrue et d'humour bon enfant, tenant à la fois de Hemingway avec sa grosse barbe et sa panse rebondie, et de Bukowski par son mépris des conventions et de la modération. J'ai été tout de suite à l'aise en sa compagnie et lui-même, après avoir constaté que je répondais à ses provocations par un sourire imperturbable, s'est abandonné à deux de ses grands plaisirs : boire et faire la causette. À un moment, il s'est mis à discourir sur ce qu'il appelait « la mauvaise pioche, version un et deux », la première étant selon lui « la merde tombée de nulle part », de l'accident de voiture à la maladie incurable en passant par le licenciement économique, la seconde « Je me tire dans le pied gauche à la mitraillette, je recharge et je farcis le pied droit », autrement dit l'attrait de l'autodestruction.

— Et ne nous cachons pas derrière notre petit doigt, a-t-il continué en commandant une cinquième tournée. De temps en temps, on a tous besoin de tirer sur la corde suicidaire. Ça fait partie de notre côté tragique. Tu peux prétendre être le fils de pute le plus positif qui soit, tu es quand même tenté par la tragédie. Et c'est pas qu'elle te tombe dessus ; la plupart des fois, c'est toi qui la cherches. C'est ce qu'on appelle la nature humaine…

C'est là qu'il m'a dit qu'il fallait que je paie une bière ou deux à un certain Howard Robertson, que son histoire allait certainement m'intéresser s'il se décidait à me parler : « Mais connaissant le type, je suis sûr que ce sera comme chez les flics : il suffit de lui refiler un verre de bourbon et une clope pour qu'il déballe tout. »

Attrapant une pochette d'allumettes, Crumley a passé sa langue sur la pointe d'un bout de crayon usé et griffonné le numéro de téléphone de Howard à l'intérieur. Le lendemain matin, je me suis réveillé avec une gueule de bois monumentale. Ma rencontre avec le grand Jim Crumley s'était transformée en une longue beuverie et je me souvenais vaguement d'avoir parcouru en titubant la distance qui me séparait de mon hôtel, où je m'étais effondré sur mon lit, émergeant de l'inconscience avec le chœur des enclumes du *Trouvère* tonnant dans ma tête. Une fois requinqué par une dizaine de tasses de café, j'ai sorti la pochette d'allumettes et j'ai appelé Howard. Lorsque je lui ai expliqué les raisons de mon voyage au Montana, et le fait que Jim avait émis l'idée que nous fassions connaissance, il s'est montré on ne peut plus accueillant. « Je vais aller de ce pas à la bibliothèque pour voir un peu qui vous êtes », a-t-il ajouté d'une voix étonnamment fluette. Nous étions encore à l'ère d'avant Google, et c'était par les livres et les microfilms que l'on s'informait sur la vie de quelqu'un.

Nous sommes convenus de nous retrouver pour déjeuner. Arrivé un peu en avance, j'ai commandé un bloody mary au comptoir de l'Oxford, un établissement qui semblait tout droit sorti d'un décor de western, avec en prime une affiche manuscrite annonçant un concours de strip-tease amateur ce même soir, un samedi. Contrairement à mes attentes, donc, j'ai vu s'approcher un homme mince d'une cinquantaine d'années, le cheveu rare et le sourire timide, habillé tout en gris d'un blouson léger, d'une chemise à carreaux et d'un pantalon en toile – c'était la fin mai, avec une température très clémente. M'étant moi aussi renseigné sur son compte à la bibliothèque locale, j'ai été d'abord surpris que quelqu'un d'apparence aussi anodine – et avec un goût vestimentaire pour le moins conventionnel – ait écrit ces chroniques si puissamment évocatrices dont la publication s'était d'ailleurs interrompue quelque dix-huit mois auparavant. Howard n'avait pas son pareil pour raconter un simple week-end de pêche à la truite au bord d'un ruisseau proche de Missoula, évoquer l'Ouest américain d'aujourd'hui sans verser dans les clichés de la littérature des grands espaces et de la célébration de la vie « au naturel ». Pour autant, son regard contrastait avec la banalité générale de son aspect :

c'était le regard d'un homme à qui la vie a assené des coups mémorables et dont la tristesse infinie semble indélébile. Le regard d'un homme hanté.

— Ravi de vous voir, a-t-il lancé en me serrant la main. Donc, j'ai eu le temps de jeter un œil à vos livres de voyage (nous étions en 1993, un an avant la sortie de mon premier roman), et j'ai vu que vous viviez à Londres. Pourquoi ça ?

— Ah, vous savez, ce n'est pas exactement un trou du New Jersey, Londres...

Il a lâché un petit rire avant d'ajouter, d'un ton pensif :

— Chaque endroit a ses limites. Même une région aussi magnifique que le Montana.

Il a commandé une bière et j'ai continué à siroter mon bloody mary. Nous avons commencé à parler de choses et d'autres : de nos enfants respectifs, de son ex-épouse (« Le genre passif-agressif », a-t-il noté sobrement), de quelques écrivains locaux – il estimait énormément Wallace Stegner et Thomas McGuane, se montrant plus réservé à l'égard de Jim Crumley : « C'est un numéro, n'est-ce pas ? » –, et nous en sommes venus à évoquer nos habitudes de travail. Comme je lui expliquais que j'étais capable d'écrire à toute heure du jour ou de la nuit, mais en respectant toujours le volume que je me fixais pour la journée, il a remarqué :

— Vous avez du bol, vous... Moi, maintenant, je ne peux travailler à mes livres que pendant mes pauses de chauffeur de bus.

— Parce que... vous conduisez un bus ?

— Autobus scolaire, ouais, cinq jours par semaine. Je ramasse les gamins entre 6 h 30 et 8 h 30 le matin, et le service de l'après-midi dure de 15 heures à 16 h 30. Ce qui me laisse environ cinq heures pour bosser sur mon nouveau bouquin. Tiens, d'ailleurs c'est l'histoire du bar où nous nous trouvons à cet instant, l'Oxford Bar and Grill, le plus vieux bouge de Missoula. Un monument historique ! Et puisqu'on est samedi et que mes deux enfants passent le week-end chez mon ex et son nouveau mec, je peux me laisser tenter par quelques-unes de celles-là.

Et il a tapoté son verre de bière vide.

— Je vous tente avec une autre tout de suite ?

— Très aimable à vous.

J'ai fait signe au barman de nous apporter une nouvelle tournée, avant de demander à Howard :

— Qui va le publier, ce livre ?

— Moi.

— Je vois…

— J'ai pensé contacter quelques éditeurs et puis je me suis dit, bah, autant m'en charger moi-même.

— Et vous écrivez toujours pour *The Montanan* ?

Ses traits se sont crispés une seconde.

— Euh, non… Ça fait environ un an et demi, j'ai décidé que j'avais à peu près tout donné, dans cette chronique, et… et que c'était un bon moment pour changer d'occupation.

À ce stade, j'ai tout de suite senti que quelque chose clochait et qu'il me baratinait.

— Attendez… Vous avez choisi de cesser d'être le journaliste le plus coté du Montana pour devenir chauffeur de bus scolaire ?

— Je publie des livres.

— À compte d'auteur.

— Rien de mal à ça.

— Je n'ai pas dit le contraire.

— Mais vous posez beaucoup de questions.

— Parce que vous en appelez beaucoup.

Il y a eu un long silence pendant lequel il a contemplé le fond de son verre comme s'il y cherchait une réponse à l'accablement que je sentais peser sur lui. J'en ai presque regretté de me montrer aussi curieux, mais sa façon de présenter le changement de cap dans sa vie professionnelle était plutôt énigmatique. Je dois admettre aussi que j'ai tendance à pas mal cuisiner les personnes dont je fais la connaissance : je suis écrivain, leur vie m'intéresse en tant que telle et, souvent, en tant que possible matériau romanesque. Posant une main conciliante sur son épaule, j'ai voulu dissiper le malaise.

— Désolé, je n'aurais pas dû vous pousser de cette façon…

— Hé, je suis journaliste. Je ne peux pas vous reprocher de vouloir en savoir plus sur une histoire aussi navrante qu'intéressante.

Il y a des moments où l'on perçoit clairement qu'un individu éprouve la nécessité presque irrépressible de confier ses secrets, de s'ouvrir enfin dans une séance de confessionnal improvisé. Howard en était précisément là. Il attendait que je lui donne le signal. Aussi, après avoir commandé une troisième tournée, lui ai-je demandé :

— Alors, votre histoire « navrante mais intéressante », c'est quoi ?

— Celle qui m'est arrivée.

— Toutes les histoires sont navrantes et intéressantes.

— Mais pas aussi lamentable que la mienne.

— Qu'est-ce qui vous fait penser ça ?

— Parce que je ne connais personne qui se soit saboté autant et de manière aussi irréparable, et pour des raisons que je ne comprends toujours pas.

— À quel point, irréparable ?

Il a extirpé de sa poche un paquet tout chiffonné de Lucky Strike sans filtre, la cigarette du vrai fumeur, en a allumé une, a aspiré deux longues bouffées et s'est lancé dans son récit.

Ses ennuis avaient commencé près de trois ans plus tôt. Son mariage partait à vau-l'eau et il s'était lancé dans une aventure extraconjugale qui l'emplissait d'un mélange d'allégresse et de culpabilité, même si son épouse, de plus en plus distante, ne s'était jamais doutée de rien. Épouse qui lui avait soudain révélé pourquoi elle refusait tout rapport sexuel avec lui depuis deux ans – à part pour son anniversaire et certains jours fériés : elle était tombée follement amoureuse de l'un de ses collègues de l'administration universitaire où elle travaillait. Howard avait plaidé pour un nouveau départ, qu'elle avait catégoriquement refusé. C'était fini.

Il est fascinant de voir comment un être humain apparemment équilibré peut se laisser emporter dans une spirale de l'échec dont il ne saisit lui-même pas le sens. Howard savait que son mariage battait de l'aile depuis longtemps, la journaliste avec laquelle il avait une liaison l'adorait et lui donnait tout ce que son épouse légitime lui refusait, de l'empathie à la satisfaction sexuelle. Le fait qu'il puisse maintenant se libérer de ses liens conjugaux aurait pu lui donner un coup de fouet salvateur. Au lieu de cela, il avait été effondré d'apprendre que sa femme en aimait un autre. Sérieusement atteint, même : il pleurait devant sa maîtresse, s'enfermait des heures dans son bureau à la rédaction du journal et, bien entendu, buvait plus que de raison.

— J'ai deux enfants de dix-sept et dix-neuf ans, Matt et Jodi, m'a-t-il expliqué, et vous savez ce que ma fille m'a dit à cette époque ? « Tu as été malheureux si longtemps, papa, prends ça comme un nouveau départ. » Et moi, à la place, je vidais une bouteille de Jack Daniel's par jour.

— Mais pourquoi était-ce si difficile d'accepter qu'une page, par ailleurs pas très satisfaisante, de votre vie se tourne ?

— Ah, quand j'y pense maintenant… Je crois que j'étais pris dans un cercle vicieux. Je ne voyais pas ce que je pouvais gagner, seulement ce que j'avais perdu. Et je m'enfonçais toujours plus loin là-dedans, à broyer du noir… C'est bizarre, ce besoin de s'accrocher à quelque chose que l'on sait mauvais pour nous. Tout ça parce que l'on est incapable de surmonter la sensation d'être rejeté.

— Mais vous aviez quelqu'un d'autre qui vous manifestait son amour, son intérêt…

— Ça ne comptait pas. Jane m'avait repoussé. Elle était amoureuse de quelqu'un d'autre. Je n'avais pas été à la hauteur.

— Qu'est-ce qu'il fait, l'autre type ?

— Un truc dans les services administratifs à l'université.

— Et vous, un écrivain-reporter réputé…

— Et lui, un mètre quatre-vingt-dix, ancien avant-centre de football, champion de slalom…

— Bon. Un sportif vieillissant en costard-cravate. Alors que vous…

— Moi, j'étais un homme méprisé par sa femme.

— Ce n'était pas comme ça que votre petite amie vous voyait.

À nouveau, il a contemplé le fond de son verre, avant de murmurer :

— Moi, si…

« Tout se disloque, le centre ne peut résister. » Dès que nous perdons pied à notre tour, la chute peut se révéler vertigineuse. Quinze jours après le départ de son épouse, Anne, sa maîtresse, lui annonçait qu'elle avait besoin de prendre du recul vis-à-vis de leur relation. Il lui était en effet difficile de s'investir avec un homme qui restait obsédé par son épouse, même après que celle-ci l'avait brutalement rejeté. L'attitude de Howard mettait forcément en question l'amour qu'elle lui portait et auquel il semblait n'accorder aucune valeur, enfermé comme il l'était dans son chagrin. L'histoire est assez classique : par réflexe, nous nous accrochons à un compagnon ou à une compagne qui ne nous apporte rien de bon, et souvent aux dépens de quelqu'un d'autre capable de combler toutes nos attentes.

Avec ces deux claques successives, la consommation de bourbon de Howard a atteint un niveau préoccupant. Son travail s'en ressentait. En proie à l'insomnie, il se refusait toutefois à demander une aide médicale. « Dans ma famille, consulter un psy, ça équivaut à se travestir pour la Gay Pride. D'ailleurs, mon père m'a toujours traité de mauviette parce que j'aimais lire et que je n'étais pas un bon à rien comme lui. » Il a commencé à rendre ses papiers en retard, à perdre l'élégance stylistique qui avait fait sa réputation. Compréhensif – il avait lui-même connu un divorce éprouvant quelques années auparavant –, son rédacteur en chef l'a convoqué en lui proposant trois mois de congé avec la moitié de son salaire, une offre très généreuse pour un journal dont le budget n'était pas énorme. Et il lui a suggéré de changer d'air : pourquoi ne pas profiter d'une grande ville comme Seattle ? C'était à une heure d'avion seulement de Missoula, et cela lui permettrait de garder le contact avec ses enfants. De plus, la nouvelle femme du rédacteur en chef, qui avait fait ses études de psychothérapeute là-bas, pourrait lui donner les coordonnées de quelqu'un capable de l'extirper du marasme dans lequel il s'enfermait. En outre, la majeure partie des frais du traitement serait prise en charge par son assurance maladie, qu'il conserverait pendant son congé. Commentaire de Howard : « C'était le genre de directeur de rédaction qui pense à tout pour vous, y compris à un sujet pour votre prochaine chronique… » Pourtant, il avait refusé sur-le-champ.

— C'était l'issue idéale, le moyen de me reprendre en main. Mais, dès qu'on m'a offert cette chance, j'ai eu une réaction très étrange : je me suis persuadé que tout allait très bien, que j'avais surmonté la crise et que j'allais me remettre très vite. J'ai invoqué des tas de prétextes, soutenant que mes gamins avaient besoin de me voir – alors qu'ils auraient adoré venir passer deux week-ends par mois à Seattle avec leur père –, que je ne pouvais pas laisser tomber mes étudiants à la fac de journalisme… Là encore, le rédacteur en chef avait une longueur d'avance sur moi : il m'a dit qu'il avait parlé au doyen de la fac, qui lui avait assuré que je garderais mon poste mais avait aussi indiqué que, « tout en gardant un immense respect » pour moi, mon instabilité psychologique n'était pas sans l'inquiéter. Donc, j'aurais pu lui dire merci, faire ma valise et me taper les huit heures de route jusqu'à Seattle. En plus, j'avais un ancien copain de lycée qui était prêt à me louer pour trois fois rien le studio au-dessus de son garage. Mais non, c'était trop net, trop lisse, et j'ai pris ça comme une façon polie de me mettre sur la touche. Quand j'ai répété que je pouvais parfaitement continuer mon travail, il m'a lancé un regard sceptique, franchement navré en fait, et il m'a aussi adressé une mise en garde voilée. En gros : d'accord, mais attention si je continuais à bâcler mon boulot...

Cette nuit-là, Howard n'a pas fermé l'œil. À 4 heures du matin, sérieusement imbibé, il a téléphoné à son ex, à la fois agressif et suppliant, l'enjoignant d'arrêter la procédure de divorce et de revenir avec lui. Le lendemain, un huissier s'est présenté à la rédaction et lui a remis une décision du juge aux affaires familiales lui interdisant tout contact avec son épouse. Ce petit scandale n'a évidemment pas ravi le rédacteur en chef, mais Howard a tout de même réussi à rédiger ses papiers de la semaine, au prix d'efforts terribles. Lui qui avait été capable de pondre une chronique impeccable en deux heures de temps s'escrimait maintenant pendant une journée entière. Le week-end a été particulièrement pénible : avant de retourner chez leur mère, ses enfants lui avaient annoncé qu'ils préféraient rester avec elle un moment, « jusqu'à ce que les choses se tassent ».

— J'ai protesté, j'ai dit à Matt que tout allait bien,

vraiment bien. C'est seulement par la suite que j'ai compris qu'il y avait plus que de l'incrédulité dans les yeux de mon fils : il s'était mis à avoir peur pour moi, et même peur de moi. Mais j'étais incapable d'assumer ça. Et incapable d'écouter les amis et les collègues qui cherchaient à me freiner dans ma descente aux enfers.

Le lundi, Howard n'avait pas dormi depuis trois jours. Incapable d'écrire pendant le week-end, il devait remettre une chronique à la rédaction à midi, et là, devant son ordinateur, il s'est rendu compte qu'il n'arrivait pas à aligner deux mots à la suite. La panique l'a submergé et, comme souvent, elle s'est révélée très mauvaise conseillère.

— Il aurait suffi que j'aille voir le rédacteur en chef au bout du couloir et que je lui dise : « Vous aviez raison, j'accepte votre proposition », a continué Howard. Ensuite, j'aurais pu ressortir un de mes papiers d'il y a dix ans et y ajouter quelques lignes pour expliquer que je n'avais pas trop la forme cette semaine et que je me permettais d'offrir aux lecteurs quelque chose qu'ils avaient apprécié à l'époque. Sauf que le désespoir m'aveuglait. Quand j'ai enfin pu mesurer l'énormité de ce que j'avais fait ce jour-là, il était trop tard. J'ai ignoré la porte de sortie qui s'offrait à moi.

À la place, une quinzaine de minutes avant sa deadline, un semblant de logique s'est imposé à lui dans le brouillard de la panique. Remarquant sur son bureau une gazette alternative de Boise, dans l'Idaho, l'une de ces parutions pour intellos branchés qui n'ont aucune résonance au-delà de la petite ville universitaire où elles sont imprimées, il l'a feuilletée distraitement, et son regard s'est arrêté sur un papier, exactement de la même longueur que sa chronique, qui traitait de la déforestation menaçant de vénérables séquoias à la frontière entre le Montana et l'Idaho. Posant le journal à côté de son clavier, il a entrepris de recopier l'article sur son ordinateur, mot pour mot.

En l'écoutant me relater cet épisode délirant, j'ai une fois de plus pensé à Raskolnikov s'apprêtant à assassiner sa logeuse et qui, sur le point de passer à l'acte, discerne clairement que le cours de son existence va être radicalement changé. Je pouvais presque voir son index hésiter une seconde avant de tomber sur la touche « envoi », faisant ainsi pénétrer dans le système informatique de son quotidien, avec sa signature, le travail qu'il venait de dérober à un confrère. Se rendait-il compte qu'il signait ainsi son arrêt de mort professionnel, que ce vol intellectuel, encore plus flagrant que du plagiat, était de l'autodestruction pure, une manière de précipiter un dénouement qu'il appelait désespérément de ses vœux ?

Je lui ai posé la question en la formulant différemment :

— Sur le moment, avez-vous pensé que vous pourriez échapper aux conséquences, que vous ne seriez pas découvert ?

Il a allumé une nouvelle cigarette et observé la fumée qui montait tout en réfléchissant à sa réponse.

— Je crois que tout ce que j'ai pensé, à cet instant, c'était : Et merde, qu'on en finisse…

Le clap de fin n'a pas tardé à retentir : cinq jours plus tard, Howard, démasqué et hué, était licencié du journal sans aucune indemnité. L'école de journalisme allait en faire de même peu après, tandis que la presse du Montana et des États voisins, toujours friande d'histoires de dégringolades retentissantes, se répandait sur le comportement inqualifiable d'un homme qui avait été à deux doigts de recevoir le prix Pulitzer.

Cette fois, Howard est parti pour Seattle, ou plutôt a fui là-bas, mais pour quelques semaines seulement, son ami lui ayant poliment donné congé quand il s'était révélé incapable de payer le modeste loyer du studio. Revenu sur les lieux de sa disgrâce, il a cédé à son ex-femme la maison qu'ils avaient achetée ensemble, ne conservant dans le divorce que son plan d'épargne personnel de vingt-cinq mille dollars et sa Toyota Corolla vieille de douze ans, dont la boîte de vitesse était mourante mais qu'il n'avait pas les moyens de changer.

Dix-huit mois s'étaient écoulés depuis cet épisode désastreux. Son emploi de chauffeur d'autobus scolaire lui rapportait quinze mille dollars annuels, à peine de quoi louer un petit appartement à six cents dollars dans une zone semi-industrielle et survivre avec cinq cents dollars par mois, une fois les impôts payés. Mais il n'avait pas de pension alimentaire à verser et son premier livre, consacré à la pêche à la truite, lui avait rapporté deux mille dollars l'année précédente, ce qui lui avait permis de louer la maison de campagne d'un ami au bord d'un lac de l'Okanagan, en Colombie-Britannique, où il avait passé deux semaines avec ses enfants durant l'été.

— Je crois qu'ils ont pensé que j'étais perdu, que j'irais jusqu'au bout de mes pulsions suicidaires, et puis...

— Vous pensez que vous cherchiez délibérément

à être pris en faute ? lui ai-je demandé. Comme si ce sentiment d'imposture que nous éprouvons parfois était si fort que vous souhaitiez être démasqué...

Écrasant sa cigarette, il a terminé sa bière. Sa lèvre inférieure tremblait légèrement, son front s'était plissé. Il cherchait à répondre aussi précisément que possible.

— La vérité, c'est que... j'ai sabordé ma carrière d'un coup, comme ça. Et pour de bon. Plus aucun journal ne voudra m'embaucher, jamais. Je sais que mes enfants sont peut-être un peu plus proches de moi après cette épreuve, mais au fond ils pensent que je suis un homme fini. Je me doutais que je courais à la catastrophe. Je veux dire que bon, être le chroniqueur le plus connu du Montana, pour un gars de New York comme vous, ce n'est pas grand-chose, mais...

— Je vous arrête : c'est beaucoup, au contraire. Et tout ce que j'ai lu de vous ce matin à la bibliothèque... J'ai été impressionné. Vous êtes un pro.

— J'« étais ».

— Allons, ce n'est pas à cause de cet accident que...

— Ce n'était pas un accident. C'était un désastre.

— Alors, vous vouliez être pris en défaut ?

Il a hésité un instant.

— N'est-ce pas ce que nous voulons tous, plus ou moins ? Mon père disait toujours ça : il arrive un moment où l'on en a assez de jouer la comédie et où l'on veut que les gens nous voient tels que nous sommes. La seule différence, dans mon cas, c'est que je me suis rendu compte de ce que je faisais seulement après...

— Mais c'est ce qui se passe la plupart du temps, non ? Il faut que nous ayons le nez sur les conséquences pour que nous prenions la mesure de nos actes.

— Oui, et, la plupart du temps, c'est trop tard.

Silence. Il a pris sa énième Lucky Strike.

— Quand j'avais vingt ans, j'ai rencontré l'amour de ma vie. Martha, elle s'appelait. Étudiante en médecine à l'université du Montana, intelligente, charmante, les pieds sur terre et… elle m'aimait comme j'étais, contrairement à celle qui est devenue ma femme.

— Pourquoi ne pas avoir fait votre vie avec elle, alors ?

— On était fiancés, tout ça… Et puis, du jour au lendemain, elle s'est mise à se plaindre de maux de tête. C'était il y a vingt-huit ans, bien avant les scanners, les IRM. Les toubibs lui ont prescrit un traitement contre la migraine qui a paru marcher au début, mais ça a recommencé. Pire qu'avant. Tumeur au cerveau. Quand ils ont voulu l'opérer, c'était déjà trop tard. Elle est morte deux mois après, après avoir atrocement souffert.

Il a avalé d'un trait le whisky qu'il avait commandé avant d'ajouter, comme en conclusion :

— Personne n'échappe à la tragédie. Elle nous rattrape tous à un moment ou à un autre. Pas vrai ?

— Je crains que oui. Il y a si peu de chose que nous contrôlons, dans la vie…

— Exact. C'est pour ça que se mettre dans le pétrin tout seul, comme ça, faire son propre malheur, c'est assez affligeant. Parce qu'on aurait pu l'éviter, contrairement à tant d'autres choses. Mais, pour ça, il faut se connaître suffisamment, alors qu'il n'y a pas de plus grand inconnu que le type qu'on voit dans la glace chaque matin. Et ne pas se connaître soi-même… ça, mon ami, c'est la pire tragédie qui soit.

5

La spiritualité se trouve-t-elle entre les mains du Tout-Puissant... ou juste au coin de la rue ?

Laissez-moi vous parler de thérapie de groupe chrétienne pour personnes en surpoids. J'ai découvert ses principes dans une salle de classe de l'une des institutions pédagogiques les plus étranges de tout le continent nord-américain : l'université Oral Roberts de Tulsa, dans l'Oklahoma. En plus d'être affligé d'un prénom vraiment difficile à porter – on imagine les plaisanteries douteuses qu'il a dû subir dans son enfance –, Oral Roberts a été un précurseur de la vague populaire du « télévangélisme » aux États-Unis. Avant de devenir une star du petit écran, il avait sillonné, les États du Sud américain avec le mouvement Chautauqua, prêchant, enseignant et guérissant selon les préceptes de la tendance « revival » du christianisme américain. Évangéliste ultramédiatisé, il se targuait donc aussi d'avoir l'inspiration divine nécessaire pour débarrasser d'une tumeur cancéreuse ou d'une infirmité quelconque les participants à ces grands rassemblements exaltés où la prière se transforme en transe.

Elmer Gantry, le roman de Sinclair Lewis publié en 1926, figure essentielle mais trop négligée de la littérature américaine, s'attache à un affabulateur du même genre. Son héros, adepte des tripots et des maisons closes, prend un jour conscience du caractère extrêmement lucratif de la religion et se lance lui aussi sur la route des prédicateurs-histrions du cirque évangéliste. Sa spécialité, l'« imposition des mains », accompagnée de quelque formule magique du style : « Toi, Satan, je t'ordonne de quitter le corps de cette femme », lui attire bientôt une énorme popularité et une fortune considérable, jusqu'à ce que, comme il fallait s'y attendre, tout s'écroule. À cause de ses pratiques sexuelles et parce que certaines personnes qu'il avait dupées ont tout de même fini par découvrir que ses manigances n'étaient que du charlatanisme.

L'histoire du mouvement évangéliste dans l'Amérique de la fin du XXe siècle abonde en escrocs soi-disant mystiques, qui, tout en brandissant la doctrine du puritanisme le plus strict, s'adonnent au stupre et à la prévarication. Jim Bakker, fondateur d'un parc thématique chrétien en Caroline du Sud, s'est retrouvé derrière les barreaux pour détournement de fonds de sa propre Église, et plusieurs témoignages prouvant qu'il trompait assidûment son épouse, Tammy Faye – une chanteuse de country ringarde à la blondeur hyperperoxydée et au visage maintes fois refait –, ont terni sa réputation. Il y a eu aussi Jimmy Swaggart, un prédicateur qui promettait sans cesse le feu et le soufre à tous ceux dont la vie sexuelle ne se limitait pas au strict cadre de la monogamie chrétienne, mais qui avait la bizarre habitude de payer des prostituées rien que pour leur montrer ses parties génitales, comme si regarder sans toucher était pour lui la déviance la plus pure. Une fois démasqué, il s'est répandu en pleurnicheries télévisées, suppliant ses fidèles de lui pardonner et pontifiant de plus belle sur le péché de la chair auquel, bien entendu, il est si difficile de résister...

Comparé à ces lamentables imposteurs, Oral Roberts (en dépit des pratiques sexuelles suggérées par son prénom) était la probité personnifiée – du moins n'a-t-il pas eu à souffrir d'un scandale public de son vivant. C'était aussi un homme d'affaires avisé qui, faisant fructifier son galimatias de rebouteux évangélique, s'était constitué un petit empire dont faisait partie le campus de Tulsa en question.

Je m'étais rendu là-bas, persuadé que j'allais me retrouver plongé dans la plouquerie obscurantiste la plus profonde, et je dois donc admettre que j'ai été agréablement surpris de constater que mes préjugés étaient en partie injustifiés. Nous étions au cœur de la « Bible belt[1] », et la ville comportait bien sûr des églises géantes à l'architecture on ne peut plus kitsch au milieu des centres commerciaux et des stations-service habituels. L'Oklahoma demeure l'un des États les plus conservateurs de l'Union, affichant fièrement ses valeurs religieuses et son attachement sans faille au Parti républicain, mais j'ai aussi

---

1. Littéralement la « ceinture de la Bible ». Zone géographique des États-Unis, les États du Sud-Est pour la plupart, où le protestantisme rigoriste est très développé. (*N.d.T.*)

découvert à Tulsa des quartiers à l'ambiance bohème et détendue, une vie culturelle assez dynamique et des restaurants étonnamment bons. Des exceptions bien visibles dans un paysage urbain dominé par l'université Oral Roberts.

Celle-ci n'était pas le genre d'établissement d'enseignement supérieur où l'on pouvait présenter un doctorat sur la pensée néokantienne ou explorer les déconstructions littéraires d'Alain Robbe-Grillet. En revanche, il était possible de suivre divers cours sur la vie des Apôtres, l'Amérique en tant que nation chrétienne et autres variantes du créationnisme et, dans l'annexe au bâtiment principal, on pouvait participer à des ateliers de « développement personnel » d'inspiration biblique, parmi lesquels ce « Weight Watchers » évangéliste visiblement très fréquenté.

Il faut ici préciser qu'en 1988 – année de ce voyage destiné à préparer *Au pays de Dieu*, mon livre sur le fondamentalisme religieux en Amérique –, je venais de renoncer à la cigarette. En dix-huit mois, j'étais ainsi passé de soixante-dix-sept kilos mon poids habituel, à quatre-vingt-cinq. Cette petite surcharge pondérale ne me donnait toutefois pas l'aspect d'un tank, et c'est sans doute pourquoi, lorsque je suis entré dans la salle où se trouvaient déjà une demi-douzaine de dames plus que corpulentes, l'une d'elles a lancé : « Sûr que vous ne vous êtes pas trompé de porte, mon garçon ? »

Comme je leur ai expliqué que je n'étais là qu'en observateur, en quête de matériau pour mon essai, une autre a demandé :

— Un livre sur notre cher Oral ?

— Euh… Il y apparaîtra sûrement, ai-je répondu.

— Soyez le bienvenu, frère.

Les participantes présentaient toutes un stade d'obésité avancé et semblaient bien se connaître entre elles.
Elles se sont levées d'un bloc lorsque leur « conseillère spirituelle » est entrée, une femme mince et vive
portant un pantalon rose et un chemisier blanc sur
lequel étaient épinglés un petit crucifix en faux diamants et un badge à son nom, Bobbi, avec un cœur
à la place du point sur le « i ». Bobbi, donc, les a
saluées une à une, les appelant par leurs prénoms et
répétant chaque fois : « Que le Seigneur soit avec
vous », avant de leur donner l'accolade. Une fois
rassises, elles se sont tenues chacune par la main
et ont baissé la tête, tandis que Bobbi entamait une
brève prière, les invitant à demander au Tout-Puissant
de leur donner le courage de ne pas succomber à
la tentation et de trouver la « force intérieure » qui
leur permettrait de résister au diable. Son invocation
terminée, elle a demandé :

— Qui voudrait « partager » la première,
aujourd'hui ?

Une toute petite femme dont le postérieur débordait
des deux côtés de sa chaise a levé la main.

— Louons le Seigneur, Amy va être la première
à porter témoignage, ce matin...

— Louons le Seigneur ! a chantonné le groupe à
l'unisson.

Là, Amy a éclaté en sanglots. Bruyants. À tel point
que l'animatrice s'est levée et dirigée vers elle.

— Tout ira bien, très chère. Jésus comprendra, il
comprend toujours...

Ces mots ont aussitôt calmé l'éplorée. Reprenant
contenance, elle a tamponné le mascara qui coulait de

ses yeux avec le Kleenex que lui tendait une camarade. Et comme Bobbi la pressait de se confier sans crainte, elle a commencé le récit de son calvaire.

— Cette semaine, tout marchait bien. J'ai tenu le régime de mille deux cents calories par jour que vous avez recommandé, j'ai vidé la cuisine et le frigo de tout ce qui pourrait me tenter et…, en cinq jours, j'ai perdu deux kilos.

— Louons le Seigneur ! s'est exclamée sa voisine de droite.

— Dimanche, juste avant d'aller à l'église, je me suis pesée : j'étais descendue à cent quarante-deux kilos…

— Louanges à Jésus, a soupiré une autre participante.

— Vous vous rappelez, j'étais à plus de cent cinquante quand j'ai commencé notre programme. Le Seigneur sait que j'ai encore beaucoup à perdre, mais au rythme de trois kilos par semaine je pourrai atteindre mon poids normal en huit mois. Huit mois pour être une nouvelle femme.

— Jésus va tellement aimer cette nouvelle Amy, a approuvé Bobbi. Car, en perdant tout ce poids, vous allez lui montrer que vous cheminez sur sa voie.

— Seulement, dimanche, après l'église, j'ai emmené Peggy et Phil Junior au bowling. Et sur qui on tombe là-bas ? Leur père, en compagnie de la traînée avec qui il est parti vivre…

— Ce sont des moments destinés à nous mettre à l'épreuve, a avancé l'exemplaire Bobbi, ce qui a eu pour effet de déclencher une nouvelle crise de larmes chez Amy, sa voisine de gauche s'empressant alors de lui reprendre la main et de la serrer dans les siennes avec conviction.

Entre deux hoquets, Amy a trouvé la force de continuer :

— Je sais que c'était une épreuve ! Je sais aussi que depuis que Phil Senior s'est entiché de cette pécheresse, il a fondu de vingt-cinq kilos et s'est mis à se teindre les cheveux, et… et vous savez ce que cette roulure a osé me dire quand elle m'a vue au bowling ? « Hé, tu as une vraie taille de guêpe, Amy. »

— Pardonne-lui, Père, car elle ne sait pas ce qu'elle fait, a lancé quelqu'un, référence aux Évangiles qui a immédiatement provoqué une salve générale d'« Amen ».

Nouveaux sanglots chez Amy.

— Mais j'ai vraiment essayé de tendre la joue gauche, vraiment ! Et Phil Senior… Il a tenté d'être gentil, je dois l'avouer, il a dit à cette horrible femme : « Tu ne peux pas te taire ? » Sauf que ça l'a rendue encore plus méchante, parce que je sais ce qu'ils voyaient : une petite grosse qui approche de la cinquantaine et dont personne ne veut, que personne n'aime, que…

— Ce n'est pas vrai, l'a coupée Bobbi. Vous savez combien on vous aime, ici. Et vous savez aussi que Jésus sera toujours là pour vous, et que c'est ce qu'il attend de vous, que vous tendiez la joue gauche.

— Mais bon, a poursuivi Amy, on est rentrés à la maison, les enfants sont sortis rejoindre leurs amis, je me suis sentie seule, tellement déprimée, sans aucun espoir, alors Satan est venu frapper à ma porte…

— Sauve-nous, sauve-nous ! a gémi quelqu'un.

Bobbi est intervenue :

— Et que vous a dit Satan, Amy ?

— Il a dit : « Te voilà toute seule, abandonnée par l'amour de ta vie, un homme qui ne reviendra jamais vers toi quoi que tu fasses, même si tu le supplies et deviens mince comme un fil. Tu ne trouveras jamais personne pour le remplacer. Mais moi, je connais le moyen de te rendre heureuse, de repousser toutes ces sombres pensées. Un moyen facile, efficace et instantané. » Une minute après, j'étais dans ma voiture. Je suis allée au supermarché le plus proche et j'ai acheté deux boîtes d'un demi-litre de glace au rhum et raisins secs Häagen-Dazs, mon parfum préféré – j'y avais renoncé depuis que j'ai fait le serment de perdre du poids et d'aimer le Seigneur. Même si je savais bien que c'était mal, très mal, Satan me tentait si fort, j'étais si effondrée d'avoir vu mon mari avec cette garce que je suis rentrée, je me suis assise à la table de la cuisine avec une cuillère et j'ai mangé la glace, les deux boîtes, en vingt minutes.

— Et après la dernière cuillerée, qu'avez-vous éprouvé ? a demandé l'animatrice.

— Je suis tombée par terre en sanglotant et j'ai supplié Jésus de me pardonner.

Bobbi l'a regardée avec compassion.

— Très chère Amy, soyez-en certaine : Jésus vous a pardonné. Tout comme il voit clairement le tourment qui est le vôtre. Nous savons tous que Satan reste là à nous tenter, à vouloir nous détourner du droit chemin, à nous fourvoyer dans des impasses où règnent la gloutonnerie et les ténèbres…

À ce stade, je sais ce que vous devez vous dire : Kennedy exagère, c'est trop absurde, trop ridicule pour être vrai. Pourtant, je jure, la main sur le cœur, que ce qui précède correspond presque mot pour mot à ce que j'ai entendu ce mardi matin d'août étouffant, en 1988, à l'université Oral Roberts. Je n'exagère pas non plus en vous racontant qu'à la suite de la confession d'Amy qui avait englouti son litre de Häagen-Dazs, une autre participante, Marge, s'est levée pour avouer que, prise d'une envie irrésistible alors qu'elle circulait sur une autoroute, elle s'était arrêtée dans un restaurant et avait dévoré un poulet frit entier. Il a également été question de « régression » à la vue de travers de porc grillant sur un barbecue, ou d'un « moment diabolique » au cinéma, deux gros cartons de pop-corn couvert de beurre fondu ayant alors été ingurgités – personne n'a précisé de quel film il s'agissait. Et la phrase : « Chaque fois que j'achète un paquet de M&M's, je sais que je tourne le dos à Jésus » a bel et bien été prononcée.

Étant né à Manhattan, je suis non seulement sceptique par nature et laïque convaincu dès lors qu'il est question de l'organisation de la société, mais surtout enclin à prendre les choses au second degré. L'idée d'un Lucifer plongeant la tête d'une malheureuse dans un seau de glace rhum-raisins, celle-ci quémandant ensuite le pardon divin, m'a donc plutôt fait sourire. J'aurais aussi pu jouer la carte de l'intello new-yorkais et voir ici la preuve, une fois de plus, que, à part les deux extrémités du continent et quelques pôles culturels à l'intérieur des terres comme Chicago, Austin, Ann Arbor ou Madison, notre vaste pays est vraiment le territoire de l'ignorance crasse et de la pire sorte de christianisme outrancier qui soit. Mais si les voyages apprennent bien une chose, c'est que derrière les généralisations et les clichés – avec leur inévitable part de pertinence, pour en revenir à Orwell – se cachent maintes nuances et complexités. Considérez avec un peu de recul la plus grotesque des situations et vous y distinguerez toujours la souffrance et le désespoir. Ce matin-là, tout en écoutant les autres témoignages, j'ai souvent reporté mes yeux sur Amy. En dépit des consolations de Bobbi, et malgré la garantie que Jésus lui avait déjà pardonné, elle restait avachie sur sa chaise pliante, son corps boursouflé reflétant un accablement tel que je n'en avais jamais vu de semblable. À la faveur de leurs échanges, j'ai appris qu'elle était caissière dans l'une des nombreuses pharmacies Walgreen disséminées dans les stations de métro de Tulsa, gagnant à peine plus que le salaire minimum garanti, tandis que son mari volage, qui collectait les tickets au péage de l'autoroute, arrivait difficilement à lui octroyer deux cent cinquante dollars par mois pour les enfants. Elle n'avait jamais eu accès à une vie culturelle trépidante, comme on peut en trouver à New York, aussi son univers se bornait-il à sa famille et à son église ; et maintenant, à l'approche de la cinquantaine, elle se répétait inlassablement : « Je suis une grosse mocheté qui ne connaîtra plus jamais l'amour. » Ses coreligionnaires lui assuraient qu'elle pouvait au moins compter sur celui de sa communauté évangéliste et, bien entendu, sur l'amour de Jésus.

Mais le ressentait-elle vraiment, cet amour divin ? Lui apportait-il quelque réconfort dans le marasme où elle se débattait, une logique infernale la poussant à s'empiffrer pour oublier son chagrin, dont son poids excessif était l'une des causes ? Avait-elle été heureuse jusqu'à l'éclatement de son mariage ? Était-ce son obésité qui avait amené son mari à se jeter dans les bras d'une femme plus mince ? Comme n'importe quel écrivain, j'ai tendance à m'inspirer des problèmes d'autrui. En la voyant là, tête baissée, les larmes coulant sur ses joues, je me suis demandé à quel point les paroles apaisantes de Bobbi et de ses camarades l'avaient convaincue, et j'ai repensé à la sombre remarque d'un personnage de *Doux Oiseau de jeunesse*, l'une des pièces les plus baroques et tourmentées de Tennessee Williams : « Je crois que le silence de Dieu, Son silence absolu et obstiné, est quelque chose d'affreux et la raison pour laquelle le monde est aussi perdu. »

Alors, même si je n'aurais jamais pu savoir ce qui se passait vraiment dans la tête d'Amy, j'ai eu une sorte de révélation en la voyant ainsi si seule, si accablée par les coups du sort. Jamais encore je n'avais aussi clairement perçu que la foi individuelle est avant tout la recherche d'une consolation face à l'assourdissant mutisme des cieux. Bien sûr, j'avais déjà compris que, à travers la religion, beaucoup de gens tentaient de résoudre les questions métaphysiques les plus insondables, mais l'idée que la croyance religieuse réponde au besoin d'une certaine empathie ne m'était jamais venue à l'esprit. Jusqu'à ces trois mois passés dans l'Amérique la plus profonde, à écouter tous ces récits de vie, à rencontrer ces gens qui par le biais de la foi cherchaient à surmonter le deuil, l'échec, la déception, la solitude en se réfugiant dans la promesse d'amour inconditionnel de Jésus.

Graham Greene, l'un de mes auteurs favoris dont l'influence est d'ailleurs omniprésente dans mes romans, a créé une œuvre considérable – près de quarante livres – autour d'un thème central : la soif de rédemption, sous une forme ou sous une autre, de l'homme survivant dans un univers impitoyable. Catholique fervent, mais conscient que la morale est une notion des plus flexibles, il était persuadé qu'il nous faut lutter constamment contre le silence assourdissant de notre monde, « le silence absolu et obstiné de Dieu ». Vous pouvez être un agnostique convaincu, entièrement satisfait de la théorie des particules élémentaires, il n'en reste pas moins que, lorsque vous levez les yeux vers le ciel en vous demandant ce que vous faites vraiment sur cette terre, l'absence de réaction vous interloque. À l'inverse, même les croyants les plus fervents ne peuvent ignorer l'obstination avec laquelle le Créateur garde bouche close quand Son aide et Ses conseils sont si nécessaires, surtout lorsque, plongés dans le marasme et le silence accablant, nous aurions bien besoin d'un peu de sollicitude.

J'ai eu beau essayer – croyez-moi, j'ai pas mal cogité sur le sujet –, je n'ai jamais réussi à accepter l'idée d'un Dieu omniscient et omnipotent. Même l'hypothèse d'une figure céleste moins impliquée dans les affaires du monde n'a pas réussi à me convaincre : je suis capable d'apprécier la conception déiste telle que Voltaire – et nombre d'autres – l'a développée, selon laquelle Dieu a mis en marche la création avant de la laisser fonctionner sans Son interférence, mais cela me paraît en fin de compte une variation sur le thème agnostique, une manière élégante de convenir qu'il n'y a pas de réponses catégoriques mais seulement des spéculations quant à l'origine de l'univers et de ceux qui le peuplent.

Il est évident que la foi n'a rien à voir avec les vérités empiriques ou les certitudes démontrables. Le credo religieux est une théorie parmi d'autres, une façon de raconter l'histoire comme il y en a tant, une hypothèse pleine de trous, pareille à un habit mité, que les instruments de la connaissance comme la logique et la science achèvent de mettre en pièces. Avoir la foi, c'est croire à un récit qui, une fois scrupuleusement analysé, ressemble à un conte à dormir debout.

Prenons les fondements théologiques de la confession mormone, qui stipulent que des tribus de l'ancien Israël seraient parvenues jusqu'au Nouveau Monde sur des radeaux de fortune et que Jésus-Christ aurait effectué une visite dans ce qui allait devenir les États-Unis d'Amérique soixante-dix ans après sa crucifixion, pour jouer les bons shérifs – un rôle taillé sur mesure pour James Stewart, si la fable avait été portée à l'écran – et ramener la concorde entre les clans rivaux. Il se trouve que l'origine du texte sacré racontant de telles absurdités est aussi douteuse que les doctrines qu'il contient. En 1823, le fils illettré d'un fermier de la côte Est, Joseph Smith – nom aussi américain que la glace à la vanille –, reçoit, une nuit, la visite d'un ange sur une colline. Non pas une ravissante fille de ferme aussi blonde que les blés, mais un messager divin on ne peut plus classique, avec chasuble blanche et tout. Déclarant s'appeler Moroni, il affirme avoir été dépêché par le Très-Haut jusqu'à ce hameau perdu du côté de Buffalo, afin d'annoncer à Joseph Smith que celui-ci a été choisi pour devenir le propagateur de la bonne parole divine. Et l'ange Moroni de lui apprendre que là, juste sous ses pieds, est gravé sur de vénérables tablettes en or le récit des tribus perdues parvenues sur le continent américain bien avant que les puritains échouent sur le rocher de Plymouth. Il revient maintenant à Smith de les déterrer, de les traduire et de fonder une religion nouvelle.

Il y a un petit hic, toutefois : ne sachant ni lire ni écrire, et signant son nom d'une croix, comment Smith pourrait-il déchiffrer les antiques hiéroglyphes gravés sur ces tablettes enfouies ? Mais l'ange Moroni, prévoyant, lui remet une paire de lunettes spéciales qui, une fois posées sur son nez, lui permettront de transcrire ces textes saints. C'est ainsi que le *Livre de Mormon* verra le jour. Peu importe que Joseph Smith se soit débrouillé pour « égarer » les tablettes après les avoir traduites avec un voisin, ou que les circonstances à l'origine de cette nouvelle foi soient aussi loufoques (au point que Mark Twain lui-même dira que le *Livre de Mormon* est tout simplement du « chloroforme imprimé »), la confession mormone compte aujourd'hui plus de quinze millions de fidèles, brasse d'immenses fortunes et a une influence politique considérable aux États-Unis. C'est d'ailleurs un mormon, Mitt Romney, qui a défendu les couleurs républicaines aux présidentielles de 2012. Un État américain entier, l'Utah, applique les préceptes de cette religion par ailleurs représentée dans un très grand nombre de pays du monde entier – à l'exclusion de Cuba et de la Corée du Nord. Malgré le peu de crédibilité de ses origines et de ses dogmes, tous les tenants de cette religion que j'ai rencontrés, le plus souvent quand ils venaient sonner à ma porte avec leurs prospectus, semblaient avoir une foi inébranlable et considérer le récit fondateur dont je viens de résumer les grands traits comme absolument véridique.

Sans oublier la récompense suprême que ces missionnaires enthousiastes vous présentent : « Imaginez-vous rejoindre vos proches au ciel, passer l'éternité en compagnie de votre famille ! »

Je ne pouvais tout de même pas répondre à ce brave démarcheur mormon que cette perspective résumait assez bien ma vision de l'enfer. De même, je me suis abstenu de lui faire remarquer que bon nombre de livres de science-fiction me paraissaient plus plausibles que le dogme qu'il essayait de me vendre. En fin de compte, à quoi bon se montrer désagréable envers quelqu'un qui croit si fort aux contes de fées ? Si fermement attachés que nous soyons à la science et à la logique, il n'en reste pas moins que la majorité de la population mondiale – 73 % de celle des États-Unis, d'après certaines études – croit en quelque déité, sous une forme ou une autre. Certains de ces croyants peuvent développer une conception plutôt ouverte de la déité toute-puissante : par exemple, on a souvent dit en plaisantant que les tenants de l'Église unitarienne adressent leurs prières « à qui de droit » ; d'autres, à l'opposé, s'en tiennent aux rigueurs du sectarisme le plus outrancier, le *Livre de la révélation* des fondamentalistes promettant ainsi le paradis aux seuls adeptes de la foi néochrétienne, tandis que tous les autres seront damnés. Entre ces deux pôles extrêmes, nous avons toute une palette de visions de l'au-delà et de la rétribution divine, sans oublier les élucubrations scientologiques à propos de créatures surnaturelles émergeant de volcans, ou les sectes extrémistes telles que l'ordre du Temple solaire, dont les membres devaient se sacrifier collectivement afin d'assurer la seconde venue d'un Christ roi-soleil qui unirait islam et christianisme…

La foi peut être bénigne et bienveillante. Ou au contraire portée par des institutions ou organisations aussi outrancières et assoiffées de sang que l'Inquisition espagnole ou Al-Qaïda. Ou encore ancrée dans un irrationnel qui confine à la démence. Mais, quelle que soit la forme qu'elle prend, elle est d'abord la quête de réponses aux interrogations qui occupent l'humanité depuis toujours. Comment affronter notre mortalité ? Pourquoi notre passage sur cette terre doit-il s'accompagner de tant de souffrance ? Yeats, probablement parce qu'il écrivait au milieu des ruines et des stigmates psychologiques laissés par la Grande Guerre, est l'un des explorateurs les plus exigeants de ce « cœur des ténèbres » qui palpite dans toute l'expérience humaine. Il achève sa *Seconde Venue*[1] par deux strophes qui ont de quoi glacer le sang de tout lecteur sensible.

> Sûrement que quelque révélation, c'est pour bientôt.
> Sûrement que la Seconde Venue, c'est pour bientôt.
> La Seconde Venue ! À peine dits ces mots,
> Une image, immense, du *Spiritus Mundi*
> Trouble ma vue : quelque part, dans les sables
> [du désert,
> Une forme avec corps de lion et tête d'homme
> Et l'œil nul et impitoyable comme un soleil,
> Se meut, à cuisses lentes, tandis qu'autour

---

1. « La Seconde Venue », W. B. Yeats (trad. de l'anglais [Irlande] par Yves Bonnefoy, *Quarante-cinq poèmes*, suivis de *La Résurrection*, © 1989, Hermann, www.editions-hermann.fr). (*N.d.É.*)

Tournoient les ombres d'une colère d'oiseaux…
La ténèbre, à nouveau ; mais je sais, maintenant,
Que vingt siècles d'un soleil de pierre, exaspérés
Par un bruit de berceau, tournent au cauchemar,
– Et quelle bête brute, revenue l'heure,
Traîne la patte vers Bethléem, pour naître enfin ?

L'immense désespoir de Yeats devant les prétentions géopolitiques et les nationalismes outranciers
qui avaient conduit à un conflit meurtrier est très
palpable. A-t-il pressenti que ce déchaînement de
militarisme grotesque allait conduire au triomphe
de régimes totalitaires qui, soit dit en passant, pro-
cèdent du même aveuglement que les religions les
plus dogmatiques ? Au-delà des conséquences funestes
du traité de Versailles, Yeats évoque dans son poème
un monde à la dérive, mais aussi sa recherche personnelle et lancinante d'une raison de croire en dépit
du silence obstiné de Dieu. Et il invite le lecteur à
trouver sa propre réponse à ce vide sidérant que nous
cherchons tous à combler, car qu'est-ce que la foi,
sinon la pénible avancée sur la route d'un Bethléem
personnel, une tribulation dans laquelle nous espérons
trouver quelque réconfort face à la dureté de la vie,
et un sens à nos malheurs collectifs et individuels ?

Ma mère était juive allemande, mon père catholique irlandais. Bien que nés tous deux aux États-Unis,
ils avaient grandi dans des quartiers de New York
définis par leur ethnicité – dans les années 1920,
vous trouviez rarement un bourgeois juif à Prospect
Heights ou un petit dur irlandais à Flatbush –, aussi

correspondaient-ils fidèlement au profil défini par leurs origines européennes et religieuses. Ainsi, mon père avait beau avoir perdu la foi, il est resté marqué par l'idée d'un péché omniprésent et a conservé ce côté obstiné qui est l'une des facettes du caractère irlandais, tandis que ma mère était influencée par les principes judéo-allemands hérités de sa propre mère.

Selon la loi mosaïque, je suis complètement juif puisque ma mère l'était. C'est une règle particulièrement observée en Israël. Je me rappelle encore une visite à Jérusalem, il y a plusieurs années : un vieil érudit m'avait impressionné par sa grande sagesse en m'expliquant très simplement pourquoi la transmission de l'appartenance au peuple juif ne pouvait être que matrilinéaire : « Parce que la mère est toujours certaine, le père jamais. » Il ne fait aucun doute que ma personnalité doit beaucoup à cette ascendance juive new-yorkaise : l'humour et l'autodérision, le manque de patience vis-à-vis des « meshougués » et autres lourdauds, la certitude que rien ne nous est donné dans cette vie et que seuls le labeur et l'effort peuvent nous libérer de nos doutes… De ma mère, j'ai aussi reçu l'héritage difficile d'une culpabilité doublée d'anxiété mais aussi d'une farouche ambition ; contrairement à elle, pourtant, j'ai refusé le piège de l'autojustification acharnée. Assez tôt, j'ai refusé de céder à son amertume et décidé de jouer ma partie quoi qu'il m'en coûte et quelles que soient les cartes que j'avais en main.

La culpabilité était également un trait paternel. C'est elle qui l'avait en grande partie poussé à se couler dans le moule conformiste de l'ère Eisenhower après la guerre, à revêtir l'uniforme du col blanc et du mari exemplaires. Pour l'ancien enfant de chœur qu'il avait été, un engagement solennel comme celui du mariage ne pouvait être rompu sans subir les pires tourments psychologiques. Moi, son fils aîné, j'avais vite compris que ses nombreuses infidélités l'aidaient à supporter la vie avec une femme profondément névrosée qu'il ne pouvait se résoudre à quitter. Pour les mêmes raisons, l'immense fierté consistant à « tenir la parole donnée » l'a souvent amené à s'obstiner dans des choix malheureux, préjudiciables pour lui d'abord, mais aussi pour les autres.

Il y a toujours eu aussi une tendance romantique chez mon père, qui le rendait sensible à la virtuosité esthétique des ballets de Balanchine, au formidable combat intérieur qui palpite dans les œuvres symphoniques de Beethoven ou aux ambiguïtés morales du *Don Giovanni* de Mozart. Mais le trait le plus marqué de sa personnalité, je l'ai découvert plus tard, à près de vingt ans, quand j'ai été en âge de comprendre : c'était l'immense solitude qui l'habitait et à laquelle il semblait incapable de se confronter. Les longues années de mariage malheureux avaient insensibilisé son cœur, mais sa culpabilité l'empêchait de quitter ma mère. Aussi considérait-il le monde comme une « vallée de larmes » avec un pessimisme janséniste typique du catholicisme irlandais. La tristesse de l'existence, conséquence de décisions prises à mauvais escient, était la pénitence à supporter pour être de ce monde.

Aux critiques littéraires ou aux lecteurs qui remarquent l'omniprésence du thème de la culpabilité dans mes romans, je réponds souvent : « Comment voulez-vous que ce soit autrement, avec une mère

juive allemande et un père catholique irlandais ? »
Cela étant, la religion n'a jamais été très présente
dans notre famille. Mes parents ne parlaient jamais
de Dieu, ni de la promesse d'un paradis. Il y avait
là seulement la résignation à vivre ce qui est le lot
de tous, ainsi qu'une incapacité particulière à déceler
les bons côtés de l'existence. Mais les discordances
permanentes de mon foyer m'ont poussé à chercher
d'autres formes de consolation que la foi, et c'est
ainsi que la culture est devenue mon Église.

Dans mon roman intitulé *Cet instant-là*, le narrateur, Thomas Nesbitt – un écrivain new-yorkais
divorcé parti vivre dans le Maine, et présentant donc
une grande ressemblance avec son créateur… –, se
remémore le moment de son enfance où il s'est initié
aux plaisirs de l'évasion. En plein milieu de l'une
des sempiternelles disputes entre ses parents, lassé
d'entendre les invectives voler, Thomas demande à
son père la permission de se rendre à la bibliothèque
du quartier. C'est mon histoire, en fait. J'avais alors
huit ans, et la perspective de remonter quatre pâtés de
maisons depuis notre appartement étouffant jusqu'à la
bibliothèque publique au coin de la 23ᵉ Rue Est et de
la Deuxième Avenue représentait toute une aventure,
pour moi. Une expédition que nous ne permettrions
certainement pas à nos enfants aujourd'hui, en bons
parents hyperprotecteurs. Mais mon père, qui avait
grandi dans la rude réalité des années 1930 et connaissait par cœur les rues de Prospect Heights à cinq ans,
avait rejeté les objections craintives de ma mère. Il
m'avait donné un dollar – « Pour que tu te prennes un
Coca quelque part » – et avait seulement exigé que je
sois de retour au bout d'une heure – « Si tu ne veux

pas prendre ma main dans la figure et ne plus jamais être autorisé à sortir seul. » J'avais promis, donc, et j'étais parti pour la bibliothèque.

C'était la première fois que je goûtais à l'indépendance et c'était délicieux. J'ai tout de suite adopté un comportement responsable, attendant le feu vert pour les piétons à chaque carrefour et regardant des deux côtés de la chaussée. Soudain, je voyais la ville d'un autre œil, car je marchais sans me sentir surveillé de près par ma mère, sans avoir à cavaler pour suivre mon père et sans être obligé toutes les trente secondes de tenir mon petit frère par la main. Du coup, j'avais l'impression de redécouvrir ce coin si familier de New York, mon quartier. À travers le prisme de ma liberté toute neuve, je remarquais des aspects qui m'avaient jusque-là échappé : les oisifs qui battaient la semelle sur la Deuxième Avenue ; le minuscule vendeur de journaux avec la dernière édition du *New York Post* à l'entrée de la 21e Rue ; le groupe d'aspirants policiers qui faisaient une pause cigarette devant l'académie de la police sur la 22e ; le curé à la mine grave qui sortait de l'église Saint-Ignace-de-Loyola plus au nord ; le parfum d'automne particulièrement agréable…

Je crois que c'est le moment où j'ai commencé à observer pour de bon le monde autour de moi. Vingt-deux ans plus tard, je me servirais de cette curiosité pour écrire mon premier livre de voyage, à partir d'un passionnant périple en Égypte. J'y incluais des histoires individuelles, des aventures, des touches de couleur locale, des observations personnelles sur cette réalité sociale, politique et théologique si différente de mon univers habituel. Ainsi, cette première sortie à Manhattan, seul et sans adultes, représente pour moi la découverte de l'exaltation du voyage. Le voyage en question aboutirait au monde rassurant et enrichissant de la culture, une fois que je serais entré dans la bibliothèque de la 23ᵉ Rue. Lorsque j'avais huit ans, j'adorais lire les aventures des Frères Hardy, deux détectives en herbe qui élucidaient toutes sortes de crimes dans leur petite ville de l'Amérique profonde, suivis fidèlement par leur chien. Mme Flack, notre institutrice, nous avait également recommandé *Le Péage enchanté*, un roman illustré plein d'imagination. Comme je suivais toujours les conseils de cette remarquable pédagogue, je suis allé droit au comptoir des prêts pour demander à la bibliothécaire si le livre tant vanté par Mme Flack était disponible.

Consultant ses fiches cartonnées – nous étions encore à cette époque antédiluvienne où les bibliothèques américaines rangeaient leurs ouvrages selon les numéros de la classification décimale Dewey, établie en 1876... –, elle a trouvé ce que je cherchais, m'a tendu la carte du livre, puis, me guidant à travers les rayonnages, m'a expliqué comment fonctionnait le système Dewey et comment je devais m'y prendre si je voulais trouver un titre dans une autre bibliothèque publique de la ville. Elle m'a dit qu'elle s'appelait Mme Green et m'a demandé mon prénom. Puis elle a dit : « Eh bien, Douglas, je suis ravie d'avoir un jeune lecteur qui semble se débrouiller tout seul et être passionné par les livres. » C'est un autre souvenir important pour moi : la première fois qu'un adulte m'accueillait volontiers dans le monde des « grands », dans cet espace où je pourrais fuir la tension qui régnait en permanence à la maison. Sans s'en rendre compte, Mme Green venait de me donner la clé qui me permettrait de m'évader.

En plus de l'ouvrage de Norton Juster, j'ai pris un roman pour enfants que Mme Green m'avait conseillé et qui connaissait alors un grand succès, *Une ride du temps*, de Madeleine L'Engle. Après avoir salué l'aimable bibliothécaire, je suis retourné sur la Deuxième Avenue, que j'ai traversée pour continuer dans la rue côté est, et je suis entré dans un drugstore. En ce temps-là, tous les drugstores avaient un coin cafétéria. Celui-ci était tenu par un vieux barman, une cigarette au coin de sa bouche édentée et une barbe de quatre ou cinq jours ombrant ses joues ridées. Quand je me suis assis au comptoir, il est venu vers moi, a passé négligemment un torchon sale sur le Formica et m'a demandé :

— Tu veux quoi, fiston ?

— Un egg cream, s'il vous plaît.

— Ah, quelqu'un qui a des bonnes manières ! OK, un egg cream, un !

Le bagout new-yorkais dans toute sa joyeuse désinvolture. C'était la première fois aussi que je prêtais l'oreille aux expressions et aux intonations propres à ma ville natale, puisque c'était toujours à mes parents que les adultes s'adressaient. Et l'egg cream était excellent – boisson enfantine typiquement new-yorkaise qu'il m'arrive encore de me préparer aujourd'hui, lorsque j'ai besoin d'un antidote à la gueule de bois et que le traditionnel bloody mary me semble un peu trop rude pour mon estomac.

J'ai posé mon billet de un dollar sur le comptoir en disant merci, le serveur m'a rendu quatre-vingt-dix cents – en 1963, c'était le prix d'une boisson dans un drugstore, et mon père s'achetait aussi quatre paquets de cigarettes avec un seul dollar. Puis j'ai ouvert l'un de mes livres en le calant contre mon verre et je me suis dit : Comme on est bien... Seul parmi les adultes, sans parents colériques, loin de ma mère qui, ne tenant jamais en place, fait irruption dans ma chambre toutes les cinq minutes, et de mes petits frères envahissants... Rien que moi et un livre dans une sorte de café : le plaisir de la solitude dans un endroit public, conjugué au voyage qu'une œuvre de fiction autorise. Avec le recul, je vois ce jour comme un autre commencement : de là datent mon goût pour le vagabondage et mon désir de m'enfuir.

L'évasion, pour moi, ne consistait cependant pas à monter dans un canot comme Huckleberry Finn, ni à tailler la route – j'étais tout de même un peu jeune pour jouer les Kerouac. Je m'évadais alors dans la lecture et la musique : nous avions déménagé dans un appartement moins exigu, mais la sensation de claustrophobie subsistait en raison de l'atmosphère familiale tendue ; mon père avait commencé à voyager sans relâche ; nous étions les trois rejetons d'un couple qui s'entredéchirait.

Très tôt, Leonard Bernstein est devenu mon héros. J'avais dix ans lorsque j'ai eu le privilège d'assister, dans le cadre d'une sortie scolaire, à l'un de ses « Concerts pour la jeunesse » à la tête de l'orchestre philharmonique de New York, au cours duquel il a brillamment dirigé et analysé la *Cinquième* de Beethoven, restituée dans toute sa transcendance révolutionnaire. Deux ans plus tard, notre professeur de musique au Collegiate, l'irascible et néanmoins passionnante Mlle Hoff, nous faisait écouter le disque de la *Passacaille et fugue en do mineur* de Bach, avec à l'orgue ce virtuose au nom digne d'un personnage d'Edgar Poe, E. (pour Edwards) Power Biggs. J'ai été alors transporté par les sombres harmonies conduisant au thème central, presque aussi inquiétant et solennel qu'une marche funèbre, par les variations à la main gauche construisant tout un univers mélodique à partir d'accords aux graves résonances, par la ligne musicale menant peu à peu à une vision plus large, plus positive et même festive. La fugue était fascinante, une cascade de variations sur le thème original qui ouvraient un immense espace d'inventivité et de quête créative fondé sur quatorze notes brumeuses. Comme Bach, ce narrateur musical sans égal, savait capter l'attention de l'auditeur, maintenir jusqu'au bout la tension de ce voyage des ténèbres à la plus étonnante lumière, terminant par une apothéose exultante et, à l'instar de toute œuvre d'art magistrale, exaltante !

Je n'étais évidemment pas en mesure de faire cette analyse en 1968, quand Tina Hoff nous a fait découvrir l'interprétation époustouflante de Biggs, mais je me rappelle avoir été bouleversé par cette initiation à la grandiose maestria contrapuntique de Bach. Sitôt après l'école, ce même jour, j'ai fait un détour par le magasin de disques au croisement de la 83e Rue et de Broadway pour acquérir – au prix de un dollar – un disque d'occasion d'E. Power Biggs jouant plusieurs pièces pour orgue de Bach, dont la célèbre *Toccata et fugue en ré mineur*, parfaite bande sonore pour un film d'horreur avec Vincent Price.

Rentré à la maison, j'ai passé le trente-trois-tours à plusieurs reprises sur mon petit tourne-disque, jusqu'à ce que mon père vienne entrebâiller la porte de ma chambre : « Je te félicite pour ton bon goût musical, mais ça suffit ! »

En repensant, des années après, à cette journée, je me dis que c'est là, en découvrant le génie de Bach, que j'ai eu conscience d'entrer en contact avec une force supérieure. Non pas Dieu, parce qu'à cette époque déjà je ne pouvais me résoudre à l'idée d'un créateur tout-puissant, mais…

Afin d'expliciter un peu ce que je veux dire, voici ce que m'a fait remarquer une femme avec laquelle j'ai eu une liaison :

— Pour quelqu'un de plutôt sociable et d'ouvert comme toi, qui as connu le succès, j'ai l'impression que tu gardes au fond de toi une sensation de solitude désespérée, comme si tu étais persuadé que personne au monde ne pourrait t'aimer vraiment.

Tu lis fichtrement bien en moi, avais-je pensé alors. Avant de me dire : Ah, mais il y a toujours la consolation de l'art. J'aurais pu ajouter : Et quand j'ai entendu pour la première fois la *Passacaille et fugue en do mineur* de Bach, j'ai compris que je n'étais plus seul.

Avant de rédiger ces pages, je me suis assis un moment sur la véranda de ma maison du Maine pour écouter une nouvelle fois cet enregistrement d'E. Power Biggs. Les fenêtres donnent sur un chêne imposant et une pente couverte d'herbe verdoyante, au-delà de laquelle s'ouvre l'anse marine où se niche le village qui est devenu mon chez-moi. La côte de la Nouvelle-Angleterre dans ce qu'elle a de plus bucolique, préservé, de plus imposant aussi, où la notion d'une nature panthéiste s'impose aisément. De même, on peut trouver Dieu, ou du divin, dans ce chef-d'œuvre de Bach que j'ai besoin d'écouter au moins une fois par mois et qui évoque l'infini mystère de la vie avec une puissance toujours accrue pour un homme comme moi, à l'aube de la soixantaine.

En me plongeant dans la musique de Bach, pourtant, je ne cherche pas de clé ni de révélation face aux grandes questions métaphysiques qui nous tenaillent. Ce à quoi j'aspire, c'est à une forme d'apaisement et de consolation au milieu des chagrins et des doutes… lesquels, d'après mon expérience, peuvent prendre une tout autre forme au contact d'une œuvre d'art.

Encore une vignette tirée de mon passé : les ruelles de Salzbourg en février 1983, avec celle qui allait devenir ma première femme. La neige tombait doucement, dans le silence d'un dimanche hivernal. Dans cette ville où avait grandi Mozart – et dont il avait fini par fuir le provincialisme rigide – flottaient l'odeur des bûches se consumant dans les cheminées et les poêles, l'arôme tentateur du café torréfié dans ses *Kaffeestuben*, l'ambiance douillette et assoupie du Vieux Monde. L'après-midi tirait sur sa fin. Après un déjeuner trop copieux et trop arrosé dans un petit restaurant italien fort sympathique, nous avions regagné notre modeste pension pour nous livrer à des ébats sur un lit assez étroit et qui grinçait terriblement. Nous étions ressortis peu avant le crépuscule, sans autre but que de flâner à travers la ville.

Quelque part, dans ce dédale de rues et de passages en réalité très logiquement organisé – nous étions en Autriche, après tout… –, nous sommes tombés sur une église catholique dont les vénérables portes laissaient échapper les accents mélodieux d'un chœur. Nous sommes entrés. Les vêpres avaient commencé et la musique chorale de cette *missa brevis* avait des inflexions décidément mozartiennes. Nous nous sommes glissés sur un banc et abandonnés, pendant une demi-heure, à la beauté éthérée du latin chanté, de l'intense musicalité par laquelle Mozart, dans toutes ses œuvres liturgiques (et notamment dans le *Requiem* qu'il avait très certainement composé en pensant à sa propre mort), a tenté de se confronter aux mystères éternels, de donner forme à une aspiration spirituelle à la fois majestueuse et énigmatique, dirigée vers ses semblables mais détachée des réalités quotidiennes.

Ma compagne a pris ma main dans les siennes alors que le choral se déployait jusqu'à des sommets de béatitude. C'était comme si le monde extérieur avait cessé d'exister, lui et son cortège de futilités qui monopolisent trop souvent nos pensées et nous empêchent d'embrasser l'émerveillement de vivre. Comme lors de ma course à ski dans les montagnes alpines, ce moment a été celui de la découverte d'un bonheur inaltéré. L'espace d'un instant, j'ai eu la sensation d'entrer dans une sphère d'ordinaire inatteignable, celle de la félicité et de l'accord avec soi-même. Et cette certitude : même si je ne peux me laisser séduire par l'idée d'un au-delà, la musique sacrée, si nous voulons bien l'entendre, a la capacité de nous extirper de la mesquinerie et de l'absurdité inhérentes à notre condition humaine en nous donnant un aperçu du divin.

La mort, bien évidemment, reste omniprésente. Toujours à venir. Toujours prête à torpiller le quotidien. Toujours déterminée à nous rappeler notre irrévocable fragilité, et son suprême désintérêt pour les nuances et particularités de nos existences.

J'avais à Paris un grand ami. Américain lui aussi, Peter Duffy – ce n'est pas son véritable nom – avait une trentaine d'années de plus que moi. Ancien de Harvard et de Yale, avocat de haute volée à Washington avant une incursion dans la diplomatie. Et, d'après quelques informations lâchées ici et là, je crois même qu'il avait travaillé dans le renseignement. Il était pour moi le grand frère idéal, une figure que j'ai toujours recherchée dans ma vie, n'en ayant pas eu. Divorcé, père de deux enfants maintenant adultes qui restaient proches de lui, il avait choisi de prendre sa retraite à Paris et habitait un vaste appartement du 7ᵉ arrondissement dont il avait fait l'acquisition au temps où l'immobilier parisien n'avait pas encore atteint des prix astronomiques. Sa compagne travaillait au siège de l'OCDE. Comme moi, c'était un fou de cinéma et il était donc ravi de se trouver dans ce paradis des cinéphiles qu'est la capitale française. Extrêmement cultivé, il se tenait informé, entretenait avec soin sa forme physique, ne fumait pas, buvait modérément – tout en étant un fin connaisseur en vins – et professait un délicieux scepticisme quant aux emportements de l'être humain, à commencer par les folies que la passion amoureuse nous pousse souvent à faire. Et puis, du jour au lendemain, les médecins lui ont diagnostiqué une maladie de Hodgkin. Six mois plus tard, il quittait ce monde.

Peter avait accueilli le diagnostic initial avec un remarquable stoïcisme. De retour, aux États-Unis, il avait été adressé par son assurance à un spécialiste qui se présentait comme « le général Patton des cancérologues », déterminé à massacrer jusqu'aux dernières les cellules ennemies menaçant son organisme. Une chimiothérapie radicale – et dévastatrice – entamée aux États-Unis avait été poursuivie à l'hôpital américain de Neuilly, dès qu'il était rentré en France. Nous déjeunions ensemble à chacun de mes séjours à Paris, qui étaient à l'époque d'une dizaine de jours par mois. Émacié, privé par ce traitement de choc de l'intense vitalité qui l'avait caractérisé, il demeurait pourtant convaincu que le combatif cancérologue avait raison, que son mal serait mis en déroute et qu'il reprendrait sa vie normale.

En juin de cette année-là, soit à peu près cinq mois après avoir appris qu'il était atteint d'un cancer du sang, nous nous étions retrouvés au café de Flore pour manger un morceau. Comme je m'inquiétais de sa maigreur, il m'avait assuré que c'était un effet secondaire normal de la chimiothérapie, de même que la perte de tous ses cheveux. Puis il m'avait interrogé sur mes propres problèmes, évidemment moins graves que les siens, mais qui ne me laissaient pas de répit : les relations avec ma femme étant alors au plus bas, mon départ du domicile conjugal semblait inéluctable, même si je continuais à hésiter entre serrer les dents encore une fois et tout laisser tomber. J'étais quelque peu gêné de lui confier mes déboires, si dérisoires face à la lutte acharnée contre la mort qu'il livrait. À un moment, j'ai même dit :

— Tu as certainement à t'occuper de problèmes plus importants que mon divorce imminent, Peter…

— Non, en fait c'est une distraction bienvenue, tu sais ? Le cancer, c'est tellement ennuyeux, toujours la même histoire. Allez, parle-moi un peu de ta petite amie parisienne !

Alors que notre rencontre allait s'achever, il a mentionné que l'une de ses connaissances lui avait donné le nom d'un prêtre avec lequel il pourrait parler s'il ressentait le besoin d'un « soutien spirituel », commentant avec un petit sourire :

— C'est assez Graham Greene, tu ne trouves pas ?

— Surtout si le prêtre en question est aussi un pochetron, ai-je plaisanté.

— Le truc, c'est que je n'ai pas l'intention de mourir avant au moins quelques années. Et même si j'ai cru que ma dernière heure était arrivée, la semaine dernière, je ne me sens pas prêt à accepter la révélation divine. Je suis un fervent adepte du pari pascalien, évidemment : n'est-il pas préférable de croire en Dieu, tout sceptique que l'on soit, histoire d'avoir l'agréable surprise de se retrouver en Sa présence dans l'au-delà ? Mais, moi, je vois la mort plutôt comme un voyage vers nulle part. La fin, quoi…

La fin est survenue seulement cinq jours plus tard. Ce dimanche, nous devions aller revoir ensemble *L'Homme qui tua Liberty Valance*, un grand classique de John Ford. Vers midi, je lui ai téléphoné pour lui confirmer que nous nous retrouverions devant le cinéma un peu avant 18 heures. J'ai entendu une voix inconnue à l'autre bout du fil, beaucoup plus jeune que celle de Peter. C'était son fils, qui m'a appris qu'il venait d'arriver en urgence à Paris, les médecins ayant constaté la veille une brutale aggravation de l'état de Peter et estimant « qu'il ne passerait pas la journée ».

J'ai dit au revoir et j'ai raccroché, hébété par le choc. Quelques jours plus tôt, Peter reprenait encore avec conviction la métaphore militaire de son spécialiste, toujours lancé dans sa campagne contre le cancer ennemi. Y croyait-il vraiment ? Se raccrochait-il à cet espoir comme le condamné conduit à la potence attend jusqu'au bout qu'un miracle survienne, avant que le nœud coulant se referme autour de son cou ? Et où allait-il être demain, quand la vie aurait quitté son enveloppe physique ? Comment tout ce que cet homme remarquable avait accompli, expérimenté, créé et chéri pouvait-il être ainsi rayé d'un trait de plume impitoyable ? Combien cette loterie génétique était injuste !

Le fond du problème, si difficile à contempler, c'est que le moment viendra où vous, moi, nous ne serons plus là ; où rien n'aura plus d'importance, ni tout ce que nous avons désiré et manqué, ni nos succès et nos échecs, ni nos triomphes et nos hésitations, ni nos gains et nos pertes. Tout cela s'évanouira avec notre disparition. Et il s'agit bien de « disparition ». Non de « décès », non de « passage » vers un ailleurs. Je parle de l'abolissement total qu'est la mort, de ce que nous pouvons tenter d'habiller d'oripeaux plus acceptables mais qui reste, dans toute sa nudité, la fin absolue.

Pour ma part, j'ai la conviction que la mort est l'achèvement de l'état conscient, la non-existence, l'interrupteur qui nous coupe à jamais du monde, sans possibilité de retour. C'est une perspective accablante, une main glacée toujours prête à s'abattre sur notre nuque, une réalité avec laquelle il faut simplement apprendre à exister, en assumant la mélancolie qui l'accompagne de temps à autre. On peut éventuellement accepter la mort d'autrui – de toute façon, nous y sommes tous confrontés à un moment donné ou à un autre. Ce qui dépasse l'entendement, c'est la perspective de notre propre disparition, la chute dans un trou d'où on n'émergera jamais.

Au printemps 1996, j'ai passé trois semaines dans le bush australien, ma cinquième expédition à travers ces immensités fascinantes. Tout en les explorant je continuais à écrire chaque après-midi puisque je travaillais alors au manuscrit de *L'Homme qui voulait vivre sa vie*. Peu avant de reprendre l'avion pour Londres, je me suis rendu, depuis Cairns, dans le Grand Nord du Queensland pour réaliser un reportage – commande d'un magazine anglais – sur la jungle immense qui couvre ces territoires aux confins du monde habité. J'avais prévu de passer quelques jours dans un « lodge » particulièrement isolé, et c'est le fils de ses propriétaires, surnommé Robbo, qui est venu me chercher à Cairns. La trentaine décontractée, amical et direct comme tous les Australiens de l'outback, il s'est révélé d'excellente compagnie tandis que nous roulions vers le nord en parlant de tout et de rien.

Plus nous avancions, plus l'état de la route devenait précaire, la deux-voies bitumée cédant la place à une piste en terre battue de plus en plus cahoteuse qui mettait à rude épreuve la suspension de son vieux 4×4. Soudain, nous nous sommes retrouvés face à une rivière sur la berge de laquelle, spectacle assez impressionnant pour un citadin comme moi, quatre énormes crocodiles paressaient au soleil.

— C'est pas une très bonne idée de prendre un bain par ici, a commenté laconiquement Robbo.

Une barge s'est approchée, simple plate-forme flottante pouvant accueillir trois véhicules, manœuvrée par un gars au visage buriné qui portait une chemise en toile imprégnée de sueur et un chapeau de broussard sur lequel les éclaboussures de boue séchée formaient une composition à la Jackson Pollock.

— Qui est la nouvelle victime, Robbo ? a-t-il demandé lorsque nous sommes montés à bord.

— Un Yank, a répondu mon chauffeur, les Australiens ayant coutume de désigner les citoyens américains par ce diminutif de « Yankee ». Je te présente mon pote, Doug.

— Pas un « Yank Wank » ? a voulu savoir le pilote, jeu de mots que l'on pourrait traduire par « branleur d'Amerloque ».

— Naaan, il est OK, on dirait.

Ce qui, dans la bouche de Robbo, était un vrai compliment. La traversée a duré à peine cinq minutes, mais a nécessité une marche arrière et un demi-tour compliqué dans ces eaux infestées de reptiles carnassiers. Plusieurs têtes de crocodile émergeaient autour de nous. Lorsque nous avons atteint l'autre rive et que le pilote s'est approché aussi près que possible de la terre ferme pour que nous puissions sortir le 4×4, Robbo a remarqué mon air inquiet et deviné que je craignais de basculer dans ce courant peu accueillant. Avec un sourire en coin, il a déclaré :

— Il a encore jamais fait tomber une caisse à la flotte. Quoiqu'il y ait un début à tout...

Quand nous avons repris notre ascension vers le nord, la jungle s'est manifestée dans toute l'exubérance de sa faune et de sa flore, enveloppant la piste dans une végétation tropicale plus dense que jamais, les frondaisons des eucalyptus ne nous révélant le ciel qu'à de brefs intervalles. Une demi-heure de cahots plus tard, nous sommes parvenus à une clairière ménagée dans cette explosion de verdure qui semblait prête à nous avaler. Une simple structure ouverte à tous les vents abritait quelques tables, et des bungalows rustiques étaient essaimés tout autour. Guidé par Robbo, je suis allé déposer mon sac dans l'une de ces huttes, qui contenait un lit double, un fauteuil en rotin, un petit bureau et sa chaise, un ventilateur au plafond et, dans un coin, un pommeau de douche et une cuvette de W-C.

— On fait plutôt dans le basique, ici, a-t-il commenté.

— Du moment qu'il y a une prise pour mon ordinateur et une lampe pour lire, c'est parfait.

C'était avant qu'Internet redéfinisse entièrement la vie moderne, je n'avais pas à m'inquiéter d'une connexion défaillante dans ce trou perdu, et d'ailleurs je n'aspirais pas au moindre contact avec le monde extérieur : mon intention était de passer quatre jours coupé de tout, et cette perspective me semblait des plus plaisantes. Mais j'avais aussi un roman à terminer, avec un nombre précis de pages à écrire chaque jour, et donc, après avoir dit à Robbo que je le verrais plus tard, j'ai déballé mon matériel sur le bureau improvisé, portable, carnets de notes et stylo, et je n'ai pas bougé pendant les deux heures suivantes. Quand j'ai jugé bon de faire une pause, j'ai consulté ma montre. Il était 13 heures, le temps de m'accorder une bière.

Retrouvant mon chemin jusqu'au bâtiment principal, j'ai fait la connaissance du propriétaire du lodge, Malcolm – la soixantaine, court sur pattes, le visage rougeaud et congestionné, affable. Sa femme, Lizzie, était du même âge, grande et maigre, avec une figure anguleuse et une certaine nervosité apparente qui m'ont aussitôt fait penser qu'elle devait être la fille d'un missionnaire anglican parti aux antipodes pour prêcher la bonne parole d'un Dieu très british. Mon imagination m'avait égaré, pourtant, car j'ai bientôt appris qu'elle était australienne de souche et avait grandi dans la même banlieue de Brisbane que Malcolm. Ils se connaissaient depuis le lycée, en fait, et avaient récemment fêté leur quarante-cinquième anniversaire de mariage.

Autour de quelques bières et d'une assiette de ragoût de kangourou, Malcolm m'a raconté qu'après avoir relativement bien réussi dans la construction à Brisbane, avec assez d'argent à la banque et leurs deux fils désormais capables de se débrouiller tout seuls, il avait décidé de changer de vie. Cinq ans auparavant, au cours d'une expédition avec Lizzie, ils avaient découvert ce coin reculé du Queensland, un vrai jardin d'Éden dans lequel ils étaient entrés en taillant leur route à la machette.

— La terre n'était pas très chère, a-t-il ajouté. Après négociation, ce qui était un bon prix est devenu une excellente affaire. Mais il nous a fallu quatre ans pour bâtir tout ça, la main-d'œuvre locale aime bien prendre son temps et les délais d'acheminement des matériaux, bon...

— C'était un casse-tête, a affirmé Lizzie en triturant un mouchoir blanc entre ses doigts comme l'une de ces héroïnes de Tennessee Williams oppressées par la chaleur tropicale, l'isolement et l'ennui, et qui se réconfortent en avalant discrètement un peu de bourbon d'une flasque en argent.

Sa nervosité contrastait avec la placidité et la bonhomie de Malcolm. Elle s'est mise à me raconter la difficulté d'obtenir de l'eau potable, les pannes fréquentes de leur générateur, le déluge quotidien pendant la saison des pluies, qui allait de novembre à mars.

— N'empêche qu'on l'a ouvert, ce fichu lodge, l'a coupée Malcolm d'un ton qui laissait entendre à sa femme que ses jérémiades avaient assez duré, et ça marche plutôt bien.

Je suis toujours fasciné par la rapidité avec laquelle la face cachée d'un couple marié, sa dynamique interne, ses tensions, ses questions laissées en suspens se révèlent à la faveur de quelques remarques, de regards échangés ou évités. J'ai senti que le moment était venu de m'éclipser et, une fois muni d'une carte des pistes locales, et après avoir écouté les recommandations faites par Malcolm, je me suis aventuré dans la jungle touffue.

« Si vous voyez un casoar, ne vous approchez sous aucun prétexte, m'avait-il dit, il pourrait salement vous blesser avec ses griffes. » Je n'avais pas commencé mon exploration solitaire depuis une demi-heure que je suis tombé sur l'une de ces terrifiantes créatures. Presque aussi grand que moi, avec un plumage verdâtre très dru et l'allure d'une brute préhistorique, il se tenait sur le chemin que j'empruntais, telle une sentinelle chargée de dissuader les intrus d'aller plus loin. Je ne l'ai aperçu qu'une fois tout près de lui, les troncs d'arbre dans une courbe de la piste me l'ayant dissimulé. Je me suis arrêté net, glacé par cette apparition, et j'ai eu du mal à retenir un cri d'effroi. J'ai également résisté à la tentation de tourner les talons et de m'enfuir, me souvenant de ce que m'avait expliqué Malcolm : la bête aurait pris cela pour une provocation et aurait pu m'attaquer. Nous sommes restés ainsi face à face pendant ce qui m'a paru une éternité. J'avais l'impression qu'il était presque aussi anxieux que moi, mais il avait des griffes, lui – ou était-ce elle ? –, ce qui lui accordait un avantage considérable. Néanmoins, après m'avoir fixé une minute, il a brusquement détalé dans le sous-bois. À toutes fins utiles, j'ai ramassé une pierre et je l'ai jetée dans la direction où il s'était enfui, juste pour l'intimider encore plus. N'obtenant aucune réaction, j'ai poursuivi ma route, plus conscient que jamais des murmures et des craquements suspects de la forêt tropicale.

Pourtant, la peur m'a rapidement quitté, laissant la place à l'émerveillement devant la splendeur encore vierge de cette partie de la côte nord-est de l'Australie, le Daintree, et le lendemain et les jours qui suivirent, j'y suis retourné avant l'aube. Ensuite, je travaillais quelques heures, je prenais un petit déjeuner tardif et je bavardais avec Malcolm, qui s'asseyait à ma table. Cette routine s'est répétée les trois matins de mon séjour. Son expérience de professionnel de la construction parti vivre au diable-vauvert était des plus intéressantes. Il m'a expliqué qu'il souhaitait parvenir à un fonctionnement aussi respectueux de l'environnement que possible. Je me suis aussi rendu compte que sous ses airs débonnaires se cachait une bonne dose de stress, les préoccupations inhérentes à cette entreprise étant en effet légion.

Comme nous étions juste au début de la saison

sèche, il n'y avait que deux autres pensionnaires au lodge, de jeunes mariés en voyage de noces, ainsi que Lizzie devait me l'apprendre. L'un et l'autre ayant à peine dépassé les vingt ans, ils étaient assez timides et, d'après ce que j'ai pu voir lorsqu'ils prenaient leurs repas à une table un peu à l'écart, encore peu habitués à la proximité que suppose la vie de couple. Nos échanges se sont limités à un salut de loin quand nous nous croisions.

Ma dernière nuit dans ce havre de paix est arrivée. J'avais passé la journée à sillonner la jungle à cheval en compagnie d'un guide – qui n'a jamais galopé sur un chemin sinueux en se courbant sur sa monture pour éviter les branches basses d'eucalyptus a raté l'un des grands plaisirs de la vie. Après m'être dépouillé de mes vêtements couverts de poussière et avoir pris une douche revigorante, j'ai enfilé un tee-shirt et un jean propres, attrapé un calepin et le roman que je lisais alors, et je me suis rendu dans la véranda. Malcolm, qui se tenait derrière le comptoir du bar, m'a dit que son fils, Robbo, était allé à Cairns pour la nuit mais qu'il reviendrait tôt le lendemain pour me ramener en ville, puisque je devais retourner à Londres le jour suivant. Après avoir commandé une bière pour moi, je l'ai prié d'aller porter deux verres de vin au jeune couple, de ma part. Quand Malcolm les a servis, ils m'ont fait signe de les rejoindre à leur table. Ma bière à la main, je me suis assis avec eux. J'ai rapidement appris que j'avais devant moi un pédicure-podologue venu d'Angleterre et son épouse australienne, infirmière urgentiste dans un hôpital de Newcastle, ville de Nouvelle-Galles du Sud où ils vivaient maintenant. Patrick et Sandy étaient mariés depuis seulement dix jours, et elle m'a laissé entendre – c'était surtout elle qui parlait, son mari n'intervenait presque pas – qu'ils regrettaient un peu de ne pas avoir limité à trois les six jours qu'ils devaient passer ici.

Était-ce l'isolement de l'endroit qui les gênait ? Ce huis clos dans la jungle réveillait-il les doutes qui les avaient assaillis avant d'échanger leurs alliances ? Cela m'a fait penser à l'explication que nous avions eue, une semaine avant notre mariage, Grace et moi. Alors qu'elle se demandait à voix haute s'il était vraiment nécessaire d'officialiser ainsi notre relation, j'avais avancé les arguments en faveur de l'engagement conjugal tout en ressentant au fond de moi une hésitation similaire, comme si j'avais eu le pressentiment qu'une certaine distance allait se creuser entre nous avec les années. Il est fréquent de renoncer à une décision qui serait pourtant sage par crainte de la détresse qu'elle va provoquer sur le moment, et parce que nous refusons de voir qu'elle se révélerait sans doute bénéfique sur le long terme. Cela étant, chaque fois que je me suis interrogé sur la sagesse de m'être lancé dans l'aventure de mon premier mariage, mes regrets se sont immédiatement dissipés à l'idée des deux merveilleux enfants qui en ont résulté.

Quoi qu'il en soit, certaines remarques révélatrices de Sally – « Nous n'avons vécu que trois mois ensemble avant de nous marier, donc on en est encore à chercher nos repères », par exemple – et l'anxiété que je surprenais parfois dans les yeux de Patrick m'ont donné l'impression que leur union restait fragile, marquée par une réticence inavouée. Comme à mon habitude, j'ai remarqué tout cela mais sans rien laisser paraître. Au bout d'une vingtaine de minutes, nos verres étaient vides et je me suis dit qu'il était temps de gagner ma table pour les laisser dîner tranquillement. Mais Sandy m'a arrêté :

— Non, s'il vous plaît, restez manger avec nous.

— Vous êtes sûrs que je ne suis pas de trop ?

— Pas du tout, a assuré Patrick.

Je me suis tourné vers Malcolm, toujours au bar.

— Une autre tournée, je vous prie. Et prenez une bière pour vous, c'est moi qui offre.

— C'est sympa, Doug.

Peu après, Malcolm s'approchait de nous, un plateau sur le bras, et c'est là que tout a basculé. Il a laissé échapper un cri étranglé mais déchirant, comme je n'en avais jamais entendu, et soudain il est tombé en avant, les verres se fracassant sur le sol. Sandy courait déjà vers lui. Après avoir retourné le corps qui laissait encore échapper un râle hoquetant, elle a levé le poing droit en l'air et l'a abattu violemment sur le thorax de Malcolm, tout en hurlant à notre intention :

— Ramenez-vous, merde !

J'ai alors compris que notre hôte venait d'être victime d'une crise cardiaque. Grâce à ses réflexes professionnels, Sandy a pris aussitôt les choses en main.

— Doug, a-t-elle ordonné, allez chercher sa femme. Demandez-lui où ils gardent leur défibrillateur. Ensuite, téléphonez au toubib le plus proche. Allez !

En courant vers le bungalow de Malcolm et Lizzie, j'ai entendu Sandy dire à son mari :

— Compte avec moi : un, deux, trois, et souffle dans sa bouche. Encore une fois ! Un, deux, trois… un, deux, trois. Continue !

J'ai frappé à leur porte et Lizzie m'a ouvert. Elle était en peignoir et paraissait aussi hagarde que si je l'avais tirée d'un profond sommeil ; pourtant il n'était que 19 heures du soir. La soutenant par un bras, je lui ai dit que son époux venait de faire un arrêt cardiaque. Un cri de douleur, puis elle a tenté de se dégager pour se jeter vers la véranda. Je l'ai retenue.

— Avant que vous le rejoigniez, deux questions essentielles : un, où est votre défibrillateur ?

— Défi quoi ?

Oh non !

— OK, question suivante : quel est le numéro de votre médecin ?

— Nous n'en avons pas…

Elle s'est mise à pleurer.

— Nous sommes beaucoup trop loin de tout, pour ça. Mais… il y a le service des Médecins volants.

— Vous avez leur numéro ?

— Laissez-moi aller le voir !

— Donnez-moi d'abord le numéro, juste ça !

Elle s'est précipitée vers la table basse derrière elle et, après avoir recopié d'une main tremblante un numéro de leur carnet d'adresses, m'a jeté le bout de papier. Puis elle est partie comme une flèche en direction de la véranda en hurlant le prénom de son mari. Je l'ai hélée :

— Lizzie, où est le téléphone ?

— Sur l'étagère, sous le bar !

Je l'ai dépassée en courant. J'ai jeté un coup d'œil à Sandy et Patrick, toujours penchés sur le corps inanimé de Malcolm. À l'expression préoccupée de l'infirmière, j'ai compris que leurs efforts pour le réanimer n'avaient pas abouti.

— Elle vous a montré où était le défibrillateur ? m'a crié Sandy.

— Ils n'en ont pas !

— Merde !

— J'appelle le médecin.

— Il faut qu'il vienne tout de suite…

Déchiffrant le numéro gribouillé à la faible lumière du bar, je l'ai composé, le cœur battant à grands coups. « Vite, vite, vite… », ai-je marmonné en attendant qu'on me réponde. Et enfin :

— Médecins volants. D'où nous appelez-vous ?

J'ai indiqué le nom du lodge, en expliquant que son propriétaire venait d'être terrassé par un infarctus.

— OK. La piste d'atterrissage la plus proche ?

— Je… Je suis seulement un client.

Entre-temps, Lizzie était tombée à genoux à côté de son mari, pressant Sandy et Patrick de poursuivre leurs efforts entre deux sanglots.

— Lizzie ! Le nom de l'aérodrome !

Elle a levé les yeux vers moi, éperdue.

— Quoi ? Quoi ?

— L'aérodrome près d'ici ! Vite !

Ayant enfin compris, elle me l'a crié et je l'ai répété à la femme à l'autre bout du fil.

— Une seconde…

J'ai entendu qu'elle tapait sur un clavier.

— Ah, mauvaise nouvelle : cette piste n'est pas éclairée. Impossible de se poser la nuit.

— Mais ce malheureux va mourir !

— Nous ne pouvons pas faire grand-chose, je regrette. À part vous donner les coordonnées de l'infirmière du district. Peut-être qu'elle ne sera pas trop loin de chez vous…

Deux minutes après, je m'entretenais avec celle-ci.

D'un ton mesuré et réfléchi qui contrastait avec mes explications affolées, elle a dit :

— Oui, je connais Malcolm et Lizzie, je sais où est le lodge. Vous avez quelqu'un qui sait faire la respiration artificielle ?

— Une des clientes est infirmière. Elle s'occupe de lui avec son mari.

— Dites-lui de continuer. Il va me falloir une bonne heure pour arriver, d'autant que je dois prévenir le pilote du ferry.

Elle a raccroché. J'ai couru pour rejoindre Sandy et Patrick, qui montraient désormais tous deux des signes de fatigue.

— Vous avez eu le médecin ? a-t-elle demandé, haletante.

Je lui ai expliqué le problème de la piste, ajoutant que l'infirmière était en route.

— Mais elle a dit que ça lui prendrait au moins une heure.

— Oh, merde…

À bout de souffle, Patrick s'est redressé. En larmes, Lizzie a hurlé :

— Non, continuez, continuez !

— Remplacez-le, Doug, m'a ordonné Sandy.

Je me suis immédiatement mis à genoux, en lui demandant comment je devais m'y prendre.

— Plaquez votre bouche sur la sienne sur toute la longueur. Quand je vous dis de souffler, faites-le de toutes vos forces. Allez !

J'ai obtempéré tandis que Sandy se mettait à califourchon sur le torse de Malcolm et, les mains croisées, appuyait trois fois sur son cœur.

— Maintenant !

J'ai relâché tout l'air que je pouvais dans la gorge de Malcolm.

— Super, j'ai eu encore un battement ! a annoncé Sandy en pesant à nouveau sur sa poitrine. Maintenant !

Nous avons répété l'opération trois, quatre, cinq fois. Je commençais à avoir la tête qui tournait, à force d'expulser tant d'oxygène, mais Sandy paraissait parvenir à lui redonner un semblant de pouls. Elle a dit à Patrick de se préparer, expliquant que lui et moi allions nous relayer toutes les minutes.

— On ne doit pas arrêter tant que l'infirmière ne sera pas là ! a-t-elle commandé.

— Continuez, continuez, a encore gémi Lizzie.

— C'est ce qu'on fait, bon Dieu ! l'a coupée Sandy. Allez, maintenant !

Au moment où je vidais à nouveau le contenu de mes poumons dans le larynx de Malcolm, celui-ci a soudain régurgité une bile blanchâtre qui s'est répandue dans ma bouche, m'obligeant à me dégager et à cracher par terre. Alors que j'enfonçais deux doigts entre ses lèvres pour essayer de dégager ses voies respiratoires, Malcolm a été pris de violents frissons. « Merde ! » a soufflé Sandy en abattant son poing contre son torse et en appuyant dessus à un rythme effréné. J'ai senti la tête de Malcolm tressauter tandis que je la maintenais levée. Son corps a été parcouru d'un long tremblement, suivi par une immobilité complète. Les traits de son visage se sont décrispés. L'agonie de ces effrayantes dernières minutes, peut-être la souffrance de toute une vie, a disparu. Malcolm venait de mourir, et c'était une tête sans vie qui reposait sur mon bras.

Sandy a posé deux doigts sur la partie du cou où

la pulsation de la carotide est perceptible. Nos regards se sont croisés, et j'ai lu dans le sien que tout était fini. Elle a passé sa main sur les yeux de Malcolm pour les fermer à jamais. Là, une litanie déchirante de « Non, non, non » est montée d'une forme prostrée dans la pénombre. Lizzie. Sandy est allée la relever, la serrant contre elle, murmurant qu'il n'y avait hélas plus rien à faire. Assis sur le sol près du cadavre, Patrick avait plongé son visage dans ses paumes. Sans un mot, je me suis mis debout, je suis allé au bar et j'ai attrapé une bouteille de Jack Daniel's. J'en ai pris une rasade et je me suis gargarisé, rinçant ma bouche afin de recracher la bile du mort. J'ai répété l'opération. La troisième gorgée a été avalée d'un coup, le bourbon apaisant aussitôt mes nerfs à vif. Retournant auprès de Patrick, je lui ai tapoté l'épaule et lui ai tendu la bouteille.

— Allez-y, buvez.

Il a obéi, dans un état second. Je me suis dirigé vers l'une des tables dressées pour un dîner qui n'aurait pas lieu ce soir, je l'ai débarrassée de ses couverts, j'ai pris la nappe et je suis revenu l'étendre sur le corps de Malcolm, couvrant sa tête.

— Il faut qu'on prévienne son fils, ai-je dit à Patrick.

Quelques minutes plus tard, Sandy était de retour du bungalow où elle avait persuadé Lizzie de se mettre au lit, non sans lui administrer deux comprimés de Valium du flacon qui se trouvait sur la table de nuit.

— Elle était au bord de l'hystérie, nous a-t-elle rapporté, mais les cachets ont agi rapidement. Elle aura quatre ou cinq heures de répit. Avant de sombrer, elle m'a suppliée de téléphoner à ce garçon qui nous a amenés ici, Robbo…

— C'est lui qui m'a amené aussi, ai-je observé.

À la tristesse et à la fatigue que j'ai lues dans ses yeux tandis qu'elle les baissait sur la feuille de papier entre ses doigts, où un numéro de téléphone avait été tracé à la hâte, j'ai compris qu'elle espérait que quelqu'un lui épargnerait cette nouvelle épreuve, qui consistait à passer ce coup de fil lugubre. J'ai tendu la main vers la sienne.

— Je m'en charge, Sandy.

— Merci, a-t-elle murmuré.

Un silence oppressant s'est installé. Nous étions là, tous les trois debout autour d'un mort étendu au sol, au milieu du vide de la nuit et de l'immensité australienne. Démunis face à la tragédie. Il me semblait aussi que le drame avait accentué la distance entre Sandy et Patrick. Ils ne tentaient pas de se réconforter l'un l'autre, comme si ce moment pourtant si poignant, les avait éloignés au lieu de les rapprocher.

Toujours silencieux, Patrick m'a rendu la bouteille de Jack Daniel's. J'ai demandé à Sandy si elle en voulait un peu et elle a acquiescé. Je suis allé au bar, j'ai pris trois verres, je les ai remplis et j'en ai tendu un à chacun. Nous avons trinqué, là encore sans un mot. J'ai vidé le mien d'un trait pour me donner du courage, puis je suis retourné au comptoir et j'ai composé le numéro de Robbo à Cairns. Il a décroché à la troisième sonnerie. À la surprise de m'entendre s'est ajoutée l'appréhension de ce qui allait suivre, car il s'est tout de suite douté que je n'appelais pas du lodge pour lui apprendre une bonne nouvelle.

— Je ne vois pas comment vous le dire autrement,

ai-je commencé en raffermissant ma voix. Votre père a eu une crise cardiaque il y a moins d'une heure et... et il est mort presque sur le coup.

Je me rappelle que le combiné tremblait dans ma main, plus encore quand j'ai perçu le sanglot que Robbo essayait de refouler à l'autre bout de la ligne.

— Je suis vraiment désolé, ai-je continué tout en pensant à la pauvreté de nos mots lorsque l'on est confronté à la mort et au deuil.

— J'arrive, a-t-il répondu laconiquement avant de raccrocher.

L'infirmière du district nous a trouvés assis à une table, occupés à terminer la bouteille de Jack Daniel's. Je peux compter sur les doigts d'une main les occasions où j'ai vidé un litre d'alcool en même pas une heure avec deux compagnons, sans ressentir la moindre trace d'ébriété. Sue, une femme à la stature imposante et à l'exubérance quelque peu surprenante dans un tel contexte, était arrivée avec deux costauds chargés d'un brancard et de trois grands caissons de matériel médical en acier. En voyant le corps de Malcolm en partie dissimulé par la nappe, elle a lancé à l'un de ses assistants :

— Je crois qu'on ne va pas avoir besoin du défib...

Ensuite, elle s'est livrée à un examen minutieux du cadavre, cherchant sans y croire quelque signe vital avec son stéthoscope, étudiant le fond d'œil avec une torche miniature – j'ai dû détourner la tête devant l'image de ces pupilles vitreuses –, inspectant la gorge et le palais du mort. Puis, après avoir recouvert le visage maintenant tout pâle, elle s'est tournée vers nous.

— Alors, qui est du métier, ici ?

Sandy a levé la main.

— Vous avez fait de votre mieux, c'est chouette, mais le pauvre bougre était sans doute déjà mort avant de toucher le sol. Même avec l'équipement adéquat, on n'aurait pas pu le sauver. C'est un arrêt cardiaque comme je n'en avais encore jamais vu. À mon avis, il ne s'est rendu compte de rien du tout, ce qui est une bonne chose. Bon, où est la dame ?

— Je vais vous montrer, a proposé Sandy.

— Préparez-le, les gars, a dit Sue aux brancardiers par-dessus son épaule.

Le premier a ouvert l'une des lourdes cantines et en a sorti un sac en caoutchouc noir. Je les ai regardés le déployer le long du corps de Malcolm, jeter la nappe de côté et s'escrimer à caser le mort dans ce linceul moderne. Un triste constat s'est imposé à moi : voilà, c'est ça, notre destin. Nos soucis, nos efforts, nos joies, nos désirs et nos peines, tout ce qui constitue la vie s'éteint en un instant. Deux inconnus viennent glisser votre corps dans un sac qui sera remis à quelque institution chargée de l'incinérer ou de l'enterrer, et ainsi finit votre histoire. Le monde continuera à tourner sans vous et, à part une poignée d'individus directement affectés par votre disparition, vous tomberez dans l'oubli. Exactement comme les dizaines de milliards d'êtres qui ont foulé cette planète avant vous.

Tandis que les deux hommes déposaient le corps sur la civière, d'autres pensées me sont venues à l'esprit. Je venais de voir un homme mourir, j'avais eu sous les yeux cet immense et horrible mystère qu'est la mort, et même si le spectacle d'une vie humaine soufflée comme une chandelle était plus qu'effrayant, j'étais maintenant également sidéré par sa terrible banalité. Vous êtes là, et une minute après vous ne l'êtes plus. Dans le cas de Malcolm, son ultime acte sur terre avait été de remplir trois verres de bière et de vin. Avait-il eu le pressentiment qu'il allait disparaître ? Et si, comme beaucoup d'entre nous, vous croyez en la résurrection de l'âme dans un idyllique au-delà, était-il déjà au paradis ou seulement au purgatoire ? Ou bien commençait-il son voyage à travers ce néant évoqué dans tant de théories mais dont nous ne connaissons rien ? Alors qu'il s'écroulait sur le sol du lodge qu'il avait bâti de ses mains, avait-il aperçu cette fameuse lumière aveuglante dont certains prétendent qu'elle accompagne la mort ? Avait-il ressenti de l'épouvante, ou au contraire un calme étrange et souverain, si tant est qu'il ait pu éprouver quoi que ce soit d'autre que la déflagration provoquée par une attaque cardiaque ?

De la vie à la mort : aussi violente que soit la sensation d'un cœur qui s'arrête, la transition est d'une troublante simplicité. Et rapidité. L'écrivain irlandais John McGahern compare la mort à la décharge orgasmique que suppose l'acte d'amour et de procréation. D'après lui, « le frisson qui nous transforme en chair devient celui qui nous mue en charogne ».

Sandy et Sue sont revenues en soutenant Lizzie. À la vue du sac mortuaire sur le brancard, elle a éclaté en sanglots et s'est laissée tomber sur la dépouille de son mari. Pendant que Sandy tentait de la consoler, Sue s'est approchée de moi.

— C'est vous qui m'avez appelée ? Le Yank ?

— Oui, c'est moi…

— Ça va ?

— Un peu secoué.

— Ça se comprend. Vous voulez quelque chose pour vous aider à dormir, cette nuit ?

— Pas besoin, merci.

— On m'a dit que vous avez prévenu le fils de Malcolm. C'est gentil à vous, parce que c'est pas un truc facile à faire… Enfin, désolée que votre séjour chez nous ait été aussi mouvementé.

Je suis retourné à mon bungalow. Sachant que je serais incapable de trouver le sommeil, j'ai allumé mon ordinateur et j'ai travaillé plusieurs heures d'affilée. J'étais sur le point d'achever le voyage romanesque de deux longues années qui avait conduit à mon livre, et cette nuit-là j'ai rédigé pas moins de douze pages. L'on en revient au fameux morceau de glace dans le cœur de tout écrivain dont parle Graham Greene, cette froideur qui vous permet de prendre du recul vis-à-vis des horreurs de l'existence et de tout considérer comme un matériau littéraire potentiel. C'est elle, aussi, qui vous force au labeur dans la nuit silencieuse, juste après avoir été témoin d'une mort soudaine.

Vers 4 heures du matin, l'épuisement a finalement eu raison de moi. Je me suis effondré sur le lit étroit. Le jour se levait à peine quand j'ai entendu que l'on frappait à ma porte. Je suis allé ouvrir en titubant. Une jeune femme corpulente en short et chemise kaki, un chapeau de brousse sur la tête, se tenait là, l'air grave et résolu.

— C'est vous, Doug ?

J'ai confirmé d'un hochement de tête. Elle m'a tendu un mug de café fumant.

— Je suis Ruth, la femme de Robbo. Avalez ça

et passez sous la douche. Je vous emmène à Cairns dans un quart d'heure.

Quinze minutes plus tard, lavé et relativement requinqué par ce café peu corsé, je montais dans le même 4×4 que celui qui m'avait conduit ici quelques jours plus tôt. D'un ton sobre, Ruth m'a expliqué que Robbo et elle étaient arrivés à 2 heures du matin, que son mari et sa belle-mère étaient partis pour Port Douglas afin d'accomplir les formalités nécessaires avec la police et les services funéraires, et que le couple de jeunes mariés avait été repris par un autre lodge à une cinquantaine de kilomètres de là, c'est-à-dire pratiquement de l'autre côté de la rue, dans ces vastes contrées.

— Comme lune de miel, on peut faire mieux, a-t-elle remarqué avec une sombre ironie.

— Et Lizzie, comment allait-elle, ce matin ? ai-je demandé.

— Mal. Les cachets aident un peu, mais ils ne peuvent qu'anesthésier la souffrance, rien de plus.

— Et Robbo ?

— C'est très, très dur pour lui. Son père et lui... étaient très proches.

Nous n'avons échangé que quelques mots durant notre descente vers le sud. À notre arrivée devant l'embarcadère, j'ai aperçu six crocodiles en train de prendre un bain de soleil sur la rive. Le ferry nous a amenés de l'autre côté, nous avons parcouru une cinquantaine de kilomètres en slalomant entre les ornières, puis l'état des routes s'est nettement amélioré, ainsi que la couverture radio. Nous devions être à environ une heure de Cairns. Ruth avait choisi une station qui passait de la musique pop sirupeuse et j'ai demandé si je pouvais changer.

— À vous de jouer, l'ami.

En tâtonnant à travers les fréquences, je suis tombé sur Classic FM, l'excellente station musicale de la radio publique australienne. J'avais complètement oublié que nous étions dimanche matin, les terribles événements de la veille m'ayant quelque peu fait perdre la notion du temps. Dans le cadre du programme dominical de musique sacrée, le présentateur a annoncé le *Requiem allemand* de Brahms, la célèbre version d'Otto Klemperer à la tête du Philharmonique de Londres.

Il se trouve que Brahms est l'un de mes compositeurs préférés ; son lyrisme mélancolique m'a touché dès l'adolescence. À cette époque, il exprimait puissamment mes propres doutes et ma sensation de grande solitude. Voilà un musicien qui a compris que l'exaltation et le désespoir marchent de pair, et qui a su en outre parfaitement traduire notre besoin de tendresse et de réconfort. Des sentiments que nous éprouvons tous, même si nous prétendons le contraire. Et là, peu après mon quarante et unième anniversaire, à un âge où la mort n'est plus seulement une vague abstraction, et alors que je venais de la voir à l'œuvre dans un lodge perdu au fin fond de la jungle, les harmonies douces-amères de Brahms, parce qu'elles donnaient une vision limpide des infinies potentialités de l'existence humaine, mais aussi de ses limites indépassables, m'ont semblé particulièrement bienvenues.

Quelques mois plus tôt, j'avais entendu ce même requiem à Londres, interprété par le London Philharmonic sous la baguette du formidable

Kapellmeister Kurt Masur. L'impression avait été d'autant plus forte que j'avais, je crois, entièrement saisi l'intention de Brahms : comme il l'a lui-même noté lors de sa création publique, quelques mois seulement après le décès de sa mère tant aimée, cette œuvre entend non pas célébrer le paradis futur, mais consoler ceux que les disparus laissent derrière eux. C'est un requiem pour les vivants, non pour les morts. Cette musique sublime vise à nous guider à travers les vicissitudes de la tribulation qui nous conduit tous à notre dernier souffle.

La fatigue physique – je n'avais dormi que deux heures – et mentale après ce que je venais de traverser m'avait rendu très vulnérable, mais je ne m'en suis vraiment rendu compte qu'au moment où, à la radio, le chœur a entonné les versets de la Bible luthérienne : *Selig sind, die da Leid tragen,* « Heureux les affligés [car ils seront consolés] ». Une promesse venue de l'Évangile selon saint Matthieu, pour nous rappeler que les morts sont maintenant apaisés, et que nous qui continuons à vivre devons accepter le caractère éphémère de notre passage sur terre. Derrière les vitres du 4×4, le soleil tropical brillait intensément. Quel contraste étonnant, en vérité : la brûlante luminosité australienne et l'impétueuse végétation enserrant la route étroite, avec pour contrepoint la profonde sensibilité germanique de Brahms, son romantisme d'un autre siècle et son refus courageux de nous faire miroiter la récompense du paradis. Tout cela a fait que l'émotion m'a gagné. J'étais bouleversé, aux sens propre et figuré, mais je n'ai pas perdu brusquement mon sang-froid et je ne me suis pas mis à sangloter. Non, la vague émotionnelle a déferlé lentement, et c'est seulement l'inquiétude de Ruth qui m'a fait prendre conscience de mes larmes.

— Ça va, l'ami ? a-t-elle demandé en me lançant un regard étonné.

Je me suis alors aperçu que j'avais le visage trempé.

— Juste… Juste un petit coup de blues, ai-je bredouillé.

— Ouais, ouais, a-t-elle répondu d'un ton sceptique.

Je savais ce qu'elle pensait : Quoi, ce mec pleure la mort de quelqu'un qu'il a connu à peine deux ou trois jours ?

En réalité, ce qui me bouleversait ce matin-là, c'était la beauté transcendante avec laquelle Brahms évoquait notre impuissance face à la mort, et la nécessité de conquérir une certaine forme de paix face à sa brutale omniprésence. Sauf que je n'arrivais à trouver aucun apaisement. Je me sentais perdu.

Nous avons atteint les faubourgs de Cairns quarante minutes plus tard, alors que les accords majestueux de la fin du *Requiem allemand* s'éteignaient. Mon hôtel se trouvait au centre de cette ville au style hétéroclite, mélange presque comique d'architecture coloniale anglaise et de préfabriqués dans lequel des ivrognes déambulaient dès 9 heures du matin. Des cafés un peu louches proposaient des platées de viande de kangourou aux routards encore sous l'empire de leur dernier joint ; des groupes de touristes japonais fermement cornaqués se laissaient entraîner dans des motels aux couleurs criardes particulièrement en vogue dans les climats tropicaux, du bleu ciel au rose layette. Lorsqu'elle m'a laissé devant l'établissement sinistre où j'allais passer la dernière nuit de ce périple australien, Ruth m'a tendu une large main et a manqué me broyer plusieurs phalanges en guise d'adieu.

— Ah, Robbo m'a demandé de vous dire merci d'avoir essayé…

Et elle a redémarré.

J'ai déposé mes bagages dans ma chambre, puis j'ai enfilé mon maillot de bain, avant de franchir les deux pâtés de maisons qui me séparaient de la mer. Pour une plage urbaine, celle-ci était vraiment impressionnante : une longue étendue de sable immaculé bordée de palmiers, face aux flots scintillants du Pacifique. J'ai couru jusqu'à l'océan, plongeant dès que l'eau m'est arrivée au torse – une eau chaude comme un bon bain. J'ai nagé vers le large avant de retourner près du rivage. La vue des filets de protection contre les requins n'est jamais trop rassurante, mais je suis resté près d'une heure dans le Pacifique. Il y avait tant à laver, tant à purifier…

En sortant de l'eau, j'ai remarqué un bar au bord de la plage et je me suis approché. La nuit précédente avait dû être animée, le sol était jonché de bouteilles de bière vides et de mégots de cigarette, tandis que le jeune derrière le bar ne dissimulait pas sa gueule de bois.

— On commence tôt, mon pote ? m'a-t-il lancé quand je me suis juché sur l'un des tabourets.

J'ai regardé ma montre. Il était à peine 10 heures.

— On dirait, oui, ai-je répondu avant de commander une Cooper's.

— Excellent choix, mon pote, a-t-il approuvé en versant la bière blonde dans un verre sorti du congélateur.

Quand j'ai pivoté sur mon siège pour contempler

l'océan, quelque chose de vraiment inattendu s'est produit : à cet instant précis, un émeu est apparu. Oui, l'un de ces étranges volatiles qu'on ne trouve qu'aux antipodes, à l'allure de pélican anorexique : immense sur ses pattes toutes minces, avec un bec rappelant ses origines préhistoriques. Face à cette silhouette primitive se découpant sur le Pacifique, j'ai eu soudain l'impression d'être revenu aux origines du monde, à un univers qui n'aurait pas encore été souillé, apprivoisé, exploité par l'homme. Comme si le ciel leur avait intimé l'ordre d'éclairer au mieux cette scène, les nuages qui voilaient le soleil ont dérivé, laissant passer un flot de lumière qui s'est projeté sur la plage. Je me suis senti pénétré par les rayons lumineux que le sable et la mer renvoyaient avec force, et cela a été l'un de ces rares et purs moments de célébration panthéiste. Dieu en nature, la nature divinisée, le triomphe jubilatoire de la merveilleuse beauté de notre planète.

Si j'avais été croyant, j'aurais interprété cette illumination comme un signe venu d'en haut, un don du ciel éclairant mon chemin après les ténèbres de la veille, quand j'avais vu un homme mourir dans mes bras. Rétif à toute doctrine, qu'elle soit religieuse ou athée, je suis néanmoins toujours prêt à contempler le mystère consubstantiel à la condition humaine. J'ai cligné des yeux face à toute cette lumière et j'ai senti les larmes monter. Après les épreuves des dernières heures, la splendeur de cette bande de sable fin sous le soleil inspirait l'humilité, mais aussi une intense béatitude face à la dimension sacrée de ce monde, une transcendance dont nous avons tous soif mais dont nous sommes si souvent privés.

Bien sûr, c'est le propre de l'être humain que de chercher des significations métaphysiques à ce qui n'est que fortuit et éphémère. Nous avons besoin de signaux, de messages, de talismans, de desseins cosmiques au sein de notre quotidien le plus banal. Souvent, nous pensons : Quelqu'un essaie de me dire quelque chose, là... C'est peut-être le cas, peut-être pas. Pour reprendre la formule de Nietzsche : « Nous n'avons pas de preuve que la vérité, une fois révélée si elle l'est jamais, sera le moins du monde intéressante. » Mais il y a parfois des moments comme celui-là à Cairns, riches en résonances surnaturelles, où l'on oublie simplement toute rationalité pour s'abandonner à la grande spiritualité de l'occasion. Ainsi cette belle méditation provoquée par le *Requiem* de Brahms tout de suite après une rencontre avec la mort, ainsi cette paix lumineuse baignant une plage australienne.

Au cours des dix-huit années qui ont suivi cette matinée, j'ai maintes fois repensé à cet instant, cherchant à en décrypter le sens, et voici la conclusion à laquelle je suis arrivé : peut-être m'a-t-Il permis alors de contempler Sa main à l'œuvre, de percevoir les forces qui nous dépassent et qui resteront à jamais ce qu'elles doivent être, un mystère.

« Je crois que le silence de Dieu, Son silence absolu et obstiné, est quelque chose d'affreux et la raison pour laquelle le monde est aussi perdu. » Mais ce jour-là, sur la côte australienne, l'émeu marchant au bord du ressac, le bain de lumière radieuse, le spectre de la mort encore présent... tout cela m'a permis de ressentir comme jamais la présence de Dieu.

Accompagnée de Son silence infini, établi jusqu'à la fin des temps.

Et puis, comme s'il y avait eu un changement d'humeur là-haut, les nuages sont revenus, la lumière s'est faite rare et grise, l'émeu a disparu dans des buissons et une voix m'a tiré de mes pensées :

— Je vous en sers une autre ?

Une cigarette au coin de la bouche, luttant contre une toux de fumeur invétéré, le barman a allumé sa sono et le fracas d'un groupe de heavy metal a fait voler en éclats le calme rêveur du matin. Retour à la terre ferme. J'ai accepté son offre d'un hochement de tête. Prenant le verre embué, j'ai regardé la pâleur dorée de la Cooper's, j'ai bu une gorgée et j'ai dit tout haut :

— C'est sans doute la meilleure bière de ma vie.

Le barman m'a observé d'un œil intrigué, me jugeant sans doute bon pour l'asile.

— Hé, c'est juste une bière, mon pote !

À quoi je me suis contenté de répondre :

— C'est une façon de voir les choses.

6

Pourquoi le pardon est-il (hélas !) l'unique solution ?

« Quel est votre plus ancien souvenir ? » Nombre de psychothérapeutes ouvrent une *talking cure*, ou « cure par la parole », par cette question. Tout simplement car la réponse est souvent révélatrice des grandes tendances qui dominent le parcours d'un individu. Ce souvenir n'est pas nécessairement cet incident inaugural gravé depuis l'enfance dans cette partie de notre cerveau où nous consignons les grands événements de notre existence, sa signification et sa portée pouvant n'être révélées que par la suite. J'ai eu une liaison à Paris avec une femme qui m'a avoué un jour que son indéniable ambivalence envers les hommes – votre serviteur y compris – résultait du manque d'attention et des absences répétées de son père durant son enfance. L'image la plus ancienne qu'elle gardait de lui datait du Noël de ses cinq ans : « Je le revois monter en voiture avec une amie de ma mère et me dire que c'était pour aller faire des achats de dernière minute avant la fête. Deux ans après, il quittait la maison pour partir vivre avec cette amie. J'ai alors compris que ce jour-là ce n'étaient pas les courses de Noël qu'ils avaient tous deux en tête... »

Cette confidence faite quelques semaines après le début de notre relation éclairait l'attitude paradoxale qu'elle adoptait vis-à-vis de notre histoire : elle éprouvait le besoin de déclarer son amour éternel tout en cherchant par divers moyens à résister à la passion initiale. « Je pique, je mords, j'attaque, je sais que c'est une mauvaise habitude que j'ai, mais avec toi, ce sera différent parce que tu es l'amour de ma vie », aimait-elle à déclarer. Lorsque nous tombons amoureux, nous sommes tellement enclins à ne voir que ce que nous voulons voir, à n'entendre que ce qui sied à nos oreilles... À ignorer les problèmes pourtant évidents contre lesquels nous ne manquerons pas de buter, comme dans un mur en béton. Mais si j'avais été moins aveuglé par mes propres sentiments, si j'avais prêté plus d'attention à un souvenir aussi significatif, j'aurais sans doute pu discerner plus tôt – et affronter au lieu de l'esquiver – le fait qu'elle était sérieusement tourmentée... et donc potentiellement dangereuse.

Mais y a-t-il plus merveilleux et plus ensorcelant que les deux premiers mois d'une passion, quand le chemin devant soi semble si ouvert, si prometteur ? Jusqu'au matin fatidique où la porte de l'armoire secrète cède, et où tout ce qui a été tu, ou refoulé, vous dégringole dessus. Si vous êtes honnête avec vous-même, vous devez alors admettre que vous aviez en réalité déjà eu plus qu'un aperçu de son contenu. Comme Milan Kundera le note dans

Le Livre du rire et de l'oubli[1], « toute relation amoureuse repose sur des conventions non écrites que ceux qui s'aiment concluent inconsidérément dans les premières semaines de leur amour. Ils sont dans une sorte de rêve, mais en même temps, sans le savoir, ils rédigent, en juristes intraitables, les clauses détaillées de leur contrat ».

Avec quelle justesse Kundera discerne les failles qui déjà apparaissent, les sources de tension et les conflits latents qui sourdent derrière la façade idyllique des premiers instants ! À ceux qui déploreraient ici une trop grande lucidité et un manque de romantisme, je rétorquerais qu'au contraire il célèbre la nécessité de ne pas faire une fixation dès le début sur les réalités psychologiques du nouvel objet de son amour. En d'autres termes : tomber amoureux est facile, le rester est une autre histoire.

Au cours de ces premières semaines enivrantes avec Rachel – appelons-la ainsi –, peu après mon divorce et la fin de ces tractations aussi épuisantes que nécessaires, elle m'a invité à lui confier à mon tour mon souvenir d'enfance le plus marquant. Sans hésiter, je le lui ai raconté.

— C'est un après-midi, j'ai quatre ans. Je vois ma mère assise à la table de notre petite cuisine, en larmes, complètement effondrée. Soudain, elle sent mes yeux effarés posés sur elle et hurle : « Cesse de me regarder comme ça ! » Je me mets à pleurer, alors elle vient s'accroupir à côté de moi, me prend la main et me dit : « Je ne le pensais pas... Mais,

---

1. *Le Livre du rire et de l'oubli*, Milan Kundera (trad. du tchèque par François Kérel, éditions Gallimard, 1979). (*N.d.É.*)

tu vois, je passe juste par un mauvais moment et tu prends tout beaucoup trop à cœur… » Elle n'a pas eu le seul mot qui aurait pu dissiper l'horrible impression laissée par sa réaction : « Pardon. » C'est un mot qu'elle a toujours eu le plus grand mal à prononcer.

— Tu crois que l'effet aurait été différent si elle s'était excusée ? m'a demandé Rachel.

— Le problème, c'est qu'il y a eu plein d'autres moments où elle s'est emportée contre moi sans la moindre raison…

De même qu'elle n'avait pas de scrupules à affirmer que j'étais le fils qui lui donnait le moins de satisfaction et qu'elle ne m'appréciait guère. Des années après cette scène, lors d'un voyage en Irlande et en Grande-Bretagne que mon plus jeune frère et moi lui avions offert pour son soixante-dixième anniversaire, elle déclarerait à celle qui était encore ma belle-mère, dans le salon de son pavillon de banlieue à Cork : « Douglas n'a jamais été mon préféré. Je ne peux pas dire que j'ai eu énormément d'affection pour lui. » Curieusement, quand ma belle-mère, assez estomaquée, a rapporté ces paroles à ma femme, cet aveu m'a laissé plutôt indifférent : cela ne faisait que confirmer ce que j'avais ressenti dès le plus jeune âge. Et, à dire vrai, la réticence était réciproque.

Un jour, toutefois – je devais avoir seize ans – j'ai fini par perdre patience. Le matin d'un examen crucial sur l'histoire de l'Europe au XIXᵉ siècle, je m'étais levé à l'aube pour réviser une dernière fois mes notes sur Bismarck et Chateaubriand – j'étais dans une école plus que sérieuse. Ma mère a fait irruption dans ma chambre au moins cinq fois pour voir où j'en étais, jusqu'à ce que je lui rappelle que je n'étais jamais en retard au Collegiate et la prie de cesser de m'interrompre. Dix minutes plus tard, alors que j'avalais en hâte mon petit déjeuner, elle a surgi dans la cuisine et annoncé :

— Il faut que tu sortes le chien, avant de partir.

— L'examen est à ma première heure de cours, m'man.

— Peu importe. Rusty doit sortir maintenant.

— C'est un exam très important pour mon année.

— Il faut que tu promènes le chien !

— Tu peux t'en charger aujourd'hui ? S'il te plaît...

— Fais ce que je dis.

— Je dois y être dans moins d'une heure, maman.

Brusquement, elle s'est emparée du livre d'histoire que j'avais ouvert devant moi. Je le lui ai repris des mains. Elle m'a giflé et là, à bout, j'ai attrapé mon verre de jus d'orange et je le lui ai jeté à la figure. S'est ensuivi un silence effaré. Je me suis levé, j'ai pris mes affaires et je me suis précipité vers la porte. Dans mon dos, elle a crié :

— Ton père te tuera, ce soir !

Comme je suis d'un tempérament assez obstiné, j'ai réussi à surmonter la nervosité que cette épouvantable altercation avait déclenchée. L'histoire a toujours été l'une de mes matières préférées, et j'aimais déjà écrire à l'époque et faire des dissertations. Tout s'est donc relativement bien passé. Mais j'ai tout de même appréhendé la réprobation paternelle tout le reste de la journée.

Par chance, j'avais une répétition pour la pièce de théâtre que je mettais en scène au lycée après les cours, et je me suis encore attardé une heure avec un ami. Dans une cafétéria proche du Collegiate,

The Burger Joint, je lui ai raconté ce qui s'était passé le matin et la punition qui m'attendait sans nul doute à mon retour. Tandis qu'il terminait son sandwich au fromage fondu, mon camarade, qui savait que je rêvais de devenir écrivain, a dit avec un sourire : « Eh bien, je suppose que tu mettras tout ça dans un livre, un jour ou l'autre. » Il ne s'est pas trompé.

Dès que je suis rentré, mon père a fondu sur moi, les yeux étincelants de colère, et a sifflé entre ses dents :

— Viens ici, tout de suite !

Ma mère nous a regardés quitter l'appartement avec un hochement de tête approbateur, me lançant un regard où se lisait le plus profond mépris. Mon père n'a rien dit jusqu'à ce que nous soyons dehors, sur le trottoir. Ses traits se sont alors adoucis.

— Je ne vais pas te dire que j'approuve le comportement que tu as eu ce matin, m'a-t-il déclaré, mais je comprends pourquoi tu en es arrivé là. Laisse-moi simplement te prévenir : si tu recommences, tu seras dans de sales draps.

— Alors, dis-lui d'arrêter d'entrer dans ma chambre sans frapper. Dis-lui que je suis vraiment sous pression et que j'aimerais qu'elle me laisse en paix.

— Tu sais pertinemment qu'elle ne fera jamais ça. Elle ne respecte l'espace de personne, ni le tien, ni le mien, ni celui de quiconque. Elle est tout bonnement impossible, mais bon, dans neuf mois tu seras parti à l'université, pense à ça et garde ton sang-froid.

— Je ne comprends pas pourquoi tu supportes tout ça.

— Parce que je ne veux pas te laisser seul avec elle.

À l'époque, je lui étais sincèrement reconnaissant de ce sacrifice, même si je me doutais que la réalité était un peu plus compliquée que ce qu'il prétendait, et que d'autres raisons plus ou moins troubles faisaient qu'il ne pouvait pas la quitter.

Plus tard ce même soir, alors que j'étais dans ma chambre en train d'écouter du jazz sur mon petit transistor, j'ai entendu mes parents se disputer.

— Alors comme ça, tu t'es contenté d'une petite mise en garde ? vociférait ma mère d'un ton indigné.

— Franchement, je ne peux pas lui reprocher d'avoir réagi de cette façon. Laisse-le un peu respirer.

— Mais je ne l'aime pas ! Je ne l'aime pas, c'est tout.

Il se trouve que j'ai eu une excellente note à cet examen d'histoire. Suivant le conseil paternel, j'ai pris mon mal en patience jusqu'à ce que la rentrée universitaire arrive et que je puisse mettre la plus grande distance possible entre ma mère et moi. Ce détachement n'a pas été facile. Comme je l'ai compris par la suite, le plus dur, quand on a un père ou une mère insupportable, c'est que l'on a tendance à se sentir responsable de ce mécontentement permanent. Et puis je conservais le vain espoir que, à chaque période de vacances, le retour à la maison familiale se passerait enfin agréablement, même si au fond de moi je savais que c'était comme un rocher de Sisyphe que je m'épuisais à pousser encore et encore.

Retournons à ce jour de 1998 où celle qui était encore mon épouse m'a fait part de la consternation de sa mère en entendant la mienne lui affirmer : « Douglas n'a jamais été mon préféré. Je ne peux pas dire que j'ai eu énormément d'affection pour lui. » Je me rappelle que ma colère et ma tristesse ont vite fait place à la résignation : « À quoi bon, tout cela est complètement futile. »

Deux années ont encore passé et une crise familiale ayant pour origine un investissement financier a éclaté, atteignant vite des proportions pénibles. Parce que j'avais, malencontreusement, choisi de jouer les Salomon dans la controverse, mon père m'a fait savoir ceci : « Je serai celui qui décide qui a tort et qui a raison dans cette affaire, et tu auras intérêt à respecter ma décision. » Les faits, empiriques et juridiques, plaidaient en ma faveur, je suis donc resté ferme sur ma position, ce qui l'a plongé dans une fureur extrême et l'a conduit à se lancer dans l'un des jeux les plus dangereux qui soient, celui du chantage affectif : « Tu fais ce que je te dis ou je ne t'adresse plus jamais la parole. »

Or mieux vaut ne pas essayer de m'entraîner sur ce terrain miné. Je suis par nature obstiné, je l'ai dit, et quand on essaie de m'intimider, je suis plus déterminé que jamais. J'ai adressé à mon père un email lui signifiant que si la partie adverse réussissait à prouver qu'elle avait effectivement dépensé l'argent que soi-disant je lui devais dans un investissement qualifié par mon comptable de « douteux » – pour rester poli –, je serais heureux de la rembourser, mais que dans le cas contraire je ne débourserais pas un seul dollar. Quant à lui, s'il voulait me tourner le dos pour cette raison, il était libre d'agir ainsi. Acculé par l'ultimatum injustifié qu'il avait lui-même conçu, mon père m'a dès ce moment rayé de son existence. Ma mère aussi, ce qui, hélas, ne m'a guère surpris.

Quelques mois après, elle m'a pourtant téléphoné.

À l'autre bout du fil, outre-Atlantique, elle m'a demandé nerveusement, sans préambule :

— Pourrais-tu m'avancer vingt-cinq mille dollars ?

— Pourquoi as-tu besoin de cette somme ?

— Pour une prothèse de la hanche.

— Mais enfin, tu as une assurance maladie ! Ne me dis pas qu'elle ne prend pas en charge une opération pareille !

Devant son silence, j'ai poursuivi :

— Je sais que quelqu'un que nous connaissons très bien tous les deux a précisément besoin de vingt-cinq mille dollars, que lui réclame un créancier…

Je tenais cette information de l'avocat de l'individu en question, qui venait de recevoir un chèque en bois de dix mille dollars pour ses services et n'était donc pas dans les meilleures dispositions à l'égard de son client. Un nouveau silence s'est installé, que ma mère a rompu d'un ton glacial :

— Bon, tu sais que je ne t'ai jamais beaucoup aimé.

— Tu me l'as déjà fait amplement comprendre, en effet, ai-je répliqué avant de raccrocher.

Comme on peut l'imaginer, cet échange ne m'a pas particulièrement ravi. J'étais atterré par mon incapacité à la faire changer d'opinion, et je ne voyais pas d'issue à cette situation impossible. Comme il était préférable d'en prendre mon parti plutôt que d'espérer quelque chose qui n'arriverait jamais, j'ai laissé le fossé se creuser encore plus. Ma mère, de son côté, ne s'est plus manifestée, son silence confirmant ce que je savais depuis longtemps : plus rien ne nous liait désormais, et son dernier appel n'avait de toute évidence été motivé que par des raisons financières.

Au cours des années suivantes, j'ai tenté une fois

de me rapprocher de mon père, un de ses vieux amis m'ayant glissé que sa décision de couper les ponts avec moi le tourmentait. Je lui ai proposé de tourner cette triste page et de repartir sur de nouvelles bases. Sa réponse a été catégorique : ou je payais la somme toujours controversée, ou je n'entendrais plus parler de lui. Quand je lui ai dit que mon avocat et mon comptable avaient tous deux estimé à l'époque que j'étais la victime potentielle d'un montage frauduleux, que je restais néanmoins disposé à passer l'éponge, que la vie était courte et que nous n'avions plus de temps à perdre, ni l'un ni l'autre, il s'est contenté de me répondre : « Va te faire foutre. » Dommage pour le rameau d'olivier…

Lors d'un déjeuner à Londres, j'ai relaté à l'ami de mon père ce qu'avait donné ma tentative de réconciliation. Il a secoué tristement la tête, avant de commenter : « C'est exactement la raison pour laquelle sa carrière professionnelle s'est terminée en fiasco. Il est toujours persuadé qu'il est le seul à détenir la vérité, et préfère s'obstiner plutôt que d'admettre son erreur. Je suis désolé pour vous. » Je n'ai pu qu'approuver. J'ai ajouté que son chantage affectif était une preuve supplémentaire de ce travers, mais que je refusais désormais d'y céder pour regagner une hypothétique estime paternelle : « Je ne fermerai jamais complètement la porte, ai-je expliqué à cet homme plein de bonne volonté, mais puisque je n'ai pas pu négocier un armistice, je lui laisse la responsabilité de réparer les choses. » Mes parents se sont murés dans leur silence, et, si consternant que cela puisse sembler, je me suis dit que c'était mieux ainsi.

Et puis, brusquement, un matin de mai 2010,

le téléphone a sonné dans ma maison du Maine. J'ai reconnu sur-le-champ la voix de mon père. Je l'ai trouvée vieillie – neuf années s'étaient écoulées depuis qu'il m'avait repoussé dans les termes que j'ai rapportés –, hésitante aussi.

— À quoi dois-je cet honneur ? ai-je demandé après son : « C'est toi ? »

— Alors, où es-tu passé ?

— Étant sur liste rouge, tu as dû obtenir mon numéro par l'intermédiaire de je ne sais qui. Tu dois donc savoir que je vis maintenant dans le Maine.

— Et tu as divorcé, n'est-ce pas ?

— Allons, tu as vu mon ex-femme l'an dernier… Vous avez même eu les enfants chez vous pendant une semaine.

— Comment le sais-tu ?

— Je le sais, c'est tout. Comme je sais que tu leur as conseillé de ne pas me dire qu'ils avaient passé un moment avec leurs grands-parents paternels. Alors que je ne les ai jamais empêchés de vous voir.

— Dans ce cas, pourquoi ne m'as-tu jamais appelé pendant tout ce temps ?

La stupéfaction m'a cloué le bec un moment.

— Tu ne peux pas parler sérieusement, là ! C'est toi, papa, c'est toi qui as coupé les ponts pour m'obliger à céder à ton ultimatum et à payer quelqu'un qui a ouvertement cherché à me berner.

Silence. Finalement, il a concédé :

— D'accord, je suis un peu buté, parfois.

— C'est une façon de voir les choses.

Il s'est tu de nouveau, avant d'ajouter :

— Enfin, je suis content de t'entendre. Combien de fois t'es-tu remarié, depuis ?

Était-ce une provocation de plus, ou la manifestation d'un état de sénilité avancée ? Je me suis efforcé de garder mon calme.

— Juste une fois, papa.

— On m'a dit que tu étais un écrivain à succès, maintenant. C'est vrai ?

— Je ne me considère pas comme ça, mais oui, j'ai pas mal de lecteurs ici et là.

— Ouais...

Il a hésité quelques secondes.

— OK, je vais aller droit au but : il faut que je me sépare de ta mère.

Comme je n'ai rien dit, il a continué :

— Vois-tu, je n'ai plus tellement de temps devant moi. J'aurais dû partir, j'aurais dû la laisser il y a des années. Et maintenant...

J'ai senti qu'il essayait de contenir son émotion. Il y est parvenu.

— Et maintenant, je te pose la question : est-ce que tu m'achèterais une maison dans le Maine ?

Pour la deuxième fois depuis le début de cette conversation matinale, je suis resté bouche bée.

— Je sais que c'est beaucoup demander, a-t-il repris. Mais il faut vraiment que j'échappe aux griffes de ta mère pendant qu'il est encore temps.

Je lui ai alors rappelé qu'il avait pris parti contre moi dans une dispute où il aurait dû rester neutre, pour le moins, que toutes les démarches juridiques avaient établi mon droit à refuser cette tentative d'extorsion de fonds, que toutes les fois où je lui avais tendu la main il l'avait repoussée brutalement...

— OK, que veux-tu que je te dise, alors ? m'a-t-il coupé d'un ton irrité.

— Je n'attends rien de toi.

— Mais tu recommences à me casser les burnes avec tes...

— Non, je te rappelle simplement pourquoi nous en sommes arrivés là, toi et moi.

— Et donc, tu veux quoi ? Des excuses ?

— Je n'ai rien dit de pareil.

Fidèle à lui-même, considérant une fois de plus que demander pardon était une preuve de faiblesse impardonnable, il s'est tu un long moment.

— Neuf ans, a-t-il fini par dire.

— En effet. Neuf ans.

— Qu'est-ce que je peux dire ? Tu... Tu m'as manqué.

— Oui. Et après m'avoir répété que tu ne m'adresserais plus la parole si je ne cédais pas à ton diktat, tu réapparais aujourd'hui pour me demander de t'acheter une maison.

Encore un silence.

— Eh bien... tu peux y réfléchir, au moins ?

— Bien sûr. J'y réfléchirai.

L'échange s'est terminé là. J'ai jeté un coup d'œil à ma montre : 10 heures du matin et quelques. Je suis descendu me verser deux doigts de whisky, que j'ai avalés d'un trait. Il est rare que je m'accorde un verre avant la tombée de la nuit, mais il y a des moments dans la vie où le réconfort d'un peu d'alcool est nécessaire. Et c'était l'un de ces moments. Ensuite, suivant la discipline que je me fixe toujours quand j'ai été contrarié ou déstabilisé, je me suis obligé à regagner ma table de travail et à reprendre le roman que j'écrivais alors.

La semaine suivante, ma mère a laissé plusieurs

messages sur mon répondeur, me demandant de la rappeler. Je n'ai pas cédé. Les mots impitoyables qu'elle avait eus envers moi durant notre dernier coup de fil étaient toujours là, trop cuisants. Neuf années avaient passé sans que je revoie mes parents. Ils étaient âgés, bientôt il serait trop tard. Peut-être devais-je surmonter la peine et la colère ? Que se passerait-il, si je les revoyais ? Quand ma mère a de nouveau appelé, j'ai décroché et je lui ai dit que je devais me rendre à New York le mardi suivant : peut-être pouvais-je passer chez eux le lendemain, vers 16 heures ?

— Ah, mais c'est que... j'ai un rendez-vous, à cette heure-là.

À quatre-vingt-trois ans, ma mère continuait le même petit jeu cruel : « Approche encore un peu, que je puisse mieux te rejeter. »

— Dans ce cas, tant pis, ai-je répondu avant de raccrocher.

Trente secondes plus tard, le téléphone sonnait de nouveau.

— Ce rendez-vous n'est pas si important que ça, donc disons 16 heures, mercredi. Tu connais notre nouvelle adresse ?

— Dans la mesure où vous m'avez ignoré pendant neuf ans, non, je ne la connais pas.

Après me l'avoir dictée, elle m'a annoncé que mon père, qui était dans leur chambre, souhaitait me dire un mot. Elle a crié son nom, il a décroché l'autre téléphone et j'ai perçu le déclic indiquant que ma mère avait reposé le combiné dans le salon.

— Ravi de t'entendre, a-t-il dit d'un ton débonnaire. Alors, tu as pensé à ce que je t'ai demandé ?

— Oui.

— Et ?

— On en parlera dans quelques jours.

— Je veux avoir un « oui » clair et net de ta part.

— Je ne dis pas non, mais tout de même, après neuf ans...

— Je sais, je sais, je suis têtu.

— Écoute, papa, tout ça ne peut pas se régler avec juste un ou deux coups de fil...

— Tu veux des excuses ? OK, donc... pardon. Bon, maintenant, tu me l'achètes, cette maison ?

— Je... À mercredi.

J'ai vu la date approcher avec appréhension. Dans toute famille désunie subsiste toujours un étrange espoir, celui que des retrouvailles après une longue séparation amèneront finalement la concorde : comme si toutes les pathologies, tous les ressentiments les plus profonds pouvaient miraculeusement faire place à l'affection, dans un dénouement hollywoodien où tous se tomberaient dans les bras et verseraient des larmes de soulagement plus encore que de repentir. Nous n'ignorons pas que c'est le plus souvent une chimère et pourtant nous nous y accrochons, comme moi cet après-midi-là lorsque je suis descendu du taxi devant l'immeuble de Battery Park City de mes parents.

Je savais qu'ils avaient déménagé plusieurs années auparavant, quand ils avaient décidé de vendre l'appartement familial situé dans un quartier bien plus coté de Manhattan et de vivre des intérêts rapportés par ce capital. En entrant chez eux, j'ai été frappé par deux choses : le contraste entre leurs meubles anciens et cet espace moderne et banal, et l'attitude de ma mère, qui semblait résolue à se comporter comme si notre séparation n'avait duré que quinze jours. Malgré son âge, elle restait la même boule de nerfs, sans cesse en mouvement, craignant peut-être d'être obligée de regarder la réalité en face si elle restait immobile un moment.

— Alors tu as fait une lecture à Barnes and Noble, hier soir ! s'est-elle exclamée. J'y serais volontiers allée, mais je suis tellement occupée, tellement…

Je n'ai rien dit.

— J'ai toujours l'intention de lire ton dernier roman, mais je n'ai pas une minute, tu comprends ?

Aucun commentaire de ma part.

— Enfin, je suis bien contente que tu aies trouvé le temps de venir nous voir.

— Merci, maman.

Elle n'a pas capté l'ironie de cette remarque et nous avons été interrompus par l'entrée de mon père. Lui, cette présence intimidante qui pouvait me terroriser et me rassurer tour à tour, qui semblait toujours me dominer de son mètre quatre-vingt-dix même quand j'avais atteint presque la même taille, cette personnalité si complexe où l'éternel petit garçon apeuré côtoyait le macho despotique, cet homme imposant qui avait délibérément renoncé à la liberté dont il avait tellement soif, se déplaçait maintenant avec des cannes. Plus encore que vieilli, il semblait s'être tassé, recroquevillé.

— Debout ! a-t-il lancé d'un ton impérieux qui démentait l'impression de décrépitude. En un réflexe pavlovien je me suis aussitôt levé, étonné de constater à quel point la voix de l'autorité continuait à résonner en moi.

Il m'a jaugé du regard.

— Tu as grandi.

Il n'y avait pas d'admiration paternelle dans ce constat, pas de fierté, seulement de la colère. Était-ce parce que je n'avais pas immédiatement accepté de lui acheter une propriété dans le Maine ? En même temps, cette affirmation, alors que ma croissance s'était naturellement arrêtée quelque trente-cinq ans plus tôt, m'a amené à me demander une fois encore s'il n'avait pas commencé à sombrer dans la démence sénile.

C'est ma mère qui s'est chargée d'animer la conversation. Elle paraissait être très au courant des faits et gestes de mes enfants, et avoir suivi de près ma carrière, mentionnant les films qui avaient été tirés de mes livres. Sa loquacité masquait comme toujours un profond malaise, tandis que mon père se taisait tout en s'agitant dans son fauteuil. J'ai perçu sa fureur au tic qu'il avait toujours dans ce cas-là : il se massait le front avec insistance. Cherchant à le sortir de son mutisme rageur, je l'ai interrogé :

— Et toi, comment vas-tu, papa ?

Là, il a explosé :

— Mettons les choses au clair, d'accord ? Tu m'insupportes. Compris ? Tu me fatigues. Neuf ans. Neuf ans, bordel ! Et pas une seule fois tu n'as daigné téléphoner !

— C'est faux, et tu le sais très bien, ai-je répliqué aussi calmement que possible.

— Ne viens pas me dire ce qui est faux ou pas, merde ! Neuf ans, oui ! Et non, je ne t'aime pas !

Je me suis levé. L'attrapant fermement par une main, je l'ai obligé à se mettre debout pour que nous nous regardions bien en face. Dans ses yeux, j'ai discerné de la peur. Je n'ai eu qu'un mot, avec l'intuition que c'était le tout dernier que je lui adressais.

— Adieu.

Et je me suis dirigé vers la porte. Ma mère m'a couru après, me rejoignant sur le palier.

— Il ne le pensait pas, il ne le pensait pas ! s'est-elle écriée.

Je me suis retourné vers elle et, d'une voix posée qui m'a moi-même étonné, je lui ai répondu :

— Si, c'est ce qu'il pense.

— Il n'est pas bien…

— Je le sais.

— Mais il t'aime vraiment !

— C'est pour ça qu'il ne m'a jamais fait signe en neuf ans.

— C'est qu'il… il a été blessé. Tu nous as abandonnés, lui et moi.

— Tu plaisantes ? La seule fois où tu m'as appelé, c'est parce que tu voulais m'emprunter vingt-cinq mille dollars.

Elle a pris la mine boudeuse d'une petite fille contrariée – sa parade habituelle quand elle se sentait au pied du mur.

— Eh bien, tu aurais pu me téléphoner, toi !

— Après t'avoir entendue me dire que tu ne m'as jamais aimé ?

Elle a pâli.

— Je n'ai jamais dit ça !

— Si. Et plus d'une fois.

— Tu aurais pu m'appeler, a-t-elle répété, à court d'arguments.

— Je m'en vais, maintenant.

— Tu peux me donner cinq mille dollars ?

— Comme ça ? Après ton silence pendant toutes ces années ?

— Tu pouvais téléphoner ! a-t-elle de nouveau répété, cette fois dans un glapissement.

J'ai inspiré profondément pour me contenir.

— Voilà. Si tu voulais me voir aujourd'hui, c'était en fait uniquement pour me demander de l'argent.

Elle a tressailli, cherchant une réplique tout en reprenant son air boudeur.

— Tu... Tu devrais te rappeler que je t'ai porté pendant neuf mois !

Je l'ai dévisagée comme si j'avais affaire à une démente.

— J'ai bien entendu ce que tu viens de dire ?

— Tu n'as jamais été un bon fils !

— Pense ce que tu veux.

La porte de l'ascenseur a coulissé.

— Ne t'en va pas, a-t-elle soudain ajouté. Reviens, je ferai en sorte que ton père te présente ses excuses.

— Je n'en ai plus besoin.

Elle m'a saisi par le bras. Les traits déformés par la honte, elle a balbutié :

— Je... Je t'aime, tu sais...

— C'est ça.

Je suis entré dans la cabine. Derrière la porte qui se refermait lentement, la même phrase, répétée en boucle :

— Tu aurais pu m'appeler...

Quand l'ascenseur a entamé sa descente, j'ai eu l'impression que je tombais en chute libre. Dans la rue, j'ai machinalement levé le bras pour arrêter un taxi. J'ai prié le chauffeur de m'attendre devant mon hôtel pendant que je reprenais ma valise, puis nous avons gagné l'aéroport où je devais prendre le vol de nuit pour Londres. Mon désespoir était indescriptible.

Au choc provoqué par le brusque accès de rage de mon père s'ajoutait la désolation devant l'infantilisme de ma mère, qui refusait obstinément d'accepter la moindre responsabilité, comme toujours.

Une remarque de ma chère tante Belle m'est revenue en mémoire. Je devais avoir vingt-cinq ou vingt-six ans, je venais de passer encore un Noël désastreux chez mes parents. Ma mère s'était plainte, comme d'habitude, du surcroît de travail que ces réunions de famille lui imposaient, alors que c'était elle qui insistait toujours pour que nous passions les fêtes chez eux, et elle m'avait ensuite lancé : « Personne n'a de considération pour moi, à commencer par toi ! » Alors que je rapportais ces mots à Belle pendant un déjeuner, elle avait levé les yeux au ciel et m'avait dit : « Ça fait soixante ans que je regarde ta mère agir et j'en suis arrivée à deux conclusions. Premièrement, elle tient tout le monde pour responsable de sa vie qu'elle déteste, tout le monde sauf elle ; deuxièmement, elle se comporte toujours comme une petite fille gâtée. »

Comme Belle m'a manqué durant ces heures solitaires, sur la route de l'aéroport, puis à l'enregistrement, puis dans le salon d'attente où un double whisky n'a pas suffi à effacer la pénible impression que m'avait laissée cette scène horrible chez mes parents ! J'ai toutefois réussi à ne pas me laisser submerger par l'émotion. Je me répétais : Plus tu rechercheras l'approbation de gens qui n'ont que faire de ton bien-être, ces gens tellement enfermés dans leur égocentrisme que l'amour n'est pour eux qu'une carotte que l'on tend et que l'on retire, plus tu t'exposeras à la déprimante réalité que rien, absolument rien ne peut changer.

L'embarquement a commencé. Une fois à bord, j'ai prévenu l'hôtesse que je ne désirais pas dîner et je me suis effondré dans mon siège, terrassé par les émotions de cette journée ainsi que par les deux somnifères que je venais d'avaler. À mon réveil, cinq heures plus tard, nous n'étions plus qu'à quarante-cinq minutes de Londres. J'ai titubé jusqu'aux toilettes pour m'asperger le visage d'eau. En me passant un peigne dans les cheveux, j'ai surpris mes traits hagards dans la glace, tandis qu'une pensée se formait et s'imposait dans mon esprit. Si je continuais à éprouver de la colère envers mes parents, je ne retirerais rien d'autre que cela : encore de la colère, toujours plus toxique et destructrice.

Un verset du *Gloria Patri*, l'hymne que nous entonnions à la chapelle du Collegiate chaque lundi matin – je vous l'ai dit : cet établissement était ultratraditionaliste – a résonné en moi : « Comme il était au commencement, maintenant et toujours… » Ou, pour le dire de façon moins solennelle : avec eux, ce serait toujours pareil, le scénario resterait immuable, et il n'y avait donc plus rien à tenter. Si, il y avait une seule chose qui restait possible : leur pardonner.

C'est ce que j'ai fait, là, dans cet espace confiné des toilettes d'un avion de ligne, encore hagard après avoir mal dormi, en proie au décalage horaire. Pardonner pour me libérer enfin de toute cette colère et de toute cette frustration accumulées depuis trop longtemps. J'aimerais pouvoir dire qu'une clarté céleste a alors envahi mon cerveau embrumé, ou qu'une immense paix intérieure a gagné ma conscience, désormais pleine de bienveillance. Si j'ai eu une révélation, elle était beaucoup plus prosaïque que cela, et cependant vitale : me libérer de la fureur que m'avaient inspirée mes parents, c'était retrouver mon intégrité, mettre fin aux émotions négatives qui me minaient, et la condition de cette libération était le pardon.

J'ai entendu qu'on frappait à la porte des toilettes, puis une voix peu amène a demandé : « Vous comptez rester là toute la journée ? » Retour à la terre ferme… même si nous étions encore à trente-cinq mille pieds au-dessus du sol. « Une minute, s'il vous plaît. » Je me suis à nouveau observé dans la glace en me disant : Tu as cinquante-cinq ans et il t'a fallu tout ce temps pour comprendre l'un des principes les plus évidents de l'existence : c'est d'abord dans son propre intérêt que l'on pardonne.

À la fin des *Noces de Figaro*, l'un de mes opéras préférés, il y a un passage magnifique où la comtesse, confrontée aux multiples mensonges et trahisons de son mari, entend celui-ci la supplier de lui pardonner. Dans l'un de ces brillantissimes stratagèmes dont l'auteur du livret, Lorenzo da Ponte, est expert, la comtesse s'est déguisée en Susanna, la soubrette que le comte poursuit de ses assiduités et sur laquelle il croit posséder un aristocratique droit de cuissage. Alors qu'il pensait avoir séduit la femme de chambre, il s'aperçoit qu'il est en réalité dans les bras de son épouse légitime. Sa confusion est extrême, lui qui a auparavant refusé son pardon à Figaro et à Susanna, elle-même se faisant passer pour la comtesse, dans un accès d'amour-propre machiste. Bourrelé de remords, il s'agenouille devant sa femme et plaide l'indulgence. Le génie exceptionnel de Mozart, capable de passer des nuances les plus sombres à la luminosité la plus vive en l'espace d'une seule phrase musicale, est ici époustouflant. Les cordes et les cuivres atteignent un lyrisme éthéré, presque divin, quand la comtesse, blessée dans son amour-propre mais farouchement résolue à ne pas s'abaisser au lamentable niveau de son mari, lui chante : « *Piu docile io sono, e dico di si.* » (« Je suis plus clémente que vous, et je dis oui. »)

Quelque chose dans ces lignes musicales s'apparente à la béatitude, comme si Mozart nous disait ici que le pardon est la plus grande preuve de générosité et d'humanité qui soit – c'est en effet le cas, à plus d'un titre. J'ai dû voir une bonne dizaine de représentations des *Noces*, mais je suis toujours impressionné par cette scène finale. En choisissant la mansuétude, la comtesse ne répare pas le tort qui lui a été fait, la blessure qui lui a été infligée ne disparaît pas, mais le génie dramaturgique de da Ponte, ainsi que les sublimes accents de la composition de Mozart, est de nous faire comprendre que son besoin de pardonner répond aussi au désir de trouver la paix en elle-même. Comme cela devrait toujours l'être, c'est d'abord et surtout pour elle, dans son propre intérêt, qu'elle fait preuve de miséricorde. Elle est à ce titre la personnification du bel adage que Mark Twain formulera quelque cent ans après la première des *Noces* à Vienne : « Le pardon est le parfum que la violette répand sur le talon qui l'a écrasée. »

Indubitablement, il est aussi l'une des grandes exigences de l'existence, et c'est pourquoi toutes les grandes religions offrent maints enseignements à ce propos. Retenons par exemple l'infinie sagesse du commentaire talmudique de la Torah : « Il est interdit de renoncer à sa dignité en refusant d'être apaisé. Au contraire, on doit accéder facilement à l'apaisement et difficilement se mettre en colère. Quand celui qui a offensé demande pardon, il faut le lui accorder avec un esprit sincère et sans réticence. »

Le Nouveau Testament, pour sa part, abonde en paraboles sur le même sujet. Le Sermon sur la montagne, notamment, est avant tout une longue réflexion sur le thème de la miséricorde, avec ce passage de l'Évangile selon saint Luc si souvent cité : « Mais je vous dis, à vous qui m'écoutez : aimez vos ennemis, faites du bien à ceux qui vous détestent, bénissez ceux qui vous maudissent, priez pour ceux qui vous maltraitent. Si quelqu'un te frappe sur une joue, présente-lui l'autre. »

Il n'est pas étonnant que le bouddhisme considère lui aussi le ressentiment et la détestation obstinée comme une plaie spirituelle qui finit par infecter ceux qui cèdent à leurs attraits empoisonnés. Refuser le pardon est mauvais pour votre karma, le personnage réellement tragique du récit étant l'abuseur, non l'abusé. C'est ce que proclame explicitement le *Dhammapada*, les « paroles de vérité » de l'enseignement bouddhiste : « "Il m'a vilipendé, il m'a maltraité, il m'a vaincu, il m'a volé" : chez ceux qui accueillent de telles pensées, la haine ne s'éteint jamais. "Il m'a vilipendé, il m'a maltraité, il m'a vaincu, il m'a volé" : chez ceux qui n'accueillent jamais de telles pensées, la haine s'apaise. »

Mais la réflexion la plus parlante pour nous aujourd'hui vient sans doute de saint Augustin, l'un des précurseurs de l'existentialisme moderne avec Montaigne, plusieurs siècles après lui : « Le pardon est la réparation des péchés car c'est par lui que ce qui a été perdu, et retrouvé, est épargné d'être à nouveau perdu. »

Ajoutons à cela les multiples études médicales et psychologiques contemporaines, qui tendent à prouver par l'observation clinique que la capacité de pardonner, de dépasser la rancœur et les dommages infligés par autrui permet de parvenir à un équilibre essentiel au bien-être de l'individu. En éprouvant de la compassion envers les autres, en particulier ceux qui nous ont fait du tort, nous pouvons plus facilement nous « détendre » face aux angoisses qui nous assaillent. Autrement dit : pardonner, c'est bon pour le moral.

Toutefois – est-il besoin de le dire ? –, c'est aussi fichtrement difficile…

Sommes-nous seulement capables de surmonter pour de bon un tort monstrueux qui nous a été fait, même si ce n'était pas délibéré ? L'un de mes plus grands amis de ces dernières années, que j'appellerai ici Kenneth, est un collectionneur et vendeur de livres rares – il en reste quelques-uns de cette espèce – qui habite une charmante maison de campagne sur les bords du lac Champlain, non loin de Burlington, dans le Vermont. La soixantaine bien portante, Kenneth est l'un des rares républicains de la vieille école au milieu de cet État résolument progressiste, c'est-à-dire qu'il est partisan de la modération dans les dépenses publiques, sans pour autant nier la nécessité des multiples programmes sociaux. Et sa connaissance des éditions rares est sans limites.

Je l'ai rencontré lors d'une conférence que j'avais été invité à donner au festival du livre de Burlington. Il m'avait convié chez lui pour que je fasse la connaissance de la femme qui partageait son existence depuis une dizaine d'années, Sara, une vraie dame de Nouvelle-Angleterre, réservée mais affable, visiblement heureuse d'avoir rencontré quelqu'un d'aussi stable et fiable que Kenneth après un long et houleux mariage. Lui-même étant passé par deux unions problématiques, il était très conscient de la chance qu'ils avaient eue de se rencontrer et de trouver l'harmonie à un âge où il n'est pas si facile de recommencer une vie sentimentale.

Par la suite, je me suis souvent arrêté dans leur accueillant foyer – chaque fois que je me rendais du Maine à Montréal, où vivait alors ma nouvelle compagne. Quand ils m'invitaient à dîner, je passais la nuit dans leur chambre d'amis avant de reprendre la route du Canada. Tandis que Sara se retirait généralement assez tôt – à soixante-trois ans, elle continuait à enseigner l'histoire dans un lycée de Burlington et se levait tous les matins à 5 heures afin de préparer ses cours –, Kenneth, qui préparait un martini gin mémorable et possédait une cave à vins remarquable, aimait s'attarder avec moi (23 heures étant presque une heure indue, dans ce contexte bucolique) pour parler, savourer l'un de ses crus et parler encore.

À mesure que la confiance grandissait entre nous, nous avons commencé à échanger des confidences sur nos déboires conjugaux. Je savais déjà tout sur le compte de sa deuxième épouse, Florence, éleveuse de chiens de race ultra-élitiste et conservatrice qui avait mis fin à leurs dix ans de vie commune le jour où elle avait décidé que, bien que précieux quand il s'agissait des premières éditions d'Emily Dickinson et de James Fenimore Cooper, Kenneth n'avait pas atteint un statut social suffisamment élevé. Quelques années plus tard, elle lui avait téléphoné : séparée du banquier pilier de country-club pour qui elle l'avait quitté, elle était désormais en proie à la solitude et regrettait de l'avoir jeté. Vrai gentleman, Kenneth avait fait posément remarquer qu'il avait refait sa vie avec une autre femme, ce qu'elle était loin d'ignorer, qu'il n'éprouvait pas d'amertume, qu'il lui souhaitait tout le bien possible mais que, non, il ne pensait pas que se revoir serait une bonne chose.

— À ce moment, elle est devenue très agressive, m'a-t-il raconté, et elle m'a sommé de lui dire si je la détestais. J'ai été tenté de lui sortir la fameuse réplique de *Casablanca*, quand le personnage incarné par Peter Lorre pose cette même question à Humphrey Bogart, qui lui rétorque : « Si je pensais à toi assez longtemps, probablement que oui. » À la place, je lui ai dit tranquillement que le fait qu'elle m'ait quitté était sans aucun doute la meilleure chose qui ait pu m'arriver. Notamment parce que j'avais trouvé le vrai bonheur avec quelqu'un d'autre. Je ne prétends pas que je n'ai pas été en colère lorsqu'elle m'a laissé tomber pour ce golfeur de Wall Street, dont elle s'imaginait qu'il serait la solution à tous ses problèmes. Parmi lesquels figurait le fait que je ne gagnais pas le quart de la moitié de ce que se faisait ce spéculateur snobinard… Mais, avec le recul, je suis franchement heureux qu'elle soit partie. Nous n'étions pas faits l'un pour l'autre, et le plus drôle, c'est que nous le pressentions depuis le début, mais, comme la plupart des gens, nous avions préféré ne pas admettre notre erreur. »

Sur sa première épouse, Miriam, il se montrait beaucoup moins disert. Il s'était borné à me dire que leur mariage, qui n'avait duré que quatre ans, était un « mauvais souvenir » et que depuis leur séparation il n'avait plus eu aucun contact avec elle. Au ton sur lequel il avait fait ces remarques, j'avais compris qu'il ne désirait pas en parler, et que des ombres continuaient à peser sur cette période de son passé.

Un an environ après qu'il m'avait mentionné ce mariage malheureux pour la première fois, j'étais de nouveau chez Kenneth. Nous étions assis sur leur terrasse en bois d'où l'on avait une belle vue du lac. En sirotant mon deuxième martini de la soirée, je me suis fait la réflexion qu'il ne serait pas raisonnable de continuer ma route jusqu'à Montréal, et qu'il vaudrait mieux dormir ici. Sara était allée passer le week-end avec sa fille, qui habitait Providence. Tout en contemplant le soleil qui se couchait derrière les sommets des Adirondacks, j'ai parlé de mon divorce à Kenneth. Je lui ai confié que la façon dont les choses s'étaient passées ainsi que le coût financier et émotionnel que cela avait entraîné continuaient à me remplir de colère.

— D'accord, a-t-il concédé, mais même si c'est ta femme qui a demandé le divorce, tu as décidé d'aller jusqu'au bout, n'est-ce pas ?

— Oui.

— Donc, au lieu de rester dans une situation insatisfaisante, tu as fait le choix, difficile, d'en sortir. D'après de ce que tu m'as raconté, cela a été pénible, coûteux, épuisant, etc. Mais ne crois-tu pas que le moment est venu de lui pardonner ?

— C'est que tout ça a été si brutal et si vicieux, et elle…

J'allais lui déballer par le menu tout ce que mon ex m'avait infligé au cours de ce divorce lorsque Ken m'a arrêté en levant la main. Ce qu'il a dit alors m'a profondément bouleversé. En fait, il a cité Confucius, mais une réflexion qui allait bien au-delà des poncifs habituels : « Subir un tort n'est rien, à moins que l'on ne continue à s'en souvenir. »

Pour démontrer ce que cette sentence avait de pertinent dans la vie réelle, il m'a raconté, en détail cette fois, son premier mariage. Il avait connu Miriam quand il avait vingt-six ans et perfectionnait ses connaissances de collectionneur de livres d'art à Sotheby's, institution new-yorkaise dans laquelle il avait énormément appris… et où il avait compris qu'il n'allait pas rester. Elle était une jeune peintre expressionniste assez talentueuse, qui aimait se vanter de sa vie sexuelle trépidante et s'adonnait à une existence bohème insouciante grâce à la fortune paternelle. Ce fut un coup de foudre qui, comme Kenneth le voyait maintenant, n'aurait pas dû aller plus loin qu'une brève aventure.

— Elle était belle dans le genre hippie filiforme, mais elle était complètement cinglée, et je le savais depuis le départ, de même qu'elle voyait très bien que je n'étais pas l'un de ces artistes torturés auxquels elle était habituée. C'est ce qui m'a attiré au départ, cette rencontre des pôles opposés, comme si nous cherchions mutuellement une compensation à nos limites personnelles. Moi qui étais si raisonnable, organisé, moi qui n'aimais pas le risque, j'étais fasciné par cette femme-enfant qui s'était entichée de moi, qui affichait sa sexualité si ouvertement, qui n'avait peur de rien et qui m'a certainement vu comme un élément stabilisateur dans son existence hors de tout contrôle. Elle aimait mon goût pour la littérature et les livres, tandis que j'adorais ses extravagances, ses emportements, sa passion... Au bout d'environ un an, pourtant, je me suis rendu compte qu'elle jouait à l'artiste décalée plutôt qu'elle ne travaillait réellement à sa peinture, et que ces sautes d'humeur que j'avais d'abord trouvées craquantes révélaient une femme froide et distante. Je restais sous le charme, certes, mais je discernais aussi maintenant une énorme instabilité derrière ses allures bohèmes.

» Et puis il y a eu cette nuit où elle a oublié de mettre son diaphragme. Brusquement, nous nous sommes retrouvés face à la perspective de devenir parents. Étonnamment, ça ne l'a pas effrayée, au contraire : elle m'a dit qu'elle voulait du changement dans sa vie, une nouvelle direction. Elle m'a parlé d'un ami à elle qui avait rénové et réaménagé une grange dans la vallée de l'Hudson, à deux heures de route au nord de New York. Ralph, peintre comme elle et pianiste de jazz à ses heures, ne demandait qu'à nous accueillir là-bas. Miriam m'a convaincu de quitter Sotheby's, de me mettre à mon compte en tant que vendeur de livres rares. À vingt-huit ans, je n'étais pas du tout prêt à aller m'enterrer à la campagne, moi, mais j'aurais tout fait pour lui plaire. Et moi aussi, j'étais surpris de découvrir que l'idée de devenir père me comblait de joie. Peut-être parce que j'avais grandi dans une famille désunie, j'avais envie d'essayer de donner une autre expérience à un enfant, surtout un fils... Quand le médecin nous a confirmé que, effectivement, Miriam attendait un garçon, j'ai pensé que mon rêve se réalisait, j'ai imaginé notre vie dans cette grange immense et mal chauffée, notre fils découvrant la beauté de la nature...

» Mon père, qui était courtier en assurances mais ne m'a jamais poussé dans cette voie, encourageant au contraire mon amour des livres, m'a emmené boire un verre une heure avant la cérémonie de notre mariage à l'hôtel de ville de Rhinebeck, cette bourgade provinciale où nous étions partis vivre. « Tu n'es pas obligé de faire ça, tu sais », m'a-t-il dit. J'étais complètement estomaqué. « Mais enfin, papa, Miriam est enceinte de quatre mois, elle est la femme avec qui je veux faire ma vie et... » Il m'a coupé : « Non, elle est la femme avec laquelle tu t'es convaincu de vouloir faire ta vie. Parce que, au fond de toi, tu penses que tu n'es pas à sa hauteur, qu'elle vaut mieux que toi. Arrête-moi si tu estimes que je me mêle de ce qui ne me regarde pas, mais je te répète qu'il est encore temps de te raviser si tu veux éviter la catastrophe – Mais... et mon fils ? – Tu pourras le voir régulièrement. En réalité, mon petit doigt me dit que cette fille ne sera que trop contente de reporter les responsabilités parentales sur toi. Elle n'est pas du style à rester pouponner à la maison. »

» Je suis sorti du bar en claquant la porte, furieux contre mon père. Mais furieux non parce que je trouvais qu'il disait n'importe quoi : mais bien parce qu'il avait exprimé tout haut des craintes que j'éprouvais déjà. Après notre installation à Rhinebeck, Miriam était devenue encore plus fantasque et s'était mise à boire. Évidemment, dans les années 1970, on ne jugeait pas aussi sévèrement une femme enceinte qui continuait à fumer et à picoler, mais chez elle ça prenait des proportions alarmantes. Elle nous avait entraînés au fin fond de nulle part sous prétexte que ça lui permettrait de mieux travailler, mais elle ne peignait presque plus. En fait, elle avait la nostalgie de Manhattan, des petits restaus du Village, des clubs de jazz, de tout ce que nous n'avions évidemment pas à Rhinebeck. Et elle partait des heures et des heures marcher dans la campagne, seule.

» Moi, j'avais monté une petite librairie au village et je ne me débrouillais pas trop mal, à vrai dire. C'était bien avant Internet, et même le fax, alors je devais me rendre souvent à Boston ou à New York en voiture pour rencontrer des collectionneurs et des fournisseurs. Les mois ont passé, les affaires marchaient bien et je me suis dit que nous pourrions bientôt nous acheter une maison…

» Un soir, environ quatre semaines avant la date prévue de l'accouchement, Miriam, qui sur mes injonctions avait tenté de renoncer à l'alcool sans y parvenir, a bu plus que de raison. Son blocage créatif était arrivé au point qu'elle a déchiré à coups de couteau deux toiles à peine ébauchées. Quand je lui ai dit qu'elle avait besoin d'aide et devrait sans doute consulter quelqu'un, elle m'a ri au nez en criant que tous ses problèmes venaient du fait qu'elle s'était enterrée dans un trou avec un « raté » comme moi. J'ai répliqué que je n'allais pas lui faire le plaisir de me lancer dans une grande scène, et là elle s'est déchaînée. Elle m'a traité encore de loser, m'a jeté à la figure qu'elle avait connu plein d'hommes depuis que nous vivions ici, qu'elle avait couché avec notre propriétaire, Ralph…

» Je suis parti en courant. Je suis allé m'enfermer dans ma librairie et je suis resté au moins une heure sous le choc, à me demander ce que je devais faire. J'avais besoin de conseils, d'une oreille attentive, et je savais que si je téléphonais à mon père il viendrait sur-le-champ de Rhode Island pour m'épauler, mais je savais aussi qu'il commencerait probablement avec des « Je t'avais prévenu », et puis j'ai toujours été de la vieille école yankee : sang-froid et stoïcisme, ne pas montrer son chagrin, etc. Finalement, ne voyant aucune issue, je suis rentré à la grange.

» Et là… Miriam gisait au pied de l'escalier conduisant à la chambre où nous dormions. Inanimée. Le bas de sa chemise de nuit trempé de sang. Elle avait dégringolé toutes les marches, sa jambe gauche semblait mal en point, mais elle respirait encore. Elle empestait l'alcool. J'ai appelé le 911, une ambulance l'a emmenée à l'hôpital. Une heure après son admission, le médecin des urgences est venu me parler. « Votre femme a une jambe fracturée, diverses contusions, mais aucun organe vital n'a été atteint. En revanche, je suis désolé, le bébé n'a pas survécu. Il est mort *in utero.* » Mon fils. Un mois seulement avant sa venue au monde. Perdu à jamais…

Dissimulant son émotion, Kenneth s'est levé pour aller prendre le shaker et remplir nos verres de martini gin.

— Quand il m'a donné son taux d'alcoolémie, j'ai compris qu'elle avait continué à boire après mon départ, et je me suis senti encore plus coupable de m'être enfui comme ça. Mais, le lendemain, j'ai appelé mon avocat à New York pour lui demander de préparer une procédure de divorce. J'ai également consulté le chef de la police de Rhinebeck, Fred Bass – que je connaissais bien parce que, étant amateur de beaux livres, il passait fréquemment à la librairie –, pour savoir s'il était possible de la poursuivre en justice pour homicide involontaire…

Tout en lui manifestant sa sympathie, Bass s'était montré sceptique. Dans les années 1970, il était extrêmement rare d'engager la responsabilité civile d'une femme enceinte ayant provoqué la mort de son enfant par négligence. Qu'il divorce et l'élimine à jamais de son horizon, lui avait-il conseillé. Mais la douleur de Ken se mêlait à la rage, d'autant que, à peine sortie de l'hôpital, Miriam s'était installée avec ledit Ralph…

Un soir, à force de broyer du noir, il en était venu à envisager de la tuer. Heureusement, Kenneth a la tête sur les épaules et, au lieu de se ruer chez l'armurier du coin pour acheter un Magnum 45, il avait téléphoné à Bass en lui avouant qu'il avait de très sombres pensées. Ils s'étaient retrouvés dans un diner et Fred l'avait écouté lui raconter ses envies de meurtre.

— Je comprends ce que tu ressens, avait-il dit ensuite, et je mesure l'épreuve que tu traverses, mais, crois-en mon expérience, la violence ne résout rien, et surtout elle se retourne toujours contre toi. Si tu t'en prends à Miriam, non seulement je serai obligé de t'arrêter, mais tu passeras sans doute une grande partie de ta vie dans un pénitencier de l'État de New York. Elle ne vaut pas ta liberté, cette femme. Tu le sais pertinemment, d'ailleurs : c'est pour ça que tu m'as appelé ce soir. Et il ne faut pas que tu oublies qu'un jour ou l'autre tu finiras par lui pardonner.

— Pas question ! avait protesté Kenneth.

— C'est ce que tu dis maintenant, mais tu es intelligent, et, oui, tu en viendras à comprendre que tu as besoin de lui pardonner si tu veux retrouver une certaine paix. Au final, c'est elle qui va devoir passer toute sa vie avec le poids de sa culpabilité.

— Je ne lui pardonnerai jamais.

— Crois-moi, Ken, tu tourneras la page, tôt ou tard. Parce que c'est ton intérêt, au bout du compte. Je ne dis pas que vous devez rester amis, ou que tu dois lui envoyer une carte pour son anniversaire, ou même la revoir ! Mais tu comprendras un jour que toute la colère et toute l'amertume que tu éprouves maintenant ne t'auront fait que du mal. Les blessures que les autres nous infligent sont d'autant plus douloureuses quand elles viennent de quelqu'un que l'on a aimé.

Puis Bass lui a parlé de son père, qui avait la main leste lorsqu'il avait bu. Un soir, alors qu'il était ivre, il avait ainsi roué de coups sa femme et frappé son fils de quinze ans qui avait osé s'interposer et avait récolté un œil au beurre noir au passage. Puis il était monté dans sa voiture et avait terminé sa course dans un arbre. Il n'avait rien laissé à sa famille, sinon le souvenir de ses derniers mots à son rejeton : « Tu n'es qu'un pitoyable morveux et tu le seras toujours. » Le policier a reconnu que ces paroles l'avaient sans doute poussé, quelques années après, à s'engager dans les marines : il avait alors survécu aux horreurs de la guerre de Corée. « Pour montrer à ce salaud qu'il avait tort. » Et c'est aussi ce qui l'avait conduit à choisir la police – où il avait rapidement grimpé les échelons grâce à sa détermination –, à surveiller sa consommation d'alcool et à rester avec la même épouse durant trente ans.

— Oui, tout ça pour donner tort à mon père. Mais la vérité, c'est que, plus encore que sa façon de me rabaisser en tant qu'homme, je ne lui ai jamais pardonné les mauvais traitements qu'il nous avait fait subir toutes ces années, à ma mère et à moi. Stupide et triste, n'est-ce pas ? Vingt-cinq ans sous l'emprise d'un type qui, même s'il roulait des mécaniques et jouait sans cesse à « J'en ai une plus grosse que toi », n'avait été qu'un minable. C'est seulement en parlant avec un jésuite de Saint-Michaels, le père Quigley, que j'ai fini par dépasser le ressentiment que mon paternel m'inspirait encore. Je suis un catholique de la vieille école, mais le père Quigley était plus intellectuel, moins enclin à brandir les feux de l'enfer que mon curé habituel. Il m'a poussé à pardonner, en me démontrant qu'il y avait un impératif moral à le faire, mais aussi qu'il s'agissait… Attendez que je retrouve ses termes exacts… Que c'était un « traité de paix signé avec soi-même ». Il m'a convaincu qu'en passant l'éponge je me montrais plus digne de respect que l'homme qui m'avait insulté et brutalisé, et surtout que je cesserais de régler mes comptes avec un mort pour vivre enfin pleinement ma vie.

Malgré cet échange avec Fred Bass, il avait encore fallu à Kenneth de longues années pour dépasser la colère que la conduite de son ex éveillait en lui. Le spectre de son fils perdu le hantait d'autant plus que sa deuxième épouse n'avait jamais pu avoir d'enfant. Lorsque ce mariage avait à son tour capoté, il en avait éprouvé encore plus d'amertume, mais sans toutefois en faire étalage en public, s'interdisant de se répandre en jérémiades. Puis il avait rencontré Sara. La douleur s'était émoussée mais, près de trois décennies après la terrible soirée où Miriam avait fait périr leur enfant par son irresponsabilité, le pardon lui paraissait toujours impossible. Jusqu'à cinq ans plus tôt... Une nuit, le téléphone avait sonné chez eux. C'était Miriam. Elle avait retrouvé sa trace dans le Vermont grâce à Google et, surprise, semblait pas mal éméchée.

— En fait, on pouvait pratiquement sentir son haleine alcoolisée à l'autre bout du fil, m'a dit Kenneth. Et elle a commencé : « Alors, comment va le tombeur de ces dames ? » Je l'ai laissée dire, mais à un moment elle a sorti quelque chose de si énorme que j'ai cru avoir mal entendu : « Tu sais, chéri, je ne comprends toujours pas pourquoi tu m'as quittée. On faisait quand même un super-couple, non ? » C'était plus que surréaliste, plus que triste, c'était... Et là, oui, je me suis senti profondément désolé pour elle, parce que je percevais son extrême solitude, et sa perte de contact totale avec la réalité. Elle a dit aussi : « Tu vois, depuis le jour où tu m'as laissée tomber, je n'ai plus jamais touché un pinceau. Et je ne crois pas que ça arrivera, maintenant. Tout ça parce que je ne me suis jamais remise du fait que ça s'est terminé comme ça... »

J'aurais pu lui sortir ce que j'avais gardé sur le cœur pendant tout ce temps, mais je n'éprouvais alors, étonnamment, qu'une immense pitié pour elle. Je me suis donc entendu prononcer ces mots : « Je dois y aller, Miriam, mais je veux que tu saches ceci : je te pardonne. Et je te souhaite de trouver le bonheur, comme moi je l'ai trouvé. » Quand j'ai raccroché, elle sanglotait dans le combiné. Je n'ai plus jamais eu de nouvelles. Le truc, c'est qu'il ne m'a fallu que quelques secondes pour lui pardonner... après trente ans de deuil.

Il s'est tu, faisant tourner pensivement le pied de son verre entre ses doigts.

— Tu sais ce que je pense de tout ça, maintenant ? Si les choses peuvent changer en un instant, il est nécessaire pour cela d'avoir fait au préalable le cheminement dans sa tête. Je suis également convaincu que le pardon est une forme d'égoïsme positif.

« Une forme d'égoïsme positif. » Prenons le mot « karma », si populaire de nos jours. À la définition strictement hindouiste et bouddhiste – « somme des actions d'un être dans ses multiples réincarnations qui décidera de son sort au cours des existences à venir » –, les dictionnaires ajoutent celle, plus large, de « chance bonne ou mauvaise, dépendant de ses choix et de ses actes ». C'est sur cette dernière acception que je m'attarderai. L'idée est que – pour reprendre le concept à la sauce new-yorkaise –, si vous vous comportez mal avec autrui, votre négativité finira par vous rattraper et par vous botter le cul. Inversement, les bonnes actions amèneront tôt ou tard la bonne fortune.

Alors, c'est vrai, nous avons tous croisé des ordures qui n'ont cessé de semer le malheur et ont réussi à s'en tirer sans une égratignure, et des individus exceptionnels qui ont été frappés par la tragédie alors qu'ils n'auraient pu faire de mal à une mouche. Pourtant, je connais aussi des exemples où le karma semble avoir réellement joué un rôle déterminant.

Me revient ainsi le cas d'un rédacteur en chef d'un journal renommé d'une grande ville – je n'en dirai pas plus, pour préserver son anonymat – qui, connu pour ses manières dictatoriales, avait mis à la porte sans sommation l'une de mes connaissances, mettant brutalement fin à vingt-cinq années de bons et loyaux services. Le coup avait été plus que rude pour cet ami, d'autant qu'il traversait alors une crise sentimentale. Quelques mois plus tard, il se suicidait. Par la suite, des collègues à lui s'indignèrent de la férocité avec laquelle le rédacteur en chef avait justifié sa décision, refusant d'exprimer le moindre remords. Puis, environ un an et demi plus tard, je suis tombé sur un entrefilet dans un autre journal : le fils de ce despote venait de décéder dans des circonstances qui laissaient penser qu'il avait mis fin à ses jours.

Tout parent sait qu'il n'y a rien de plus horrible que la mort d'un enfant, mais à l'époque les commentaires ont souligné le fait que ces deux décès avaient un lien avec un homme réputé pour sa dureté et son manque de considération. Y avait-il eu une force supérieure à l'œuvre, ici ? Les dieux ou le destin – peu importe le nom – avaient-ils résolu d'infliger la pire des punitions à quelqu'un qui n'avait eu que mépris pour la fragilité d'autrui ?

Je n'ai pas la réponse à cette question. Ce qui m'attire dans la notion de karma, c'est qu'elle nous ramène à la réflexion du poète allemand Novalis : « Le destin, c'est le caractère. » Si vous acceptez ce présupposé, vous conviendrez que notre comportement est le miroir sans concession dans lequel se reflètent toutes nos forces et nos faiblesses, et détermine si souvent la forme qu'acquiert notre existence. Une autre façon de considérer le karma de chacun – en le détachant de la mystique facile du « qui sème le vent récolte la tempête », quoique – est qu'il implique que la négativité se nourrit elle-même constamment et finit par envahir toute la structure psychologique d'un individu. La rancœur et le refus du pardon nous forcent à nager perpétuellement dans une mer hostile, chargée de toxines.

J'évoquerai ici une histoire survenue dans mon cercle de connaissances, celle d'une femme que nous nommerons cette fois Candace. Tellement blessée d'avoir vu son mari quitter le foyer conjugal – alors qu'elle avait tout fait pour le pousser dehors –, elle avait résolu de détruire l'avenir de ce dernier en entamant une procédure de divorce qui se révélerait interminable et engloutirait près de 20 % des revenus du couple. Tout cela pour aboutir à un partage des biens matrimoniaux moitié-moitié, chose que Ian, le mari, avait proposé dès le début. Bien qu'elle ait obtenu une pension alimentaire de plus de cent mille dollars annuels pour elle et les enfants, leur maison dans une banlieue cossue du Connecticut dont le prêt immobilier était pratiquement remboursé, ainsi qu'un appartement en Floride, la rage de Candace n'était toujours pas apaisée. Alors que, pour n'importe quel observateur impartial, cet accord lui était des plus favorables. Son amertume n'était pas sans rapport avec le fait que Ian, courtier en art très réputé à Manhattan, la cinquantaine bien conservée et bourré de qualités – même si personne n'est parfait, n'est-ce pas ? –, n'avait aucun problème à se trouver des compagnes brillantes et indépendantes, tandis qu'elle-même avait le plus grand mal à retrouver un partenaire du calibre de celui qu'elle avait souvent menacé de rupture avant que celle-ci devienne effective. Se répandant en diatribes devant qui voulait bien l'écouter, elle avait donc tenté de dresser les enfants contre leur père. Ce dernier, pour sa part, s'était abstenu de tout commentaire désobligeant à l'égard de leur mère, et avait continué à assumer ses responsabilités familiales. Après avoir essayé de retourner devant la justice pour obtenir encore plus d'argent, elle avait sommé Ian de la rencontrer en tête à tête et lui avait déclaré que leur divorce était une chose impensable, alors même qu'elle disait pis que pendre de lui à tous leurs amis et parents. Deux ans à peine après l'officialisation de leur séparation, elle avait finalement été victime d'une attaque cérébrale : elle était restée dans le coma pendant près d'une semaine, puis avait été privée de l'usage de la parole durant plus d'un mois.

Cet incident neurologique (d'autant plus inattendu qu'elle n'avait à l'époque que quarante-six ans) était-il un simple accident génétique, ou bien la conséquence de sa haine tenace envers celui qui avait longtemps partagé sa vie ? Il existe une école de pensée médicale qui soutient qu'une colère intériorisée peut entraîner un dysfonctionnement de l'organisme pouvant aller jusqu'au cancer. Mais, même si l'on est capable d'exprimer publiquement son ressentiment, de le faire « sortir », n'est-ce pas dangereux pour la santé que de vivre avec une telle dose de rage en soi ?

« Tout est énergie, échangée ou reçue, et l'univers se résume à cela, a déclaré un certain Albert Einstein. Trouvez la fréquence de la réalité que vous recherchez et vous tomberez forcément sur elle. C'est inévitable. Ce n'est pas de la philosophie, c'est de la physique. »

Mais il a aussi noté que « l'éternel mystère du monde est son intelligibilité », ce qui nous amène à un fait essentiel : le compréhensible est également énigmatique, et la plus grande énigme de toutes est peut-être l'individu, l'humain dans toutes ses variantes torturées. Et si le karma dépend à ce point du concept d'énergie passive, ne peut-on voir dans l'énoncé d'Einstein la confirmation que l'amertume et l'acrimonie finissent par miner ceux qui les portent en eux ? Et que le pardon est donc une façon de se purger progressivement de toutes ces vibrations toxiques ?

J'ai écrit « progressivement » car mon expérience – et celle des nombreux amis qui ont bien voulu partager la leur avec moi – m'a appris qu'accorder son pardon n'est jamais facile. À ce propos, je reviens à ce moment, dans les toilettes de ce vol transatlantique, où, à peine sorti d'un sommeil troublé, je me suis regardé dans la glace et j'ai résolu que la seule voie possible était de pardonner à mes parents. Cela n'a pas entraîné une soudaine purification des scories émotionnelles longtemps accumulées, un lavement énergique qui aurait fait sauter la masse de chagrin coagulée en moi. Ce fut, plus humblement, le début d'un processus. En comprenant que je devais me débarrasser de cette sempiternelle colère, mais aussi accepter que je ne pourrais jamais changer la triste réalité de nos relations, je n'ai pas été brusquement soulagé. Non, j'ai dû encore travailler considérablement sur moi-même pour me résoudre à accepter mes parents tels qu'ils étaient et resteraient jusqu'à leur dernier souffle, et pour me convaincre que ce qu'ils m'avaient imposé était désolant mais finalement pas indépassable. Par essence, mon pardon avait pour origine la nécessité de me dégager de décennies d'ondes négatives. Je n'allais pas tenter une nouvelle fois de proposer une trêve, comme je l'avais fait si souvent avec mon père. Je n'allais pas leur écrire une lettre les informant que je leur pardonnais, cela aurait été une forme de condescendance qui serait allée à l'encontre même de l'acte de pardon – cette clémence digne d'un seigneur ne reviendrait en réalité qu'à pointer un doigt accusateur sur ceux qui avaient eu la chance d'obtenir ma grâce en les informant que, malgré toute leur malveillance à mon endroit, j'avais été assez bon pour décider de leur accorder l'absolution.

Ego te absolvo…

Pardonner, c'est d'abord tenter de se comporter honorablement, on ne peut donc se servir de son pardon comme d'une rétribution dont l'agressivité se dissimulerait sous des airs miséricordieux. Ni se dire que l'on a triomphé sur le terrain moral.

Pardonner est, très profondément, un choix existentiel. Si nous sommes tous seuls dans un univers impitoyable, si nous sommes tous responsables de nos actes, et définis par eux, alors nous sommes aussi tous responsables de notre perception de la conduite des autres, et de ce qu'elle peut avoir de préjudiciable pour nous. Une fois que nous avons été blessés par autrui, c'est à nous seuls que revient le choix de laisser ou non la blessure s'infecter.

Pardonner n'a rien à voir avec l'idée, si répandue dans la culture populaire américaine contemporaine, que tout grief peut être effacé. Absurde. Nous sommes la somme de tout ce qui nous arrive : le bien, le mal, le franchement dégueulasse. Certains coups reçus affectent à jamais notre être psychologique et émotionnel – par exemple, la perte d'un fils tant attendu pour mon ami Kenneth. Encore aujourd'hui, quand il évoque cette page terrible de sa vie, je perçois nettement la douleur qui subsiste en lui. Mais il est toutefois parvenu à vivre avec elle. Notamment parce qu'il a choisi le pardon.

Pardonner, c'est peut-être enfin, dans sa dimension la plus fondamentale, ceci : l'acceptation que nous ne pouvons pas modifier ce qui s'est produit. Et que nous n'avons aucun moyen de forcer quiconque nous a fait du mal à assumer ses actes, son comportement, ses pathologies. La question est simple : trouve-t-on vraiment un apaisement dans la souffrance qui subsiste ? Une certaine rédemption dans le seul fait d'admettre que ce qui est passé est passé, que rien ne peut corriger le mal qui a été fait, sinon notre décision de l'absorber, de le recycler en autre chose qui cessera de nous empoisonner la vie ?

C'est beaucoup nous demander à nous-mêmes, je le sais. Car cela nous met au défi de renoncer à une part de notre souffrance, ou à sa totalité, alors même qu'elle en était venue à influencer largement notre vision du monde.

« Car c'est par lui que ce qui a été perdu, et retrouvé, est épargné d'être à nouveau perdu » : pour cela, nul besoin de vous draper dans le manteau de saint Augustin, ou du mahatma Gandhi. Inutile de prêcher quelque doctrine de réconciliation universelle et de fraternité. Il n'est même pas nécessaire que vous revoyiez une seule fois la personne qui vous a causé du tort, que vous lui tendiez solennellement la main devant un cercle de témoins extasiés. Le pardon est, d'abord et surtout, un traitement qui vous est prioritairement destiné. Et c'est ce qui le rend si difficile à atteindre. Notre réticence à pardonner à autrui résulterait-elle de notre refus de nous pardonner à nous-mêmes ?

Il faut certainement se le répéter : « Subir un tort n'est rien, à moins que l'on ne continue à s'en souvenir. »

7

S'initier au patin à glace à quarante ans passés : une métaphore acceptable de la hasardeuse poursuite d'un équilibre ?

Il neigeait sur Québec et je luttais contre un sérieux accès de *Weltschmerz*, terme qui, chez les Allemands, désigne une lassitude générale, un état de spleen profond qui ne reflétait que partiellement mon moral en ce début janvier 2009. La vérité, c'est que j'étais dans le trente-sixième dessous.

Huit mois après ma séparation officielle d'avec ma femme, j'étais plongé dans les affres de notre divorce. Je l'ai déjà dit et je le répète : dans la dissolution d'une union conjugale, il n'y a pas de vérité ni de mensonge, ni de juste et d'injuste, seulement des interprétations différentes de ce qui a miné l'édifice, de qui a eu tort ou raison. Comme personne n'est entièrement honnête ou malhonnête, c'est une grave erreur de penser que l'accord final, couché sur le papier, signé et contresigné, apportera une rétribution méritée à l'une et l'autre partie. Car, malheureusement, un divorce est avant tout un énorme aveu d'échec.

Toujours est-il que, en ces premiers jours de l'année 2009, le *Weltschmerz* avait atteint en moi un niveau critique. Durant cette période particulièrement privée de lumière qu'est le cœur de l'hiver dans l'hémisphère Nord, la pression financière et psychologique exercée par le divorce semblait assombrir chaque aspect de ma vie. Mes enfants, qui n'avaient alors que douze et quinze ans, avaient passé Noël avec leur mère, avant de me rejoindre dans le Maine pour le premier jour de l'an d'une famille désormais brisée à jamais.

« Ce sera toujours comme ça, maintenant ? » m'avait demandé Amelia pendant qu'elle et son frère ouvraient leurs cadeaux sous l'arbre de Noël. Dehors, la neige tombait en silence. Qu'aurais-je pu lui répondre, sinon que j'étais désolé que leur mère et moi en soyons arrivés là, que je savais combien c'était éprouvant pour eux, mais qu'ils ne devraient jamais se sentir responsables de la situation, eux qui ne nous avaient apporté que du bonheur ? Ces mots apaisants me paraissaient dérisoires. J'étais douloureusement conscient du fait que tout leur univers s'était soudain écroulé, que le confort rassurant de la stabilité familiale avait volé en éclats, qu'ils allaient devoir s'adapter à une nouvelle vie que nous leur imposions, et qu'avec la tournure que prenait le divorce, l'hostilité apparue entre leur mère et moi ne pouvait que s'exacerber. « C'est la politique de la terre brûlée, avait commenté l'une de mes vieilles amies quand je lui avais raconté ce par quoi je passais sur le plan juridique, ajoutant :

Le problème avec le napalm, c'est que plus rien ne repousse ensuite. »

Sur le plan professionnel, je mettais un point final à un long et ambitieux roman, *Quitter le monde*, dont le thème était lui aussi chargé d'ombres et de désolation – comment survivre à la mort de son enfant ? Et puis, juste quinze jours avant le début du tournage, le montage financier d'un film dont j'avais écrit le scénario pour un cinéaste français réputé, producteur également très connu, et pour lequel deux stars internationales avaient accepté de tenir les rôles principaux, avait capoté. Une énorme déception sur le plan artistique et un revers pécuniaire à une époque où j'avais tant besoin de liquidités pour payer mes avocats.

Pour couronner le tout, ma relation sentimentale avec une jeune femme venait de se terminer sur un coup de théâtre affligeant : alors que nous avions prévu de passer Noël ensemble dans le Maine, elle avait reculé au moment de prendre l'avion qui devait l'emmener de Paris à Boston. Pourtant, nous nous étions parlé la veille au téléphone, tout semblait bien aller entre nous et, naturellement, je comptais sur sa présence auprès de moi pour le premier Noël que j'allais passer en dehors du cadre familial habituel. Je n'ignorais pas ses fragilités intérieures, certes, mais elle était belle et brillante. J'étais résolu à vivre pleinement cette histoire après une période assez difficile. Un Noël en tête à tête dans une Nouvelle-Angleterre enneigée me semblait une bonne idée. Elle avait accepté volontiers, surtout que, m'avait-elle dit, elle semblait avoir surmonté sa phobie de l'avion.

Pourtant, le 15 décembre, alors que je n'étais plus qu'à un quart d'heure de l'aéroport de Boston où j'allais la chercher, mon portable a sonné. Voyant que c'était son numéro, j'ai tout de suite pensé que son vol avait été retardé, même si j'avais bien vérifié sur le site Internet d'Air France que l'avion avait décollé à l'heure. Puis j'ai entendu sa voix, oppressée. Elle n'a prononcé que quelques mots, en français : « Je n'ai pas pu… désolée. » Et, refoulant un sanglot, elle a raccroché. La neige tombait sur la 93. J'ai fermé les yeux, incrédule, le cœur serré, et puis je me suis dit : Je serai tout seul pour Noël.

En réalité, mes formidables amis et voisins du Maine ont insisté pour que je me joigne à eux. J'ai été entouré de leur chaleur lors de cette fête de fin d'année censée être joyeuse, mais qui peut aussi se révéler des plus déprimantes quand on vient de subir des chocs émotionnels tels que ceux que je vivais alors.

Mes enfants sont arrivés le 27 au matin. Nous avons eu des moments merveilleux ensemble, mais leur désarroi était palpable. Désarroi que j'ai tenté de dissiper en leur assurant qu'ils s'adapteraient vite à cette nouvelle situation, et que tout finirait par s'apaiser. Je tentais moi-même de m'en convaincre, car j'avais encore reçu de mauvaises nouvelles de Londres dès le lendemain du Nouvel An : alors que les frais légaux s'accumulaient déjà, il semblait maintenant inévitable que le dossier de divorce soit porté devant les tribunaux au début du printemps, ce qui signifiait un surcroît de tracas et de dépenses.

Le 5 janvier, après avoir mis les enfants dans l'avion qui devait les ramener en Grande-Bretagne, j'ai repris le volant de ma jeep en direction du nord. Le Canada. Il était 20 heures passées et, dans la nuit glaciale, sous un ciel que n'éclairait aucune étoile, l'autoroute était presque déserte. À l'arrière se trouvaient mes skis de fond et un sac contenant des vêtements pour une semaine. Ma destination : Québec, et une semaine sur les pistes. Je me sentais de plus en plus en proie au désespoir. Comme tout le monde, j'ai connu des moments difficiles dans ma vie et j'ai parfois éprouvé de la mélancolie. En 2005, j'ai traversé plusieurs mois de dépression et d'insomnie chronique, une période très noire dont est issue *La Femme du Ve*, sans doute le plus sombre et le plus étrange de tous mes romans. Mais, jusque-là, j'avais plus ou moins réussi à ne pas sombrer. Comme l'a écrit Kierkegaard : « Le désespoir est une maladie qui conduit à la mort. » Plusieurs de mes amis proches s'étaient laissé prendre dans ses griffes et je savais qu'il fallait faire attention. Céder au désespoir, c'est renoncer à l'espoir, sans lequel la vie n'est qu'un trou noir.

En roulant vers le Canada cette nuit-là, j'ai senti le désespoir attaquer mes défenses tel un rongeur sournois décidé à se frayer une voie jusqu'au cœur de mon psychisme. Tout semblait se liguer contre moi : le divorce à venir ; la bataille juridique et les dépenses gigantesques qu'il allait entraîner ; les déceptions professionnelles ; une relation sentimentale qui venait de s'achever par un abandon ; la rupture douloureuse mais nécessaire avec mes parents. Et, plus que tout, j'étais bouleversé par le calvaire émotionnel que traversaient mes enfants. Agrippé au volant, je me suis dit : Allez, ça suffit ! Prends-le comme une vague de mauvais temps qui finira par passer. Ne désespère pas.

En me réveillant le lendemain après une bonne nuit

de sommeil dans mon hôtel de Québec, j'ai eu pourtant le sentiment que les choses ne faisaient qu'empirer. Mes avocates londoniennes m'avaient envoyé un mail : un nouvel audit avait été demandé par la partie adverse, ce qui allait encore rogner mes ressources financières déjà sérieusement entamées. Si cette tactique de harcèlement avait pour but de me faire perdre pied, elle était très efficace. J'avais l'impression d'être acculé, aux abois.

Sous la neige qui tombait dru, j'ai quitté la ville en voiture pour remonter le Saint-Laurent une quarantaine de kilomètres au nord, parvenant aux pistes de ski de fond, par-delà les pistes de vitesse du mont Sainte-Anne. Je me suis garé, j'ai sorti mon équipement et, après avoir consulté ma carte, j'ai décidé de tenter l'un des parcours les plus difficiles. J'ai entrepris de remonter la pente douce qui conduisait au sommet, ce qui m'a pris trois quarts d'heure tant la neige était dense. Le soulagement psychologique que j'espérais retirer de cet effort n'est pas venu ; au contraire, je sentais que mon spleen ne faisait que s'accroître. J'essayais de lutter, pourtant, mais mon humeur était si noire que, malgré ma volonté, je ne parvenais pas à me persuader que demain, comme on a coutume de le dire, « tout irait mieux ». Me dire que ces problèmes étaient finalement ceux d'un monde nanti et ultraprospère ne m'avançait pas à grand-chose non plus. En fait, j'avoue avoir peu de patience envers les donneurs de leçons qui soutiennent qu'à moins de souffrir de la famine dans une hutte en terre battue au fin fond du Sahel, il est quasiment obscène de se plaindre de son sort. Les ennuis sont les ennuis, et nous n'avons aucun droit de nous moquer du désespoir d'un semblable en le comparant à de pires calamités. C'est trop facile, et trop injuste.

C'est donc dans un état d'esprit plus que maussade, persuadé que tout se liguait contre moi et que j'avançais sur un champ de mines, que je suis parvenu en haut d'une déclivité importante. Si le froid avait été intense et sec ce jour-là, je n'aurais même pas songé à me lancer sur cette pente, car les skis de fond sont trop légers pour donner l'adhérence nécessaire à la glisse sur un terrain accidenté et verglacé. Mais je me suis dit que le manteau de neige fraîche ralentirait ma course. Je me suis placé en haut du parcours, j'ai pris ma respiration, planté mes bâtons, avant de pousser dessus et de m'élancer.

L'exaltation de la vitesse est venue aussitôt. J'ai en même temps constaté que la couche de poudreuse ne rendait pas moins glissante la glace qu'elle recouvrait. Brusquement, je me suis transformé en projectile. Il aurait été plus raisonnable de chasser sur mes skis afin de ralentir ma descente, mais je me suis au contraire plié encore plus, mes bâtons sur les flancs, m'abandonnant à la griserie de la course et bravant le danger. Que les forces de la gravité m'entraînent où elles voudraient. Ma prudence habituelle et même le simple instinct de préservation n'existaient plus : seule comptait cette vertigineuse fuite en avant.

C'est alors que, j'ai vu l'arbre, dressé au pied de la pente que j'étais encore en train de dévaler follement, un chêne gigantesque qui paraissait attendre de me prendre dans ses bras vénérables. Pendant un quart de seconde, je me suis dit : Je m'en fous. Puis le visage de mes enfants m'est apparu. J'ai pris conscience que j'étais sur le point de capituler devant les ténèbres que j'avais tenté de repousser, qu'elles allaient m'emporter... et du même coup ruiner l'existence de Max et d'Amelia, tant il était certain que je fonçais droit vers ma mort.

Tout dépend parfois d'une décision prise en une fraction de seconde ! Au printemps 1975, alors que j'étais étudiant au Trinity College de Dublin, j'ai été percuté par une voiture en traversant une rue proche de la place Fitzwilliam. Tandis que je volais dans les airs, j'ai vu le trottoir sur lequel j'allais m'écraser arriver vers moi tel un mur immense, et je me rappelle encore avoir distingué avec un calme étrange l'alternative qui s'offrait à moi : ne rien faire et voir ce que le destin me réservait, ou tenter de me protéger... Mon instinct a choisi pour moi, évidemment, puisque j'ai rentré la tête dans mes épaules et que je suis parvenu à retomber sur le côté. J'avais opté pour la vie. Je m'en suis sorti avec un bras disloqué, mais je ne me suis pas ouvert le crâne sur le béton.

Trente-trois ans plus tard, je traversais une période très difficile et une issue radicale se présentait soudain à moi : le tronc massif du chêne contre lequel j'allais finir d'ici à cinq secondes si je ne... Mes jambes ont cédé, je suis tombé lourdement sur le flanc gauche, parvenant je ne sais comment à enfoncer mes bâtons dans la neige pour arrêter ma chute. Un silence irréel s'est abattu sur la scène tandis que, couché dans la poudreuse, je pensais avec effarement à ce que j'avais failli faire.

Les flocons tourbillonnaient au-dessus de moi. L'un de mes skis s'était détaché, terminant sa course folle sur une bosse un peu plus loin. Mon cœur battait à grands coups. Je venais d'échapper à une mort que j'avais sérieusement envisagée durant d'interminables secondes. Il n'y avait pas eu de préméditation, pas même de décision consciente : juste un jeu dangereux et un moment d'égarement sous le coup de l'excitation de la vitesse.

Le froid m'a obligé à me remettre debout. À ma grande surprise, mon bras et ma jambe gauches, sur lesquels j'étais si violemment tombé, réagissaient normalement, même s'ils étaient endoloris. Récupérant mon ski, j'ai verrouillé à nouveau l'attache, je me suis repositionné sur la piste et je suis reparti, lentement mais sûrement. Il était vital de continuer à avancer, alors que l'énormité de ce que j'avais failli faire m'apparaissait toujours plus nettement. Quand deux autres pentes abruptes se sont présentées sur le parcours, j'ai retiré mes skis et je les ai descendues en marchant. Je ne me sentais pas capable de m'engager dans d'autres glissades incontrôlables. Pour être honnête, j'étais encore sous le choc.

Il m'a fallu plus de trois heures pour accomplir le circuit de quinze kilomètres. Revenu à mon point de départ, j'ai repris ma voiture et regagné mon hôtel à Québec. Je suis resté un long moment dans un bain brûlant, une serviette mouillée sur les yeux, la stupéfaction faisant place à une grande colère contre moi-même pour avoir été tenté par le suicide. Il était très troublant de penser que, mû par une pulsion que je ne pouvais identifier mais qui était on ne peut plus réelle, même dans mon inconscient, j'avais voulu mettre fin à mes jours.

M'extirpant de la baignoire, j'ai examiné les bleus sur mon bras et ma jambe. J'avais eu une sacrée chance. Puis je me suis habillé et je suis sorti sous la neige qui tombait toujours dru. Mon hôtel se trouvait dans la vieille ville de Québec, un quartier datant du XVIIe siècle, témoignage d'un passé colonial français en plein Nouveau Monde, que l'Unesco avait classé au patrimoine mondial. Il m'a paru encore plus magique que d'habitude, d'autant qu'il baignait dans un vif clair de lune reflété par la neige. J'ai marché sans but pendant une demi-heure. J'aimerais pouvoir dire que, plongé dans ce tableau enchanteur, je respirais l'enivrant parfum d'être toujours en vie, mais en vérité j'évoluais dans une sorte de brouillard silencieux, assailli de pensées confuses, les nerfs encore à vif. Je suis entré dans un bar, j'ai avalé un whisky et une bière, puis, ouvrant mon calepin, j'ai noté : « Le plus grand mystère de l'existence, c'est soi-même. On croit se connaître mais non, jamais, jamais pour de bon. »

Une fois cette stupéfiante vérité couchée sur le papier, j'ai terminé mon whisky et je suis reparti. J'ai continué à remonter vers le centre du Vieux-Québec, passant sous les arches des anciennes fortifications. Sur une place, j'ai aperçu une petite patinoire très fréquentée. Nombre des patineurs semblaient sortir tout droit du bureau, encore en costume-cravate ou en tailleur strict sous les grosses parkas. Il y avait aussi quelques jeunes enfants – sept ou huit ans, tout au plus – qui évoluaient avec une aisance remarquable pour leur âge, ainsi que trois ou quatre couples de retraités tout aussi élégants et véloces sur leurs patins.

Le patin à glace est de toute évidence inscrit dans l'ADN des Québécois. Mon père ayant joué dans l'équipe de hockey de son école, il m'avait emmené très jeune à la patinoire Wollmann de Central Park, mais je ne montrais alors de dispositions pour aucun sport – la nature ne m'avait certes pas facilité les choses en me dotant de genoux cagneux et de pieds plats… Je n'ai jamais oublié le regard navré de mon père, alors qu'il suivait mes pénibles tentatives. Sur les patins, j'étais pataud comme un canard, une vraie catastrophe. « Mais glisse, bon Dieu, glisse ! » s'époumonait-il en vain. À neuf ou dix ans, voir ainsi la déception dans les yeux de mon père m'accablait de tristesse. Par la suite, au lycée, j'ai été classé avant-dernier dans la sélection pour les sports d'équipe, ce qui a confirmé mon incapacité à répondre aux codes de l'adolescent américain.

Il m'a fallu attendre d'avoir plus de quarante ans pour découvrir qu'une activité physique était bénéfique non seulement à ma santé mais encore à mon équilibre psychologique. Je me suis mis à faire du ski de fond et à fréquenter assidûment le club de gym. Peu à peu, j'ai développé des muscles et contrebalancé de la sorte mes tendances épicuriennes, moi qui ai toujours aimé boire et manger. Pourtant, le patin à glace restait pour moi inaccessible. Je m'y étais à nouveau essayé sur le lac Louise, lors d'un séjour où j'avais alterné écriture et ski de fond, dans cette région extraordinaire des Rocheuses canadiennes, mais j'avais conservé les problèmes d'équilibre et de glisse de ma jeunesse, si bien que j'avais fini par renoncer. Personne n'a envie de se donner en spectacle, n'est-ce pas ?

Mais là, près de l'hôtel de ville de Québec, en regardant les patineurs virevolter, je me suis dit tout à coup : Il faut que j'essaie encore. Je vais apprendre à patiner. De retour à l'hôtel, j'ai demandé à la réceptionniste si elle connaissait quelqu'un qui pourrait me donner des cours.

— Ce n'est pas une demande habituelle, a-t-elle dit avec un sourire.

— C'est que je ne suis pas canadien, ai-je répondu, souriant moi aussi.

— Donnez-moi une demi-heure.

Vingt minutes après, elle m'a appelé dans ma chambre et m'a expliqué que, si la profession de professeur de patinage n'existait pas à Québec, elle avait un ami, Luc, qui excellait dans ce sport et serait ravi de m'en montrer les ficelles.

Étais-je prêt à commencer le lendemain à 18 heures, et trente dollars de l'heure me semblaient-ils acceptables ?

— C'est parfait.

— Je connais également un endroit où vous pourrez acheter une très bonne paire de patins d'occasion pour une centaine de dollars.

Au jour et à l'heure dits, muni de patins, j'ai retrouvé Luc devant la patinoire. La trentaine bien en chair, barbu et disert, il allait me parler volontiers de lui au cours de nos six sessions d'entraînement : instituteur, marié à son premier amour de jeunesse, Sabine, qu'il avait connue au lycée, père de deux petits garçons, Gabriel et Denis, il avait peu voyagé – à part trois ou quatre excursions aux États-Unis et un séjour, en *all inclusive* dans un club au Mexique –, lisait peu et se satisfaisait entièrement de son existence et de sa petite famille dans les confins de ce que les Québécois aiment appeler la « Belle Province ».

Cette vie, en apparence très lisse, m'a fasciné. Il devait forcément y avoir quelques doutes et insatisfactions derrière cette façade amène et paisible, car qui peut vraiment se réjouir de son sort sans aucune réserve ? Mais c'était typiquement une réflexion de romancier (en plein divorce, de surcroît). L'éprouvante tension des huit derniers mois et l'expérience de toute une vie me poussaient à chercher des failles dans l'édifice le plus solide. Quoi qu'il en soit, Luc s'est révélé un instructeur hors pair, ce à quoi son métier d'enseignant le prédisposait certainement. Pour commencer, il a tout de suite décelé mes deux handicaps majeurs : ma maladresse naturelle et un certain blocage dû à mes tentatives infructueuses antérieures.

— Au moins, vous n'avez pas peur de tomber, c'est une bonne chose, a-t-il constaté. Si on a peur, c'est très difficile d'apprendre...

Repensant à l'incident de la veille sur la piste de ski de fond, je me suis dit que ce n'était pas l'appréhension de la chute qui m'avait fait attendre le dernier moment pour arrêter ma course, en effet. Non, je ne craignais pas de me casser la figure sur la glace. Mon vrai problème, c'était...

Comme s'il lisait dans mes pensées, Luc a continué :

— Vous avez des difficultés avec votre équilibre. Vous voulez avancer, mais vous oubliez que la coordination est essentielle pour rester debout. À partir du moment où vous trouvez votre équilibre, vous savez patiner.

J'ai immédiatement pensé : Bien vu ! Je peux dire que j'ai une vie intéressante, plutôt trépidante, mais l'équilibre n'est sans aucun doute pas mon point fort.

— OK, on essaie encore, a-t-il annoncé.

Il m'a entraîné par le bras au milieu de la piste,

là où je ne pourrais pas me rattraper à la rambarde ni me réfugier sur un banc.

— Donc, trois règles de base : un, ne vous raidissez pas ; deux, pensez à l'équilibre ; trois, arrangez-vous pour glisser. Compris ?

— Euh… je crois.

— On y va, a-t-il lancé en français avant de me lâcher. Puis, comme j'avais aussitôt fait un faux pas : Surveillez vos jambes, a-t-il ajouté. Ne soyez pas raide comme ça. Maintenant, pliez les genoux…

J'ai suivi ses instructions, m'étalant cette fois de tout mon long. Luc s'est contenté de me regarder fixement, sans venir à ma rescousse.

— Vous savez que vous pouvez y arriver. À condition de penser à votre équilibre. On recommence.

J'ai plié les genoux, tendu les mains sur le côté comme si je m'agrippais à une barre invisible, espérant que cette attitude peu élégante me permettrait de rester dans une position verticale. Équilibre, me suis-je ordonné en silence. J'ai poussé sur mon patin droit et… j'ai glissé en avant. Oh, à peine un mètre, mais c'était déjà formidable. Luc a hoché la tête, approbateur.

— Maintenant, essayez le gauche.

Là encore, j'ai vacillé, mais j'ai réussi cependant à me propulser sans me retrouver les quatre fers en l'air.

— Encore, a commandé mon instructeur. Mais, cette fois, vous allez pousser du patin droit et ensuite, tout de suite après, du gauche.

Catastrophe. Je me suis étalé en deux secondes.

— Vous savez ce qui est arrivé, a-t-il dit patiemment. Vous avez raidi les genoux. C'est ça qui vous a fait tomber. N'oubliez pas de les plier, si vous voulez rester debout.

À la fin de la première heure, je gardais les genoux fléchis et j'avançais maladroitement par à-coups, mais sans m'affaler. Luc m'a demandé d'effectuer le tour de la patinoire sans m'arrêter. Même si j'étais parfaitement conscient de mon manque de style, surtout comparé aux Québécois de tous âges qui voltigeaient autour de moi, j'y suis parvenu en évitant la chute.

— C'est un début, a-t-il approuvé. À demain, même heure ?

Le soir, alors que je lisais dans ma chambre d'hôtel en écoutant la radio publique américaine NPR sur un petit haut-parleur raccordé à mon ordinateur portable, j'ai tendu l'oreille en entendant la voix de Stanley Kunitz. Il s'agissait d'un enregistrement diffusé dans le cadre d'une émission littéraire consacrée à ce poète bien trop méconnu depuis sa mort, en 2006. J'ai posé mon livre, captivé par ce passage :

> Ah, je me suis fait une tribu
> de mes véritables affections,
> et ma tribu est maintenant dispersée !
> Comment ramener le cœur
> à son festin d'afflictions ?

Sitôt la lecture terminée, j'ai noté le titre du poème, j'ai cherché le texte sur Google et je l'ai relu à plusieurs reprises, sa question finale résonnant dans la nuit. Le lendemain matin, j'étais de retour au mont Sainte-Anne, choisissant cette fois un parcours de ski de fond plus accessible – douze kilomètres d'une piste sans déclivités trop brutales ni tournants en épingle à cheveux. Cette activité physique intense a porté ses fruits : j'ai enfin perçu un éclat de lumière dans mes sombres ruminations.

« Comment ramener le cœur à son festin d'afflictions ? » Oui, comment ?

À 18 heures, je suis retourné à la patinoire où Luc m'attendait.

— OK, voyons si vous vous souvenez de ce que vous avez appris hier.

J'ai commencé maladroitement, faisant cinq ou six dérapages non contrôlés, mais mes genoux ont gardé une certaine souplesse et j'ai gagné peu à peu en assurance, finissant par accomplir plusieurs tours complets de la patinoire. Ce jour-là non plus, je ne suis pas parvenu à la glisse harmonieuse dont parlait Luc. Mes coups de patin restaient étriqués et hésitants, mais au moins j'arrivais à avancer et à rester perché sur les fines lames d'acier.

Soudain, je me suis senti suffoquer. Je venais d'apercevoir des parents accompagnés d'un garçon et d'une fille de l'âge de Max et Amelia. Ils chaussaient leurs patins tout en bavardant joyeusement. Leur complicité, leur entente, m'ont ému aux larmes. Je me suis mordu les lèvres. Qu'un divorce soit voulu ou non, la tristesse provoquée par l'éclatement d'une famille est toujours infinie.

— Ça va ? m'a demandé Luc, constatant que je m'étais figé sur place.

— Je... Je suis en train de divorcer. Mes enfants me manquent.

Il n'a pas fait de commentaire. Seulement deux mots :

— L'équilibre. La glisse.

Tandis que je dînais seul dans un restaurant japonais, j'ai ouvert mon bloc-notes pour relire à nouveau les vers de Kunitz. Comment surmonter la perte ? À cet instant, j'ai décidé que j'aillais m'atteler à cette tâche. Sauver de la désolation une existence qui, par ailleurs, avait tant d'aspects intéressants et stimulants.

Ne pas se raidir.

Quiconque se pencherait sur ma trajectoire pourrait conclure que je n'avais guère fait preuve de rigidité mentale. Depuis la fin de mes études, j'avais volontiers pris des risques, je m'étais lancé dans nombre d'activités et de projets. J'avais su comprendre que je ne m'épanouirais pas dans une carrière théâtrale, qu'après onze années à Dublin il fallait que je parte pour Londres et tente de vivre de ma plume. Ensuite, avoir la possibilité de trouver ma place dans le monde en tant qu'écrivain, quel privilège exceptionnel ! J'aimais les voyages, j'aimais les arts – de la salle de concert au cinéma, de la boîte de jazz à l'atelier théâtral –, j'aimais faire de nouvelles connaissances et être entouré de mes amis. Je savais qu'il ne tenait qu'à moi d'être chaque jour surpris et émerveillé par la vie, et j'assumais avec joie mes responsabilités parentales. Rien de rigide, là non plus. Moi qui, dans ma jeunesse, m'étais promis de ne jamais être père, j'avais découvert que les enfants bouleversent toute notre vision du monde et deviennent l'œuvre la plus importante, la plus exigeante et la plus gratifiante qui soit.

S'il y avait chez moi une rigidité préjudiciable à mon équilibre, c'était mon incapacité à revenir à mon « festin d'afflictions » personnel. D'autres vers, ceux de Philip Larkin, ont évoqué avec lucidité cette nécessité : il faut que la vie « s'extirpe de ses mauvais débuts ». Ce n'est pas simple, mais si vous n'arrivez pas à vous dégager de la colère, du regret, du remords et de la culpabilité qu'une enfance difficile a accumulés sur vos épaules, si le poids lancinant de celle-ci continue à peser sur vous, vous n'aurez alors jamais les genoux assez souples pour glisser. Vous garderez toujours une certaine raideur, qui nuira à la sensation de fluidité à laquelle nous aspirons tous, chacun à notre manière.

« Pensez à votre équilibre… » Ce soir-là, l'instant de folie que j'avais connu sur la piste de ski deux jours auparavant m'est apparu dans toute son inquiétante intensité. Cette fois je me suis reproché, et sans concession, d'avoir failli céder à la plus désespérée des tentations, d'avoir permis à mon jugement de se laisser brouiller par toutes les embûches qui parsemaient mon chemin et que j'avais moi aussi contribué à disperser sous mes pieds. À quelques fractions de seconde près, j'avais esquivé cet afflux d'amertume nihiliste. J'avais contourné la mort et choisi la vie.

Comme je devais le constater plusieurs mois après, une fois entré dans des eaux plus calmes, j'avais également choisi d'accepter que les déceptions, les imperfections et les chagrins fassent partie du scénario. Non pas que j'aie auparavant une vision béate de l'existence. Depuis toujours, j'ai la conscience aiguë que la vie est, avant tout, une bataille. Les dix dernières années avaient été enthousiasmantes, bien sûr, j'avais notamment eu la chance de humer enfin le doux parfum du succès. Mais elles avaient été terriblement éprouvantes aussi. Cette prise de conscience de ce que le sort peut avoir de déstabilisant, d'imprévisible et d'injuste, je peux la dater très exactement :

il s'agit du jour de mai 1998 où je suis entré dans la chambre de Max et où je me suis rendu compte qu'il n'était plus là.

Si son enveloppe physique était toujours présente, sa personne semblait avoir disparu. Il ne réagissait pas quand je l'appelais, ni lorsque je lui prenais le bras. Ses yeux étaient aussi opaques et fixes qu'un lac en plein hiver. Il paraissait plongé dans une sorte de coma, comme s'il avait eu une crise cardiaque. Victime d'un infarctus à l'âge de cinq ans...

Sa mère était en France, en voyage d'affaires. Amelia n'avait alors que deux ans. En prenant Max dans mes bras, je me suis aperçu que son pantalon de pyjama était trempé. Il avait perdu le contrôle de sa vessie. Je l'ai porté jusqu'à la salle de bains. Au moment où je me suis tourné pour attraper une serviette et la passer sous l'eau afin de lui éponger les jambes, il est tombé du siège des toilettes sur lequel je l'avais assis.

Quand on est confronté à une situation absolument inédite, et aussi effrayante que celle-ci, un silence irréel se fait autour de vous. Un silence qui vous isole du reste du monde, mais qui vous permet aussi de vous concentrer entièrement sur l'objet de votre attention. J'ai relevé mon fils, je l'ai tenu debout sous la douche pour le laver, puis je l'ai ramené dans sa chambre, je l'ai habillé et je suis descendu en le portant au rez-de-chaussée. À la cuisine, je l'ai assis devant un pain au chocolat et un verre de jus de pomme, son petit déjeuner préféré. Il les a regardés sans les voir. Je l'ai encore appelé par son prénom, claquant des doigts devant son visage. Aucune réaction, absolument aucune. Mon fils nous avait quittés.

Je me suis rué sur le téléphone, composant le numéro de portable de ma femme en France. Après lui avoir résumé la situation, je lui ai dit : « J'emmène Max à Great Ormond Street », le célèbre hôpital pour enfants londonien fondé par Charles Dickens bien avant que le NHS, le service de santé publique britannique, voie le jour. Elle devait assister à une réunion, mais elle m'a assuré qu'elle prendrait ensuite le premier vol pour Londres.

Je me suis précipité à l'étage pour réveiller et habiller notre fille Amelia. Lorsque je suis redescendu avec elle à la cuisine, j'ai constaté que Max n'avait pas bougé d'un pouce et n'avait pas touché à son petit déjeuner. Il a fallu que je place le pain au chocolat dans sa main et que je le porte à sa bouche en l'encourageant à manger. Vicky, notre nounou, est arrivée à 8 heures précises comme chaque jour. Après lui avoir expliqué que nous allions à l'hôpital de Great Ormond Street, je l'ai aidée à installer les enfants dans la voiture. En route, Max a été saisi de convulsions, et j'ai dû me garer dans une rue adjacente pour le prendre dans mes bras. Attachée dans son siège bébé, Amelia a tendu la main pour caresser sa tête, une image d'une tendresse inouïe qui est restée gravée dans ma mémoire, cette toute petite fille cherchant instinctivement à réconforter et à aider son frère en proie à un mal mystérieux.

Comme Max avait à nouveau mouillé son pantalon, Vicky, une jeune femme toujours attentive et efficace, a attrapé les affaires de rechange que j'avais pensé à prendre et là, dans une allée tranquille de Clapham, nous avons changé mon fils avant de retourner dans les rues congestionnées du matin londonien. Lorsque nous sommes parvenus à l'hôpital, j'ai embrassé ma fille, confié le volant à Vicky et sorti Max de la voiture en le prenant dans mes bras. Nous étions convenus que j'appellerais Vicky sur son portable si nous pouvions obtenir une admission.

La neurologie pédiatrique est un monde dans lequel tout parent redoute de se retrouver. Dans les couloirs conduisant au service des électroencéphalogrammes, j'ai baissé les yeux pour ne pas voir ces enfants rendus chauves par la chimiothérapie, amaigris par une récente opération chirurgicale. La crise de Max s'était toutefois produite à un moment favorable. Au cours des semaines précédentes, il avait eu des spasmes qui avaient été interprétés de façon erronée par son école spécialisée de Wimbledon comme des symptômes du trouble du déficit de l'attention. Cette explication ne m'ayant pas convaincu, j'avais téléphoné au service de neurologie du Great Ormond Street Hospital et nous avions rendez-vous précisément ce matin-là, de sorte qu'il n'a pas été nécessaire d'insister pour qu'il soit reçu en urgence.

Une jeune Australienne de moins de trente ans nous a accueillis. Malgré son sourire et son air détendu, j'ai perçu la réserve professionnelle avec laquelle elle considérait l'état catatonique de Max. Comme celui-ci n'avait pas répondu à son salut, elle a scruté son visage, notant qu'il clignait des yeux à une cadence alarmante.

— Tu m'entends, Max ?

Silence. Elle a pincé les lèvres, puis s'est tournée vers moi.

— Depuis combien de temps est-il comme ça ?

— Il y a environ deux heures, je m'en suis aperçu

en entrant dans sa chambre. Mais il a eu des spasmes à plusieurs reprises, ces dix derniers jours.

— Et vous, comment tenez-vous le coup ? s'est-elle enquise en m'effleurant le bras.

— La question n'est pas là.

— Si, elle l'est aussi.

Elle nous a fait entrer dans une pièce remplie de matériel électronique. Il y avait une sorte de fauteuil de dentiste en face d'un grand écran plat relié à un appareil d'où sortait une longue bande de papier millimétré. Après avoir fait asseoir Max, Melanie, la technicienne médicale, nous a annoncé qu'elle allait installer plusieurs électrodes sur son crâne mais qu'il ne sentirait rien. Max restait absent, sans aucune réaction. M'invitant à prendre la chaise près de la table de commande, elle a placé une bonne dizaine d'électrodes sur le pourtour de sa tête avant de lancer l'EEG. Avec une sourde vibration, le rouleau de papier s'est mis à se dévider, tandis que les curseurs graphiques posés dessus commençaient une danse effrénée, traçant des courbes en dents de scie. La composition abstraite naissant ainsi sous mes yeux témoignait de la violence de l'orage électrique dans la boîte crânienne de Max, de l'intensité des ondes cérébrales qui avait produit son état comateux.

J'ai vu que Melanie suivait ces tracés désordonnés d'un regard où l'incrédulité se mêlait à l'affolement, mais c'est d'une voix parfaitement neutre qu'elle a prononcé cette phrase que l'on ne voudrait jamais entendre dans ce genre de contexte car elle indique toujours que la situation est encore plus grave qu'on ne le pensait.

— Vous voulez bien m'excuser un instant ?

Elle a quitté la pièce en courant presque. Je me rappelle encore le bruit de ses talons dans le couloir, s'éloignant et s'éteignant peu à peu jusqu'au silence, puis de nouveau le son de pas pressés. Elle a resurgi en compagnie d'un quinquagénaire grisonnant en blouse blanche, qui s'est présenté comme le neurologue de garde ce matin-là. Aussitôt, il est allé prendre la bande de papier qui continuait à défiler, l'a regardée attentivement. Sa surprise devant les sursauts accidentés de ces lignes était patente.

— Pour l'heure, a-t-il dit tout en étudiant le tracé des curseurs, ce que nous pouvons affirmer, c'est que Max traverse une sévère absence épileptique.

— Et… il va en sortir ?

— En règle générale, avec la médication adéquate, l'enfant revient à l'état normal, oui.

— Et sinon ?

— Ce sont des cas très rares.

— Mais ils existent ?

Il a hoché la tête, contraint de reconnaître ce fait.

— Et dans ce cas, l'enfant ne revient pas à son état normal ?

— Les accès d'épilepsie sont toujours atypiques.

— Mais regardez mon fils, docteur. Regardez-le ! Il n'entend pas, il ne parle pas… Toute sa personnalité a disparu. Regardez-le…

J'ai senti ma gorge se serrer. J'étais au bord des larmes. Le pédiatre-neurologue a posé une main rassurante sur mon bras. Dieu sait ce qu'il avait pu voir dans sa carrière, et la force de caractère dont il devait faire preuve pour s'occuper de parents complètement désespérés…

— C'est un moment très difficile, je comprends,

a-t-il dit d'une voix posée où l'accent d'Édimbourg était perceptible. Mais, dans la plupart des cas, l'enfant « émerge » de l'absence épileptique. Je ne vais pas hospitaliser Max à ce stade, car je ne vois pas le bénéfice qu'il y aurait pour lui. Je préfère vous adresser à l'un de mes confrères dont c'est la spécialité. Je suis sûr qu'il est à son cabinet, pas loin de Harley Street. Je vais l'appeler pour m'assurer qu'il peut recevoir Max en urgence.

Une heure et demie plus tard, nous étions dans le cabinet du Dr Gwilliam Hosking. Gallois, à peu près de mon âge, semblant un peu distant au début mais, comme je n'allais pas tarder à le découvrir, totalement dévoué à ses patients et, qui plus est, doté d'un humour décapant. Après avoir examiné Max durant quelques minutes, et étudié attentivement la longue bande de l'électroencéphalogramme que j'avais apportée, il s'est adressé directement à mon fils, toujours perdu dans son monde :

— Alors, Max, comment te sens-tu d'avoir fait vieillir ton père de cinq ans ?

Puis, devançant la question que je brûlais de poser, il a continué d'un ton plus sérieux :

— Je pense être en mesure de le ramener à nous. Vous allez devoir être patient, ce ne sera pas instantané, mais je suis presque certain que nous allons le sortir de là.

En fait, il a fallu dix semaines à Max pour « sortir de là ». Durant la première, j'ai été contraint de le ramener deux fois en toute urgence chez le Dr Hosking, la tempête électrique dans son cerveau ayant pris des proportions incontrôlables malgré les suppositoires de Valium que je lui administrais. La seconde fois, le neurologue n'a pu dissimuler sa perplexité devant l'état de mon fils. Il m'a annoncé qu'il allait le mettre sous stéroïdes, ce qui a eu pour conséquence de le faire gonfler physiquement pendant quelque temps, mais, combiné au Valium, cela a ramené un calme précaire. Au bout de quinze jours, les attaques ayant diminué, puis disparu, Max a pu enfin se passer de ce cocktail chimique surpuissant. Il a repris son apparence normale, mais, au bout de deux mois, il ne s'exprimait toujours pas, même s'il commençait à donner des signes de réaction quand on lui parlait.

« Il va revenir », m'a assuré le Dr Hosking.

Chaque soir, après l'avoir mis au lit, je lui lisais son livre favori avant cette crise, *Max et les Maximonstres* de Maurice Sendak. C'est l'histoire d'un petit garçon, Max, qui part en voyage dans une île peuplée de monstres qui veulent en faire leur roi. Mon fils aimait particulièrement un passage de ce conte qui sait si bien évoquer les terreurs de l'enfance et la menace souvent traumatisante que représente l'univers des adultes : « Et les Maximonstres disaient : "Ne t'en va pas, s'il te plaît ! Nous t'aimons, nous voulons te manger." Et Max de répondre : "Non !" » Alors qu'il retrouvait toutes les nuits ses propres monstres, ceux de l'épilepsie qui avait conquis sa raison et paralysé son expression, je lui répétais cette phrase, marquant une pause avant de prononcer le « Non ! », espérant toujours qu'il le dirait lui-même.

Deux mois après l'avoir trouvé comateux dans sa chambre un matin de mai, j'étais comme chaque soir à son chevet. Comme chaque soir, je lui ai lu la supplique des Maximonstres. Comme chaque soir, j'ai attendu en vain qu'il complète la réponse du Max de

Sendak. Silence. Aucune réaction. Je me suis senti soudain abattu : huit semaines s'étaient écoulées et, même si le Dr Hosking avait réussi à circonscrire les crises, notre Max n'était toujours pas parmi nous. J'ai tourné la page du livre. J'étais sur le point de reprendre ma lecture, résigné, lorsque j'ai entendu une toute petite voix, venue de très loin, chuchoter : « Non… »

Encore aujourd'hui, en repensant à ce moment, je ressens cette stupéfaction et cet émerveillement, et je me rappelle m'être dit : Il est là, il est toujours là !

À la fin de l'été, Max avait recouvré la parole et, à part une alerte alors que nous étions en vacances dans le Maine, il n'a plus été sujet à des crises épileptiques. Son retour à la normale a toutefois souligné le fait que le diagnostic initial (aphasie réceptive du langage) avait sous-estimé la gravité de son état : Max avait un vocabulaire très limité pour son âge, il était enclin à l'écholalie, avait une notion du temps imprécise et manifestait une tendance asociale. Après quelques recherches, j'ai découvert que la spécialiste de l'autisme infantile la plus réputée à Londres était Gillian Baird, médecin au Guy's Hospital. Elle travaillait en étroite collaboration avec une psychologue, Oriel Drew, ce qui avait un délicieux parfum de roman d'Iris Murdoch. J'ai réussi à obtenir un rendez-vous pour Max avec ces deux femmes exceptionnelles, qui nous ont priés, ma femme et moi, de leur laisser notre fils pendant deux heures.

À notre retour, Max était sagement installé dans un coin, en train de jouer avec un train miniature. Au sourire un peu crispé qu'Oriel Drew nous a adressé, j'ai compris que nous devions nous attendre à une mauvaise nouvelle. Après nous avoir invités à nous asseoir, elle a déclaré avec une franchise toute britannique : « Max est un très charmant, très attachant petit autiste. » Elle a également laissé entendre que, étant donné la pauvreté de son vocabulaire et le retard dans son développement, ses perspectives à long terme étaient limitées. Même si je pressentais un diagnostic de ce type, l'entendre prononcer a été un coup rude. C'était désormais officiel. Vous apprenez que votre fils est atteint d'un mal qui va avoir des répercussions sur son avenir, et soudain la vie n'est plus telle que vous la voyiez jusque-là – même si, dans mon cas, les choses avaient commencé à changer le matin où j'avais trouvé Max catatonique dans son lit.

Le Dr Baird m'a confirmé qu'il s'agissait d'autisme un samedi matin d'octobre 1998. Trois mois plus tard, le temps de mettre en place toute l'organisation nécessaire, Max commençait à être suivi à la maison, encadré par un groupe de sept enseignants, tous spécialisés dans la méthode ABA.

J'avais découvert l'existence d'Ole Ivar Lovaas, le créateur de cette technique, par un heureux hasard. À un déjeuner dominical entre amis (Max avait été diagnostiqué autiste peu auparavant), une vieille amie de ma femme – avec laquelle je n'avais guère d'atomes crochus, je dois dire – m'a parlé de l'une de ses connaissances, comme elle américaine installée à Londres, une certaine Kathleen Yazbak, qui dirigeait un cabinet de chasseurs de têtes. Mère de deux enfants autistes, elle élevait aux nues la méthode Lovaas, qu'elle avait adoptée. La vie est ainsi faite d'occasions inattendues, de caprices du destin qui peuvent nous être enfin favorables. Ce dimanche-là, je n'étais même pas censé me rendre à ce déjeuner chez ces amis, qui vivaient dans un quartier résidentiel londonien. Mon épouse étant en déplacement professionnel, je m'apprêtais à emmener Max et Amelia manger un morceau avant d'aller au cinéma, quand Frank m'avait téléphoné pour me convier chez lui. C'est alors que Caroline, avec laquelle il était encore marié, m'avait parlé de Kathleen Yazbak. Je lui ai téléphoné le lendemain. Quarante-huit heures plus tard, cette femme hyperactive et brillante, âgée d'une trentaine d'années, confrontée au défi énorme d'élever deux fils autistes, m'a convaincu que la seule option possible pour Max était la méthode Lovaas. Elle m'a donné les contacts nécessaires. Et ensuite...

Ensuite a commencé une aventure des plus complexes, en tous points extraordinaire. Il a fallu réunir en douze semaines l'« équipe Max », comme j'allais la surnommer, plusieurs professeurs aux personnalités différentes mais tous entièrement dévoués ; définir un programme d'enseignement de quarante-quatre heures par semaine à partir du début 1999 ; essayer de convaincre les services sociaux de subventionner l'éducation de Max à la maison – ils ont fini par accepter de couvrir 35 % du coût total ; négocier l'inscription de Max à la section pour enfants en difficulté de l'école publique locale, toujours accompagné par l'un de ses tuteurs ABA ; convaincre le directeur de l'école secondaire Chartfield, la seule à accepter des enfants autistes relativement autonomes, de l'accepter pour certains cours ; protester publiquement – dans une sorte de « J'accuse », article que j'ai rédigé pour le *Times* et l'*Evening Standard* de Londres – lorsque la majeure partie du terrain occupé par l'école a été vendue à un investisseur ; trouver un autre établissement accueillant des enfants « à capacité variable », une fois la bataille pour sauver Chartfield perdue ; trouver la personne à l'inspection académique qui allait finalement obtenir une place pour Max à Farleigh, l'un des rares pensionnats publics du pays destinés aux jeunes autistes ; revenir à la charge auprès du proviseur pendant six mois avant que mon fils, d'abord inscrit sur liste d'attente, y soit accepté…

Toutes les études sur l'autisme soulignent l'impact psychologique que cette maladie a forcément sur le couple parental et l'harmonie familiale. Je ne peux que confirmer, mais ni sa mère ni moi, néanmoins, n'avons jamais traité Max comme un enfant « différent ». Très tôt, il est allé avec nous au théâtre et à des concerts, et nous avons tenu à lui inculquer les bonnes manières et le respect d'autrui, à l'instar de n'importe quel garçon « normal ». Il a voyagé autour du monde en notre compagnie, se comportant de façon exception-nelle durant le mois que nous avons tous passé dans le désert australien, une équipée que j'avais organisée à l'occasion de mon cinquantième anniversaire, en 2005. Des répétiteurs venaient renforcer son éducation après l'école, et nous avons même fait appel à un professeur de français pendant un an, les spécialistes nous ayant certifié que l'apprentissage d'une autre langue favori-serait sa concentration et contribuerait au développe-ment de ses capacités cognitives, ce qui s'est révélé exact. Ses progrès ont été en tous points remarquables, mais ils ont été aussi accompagnés d'une préoccu-pation constante et d'interrogations génératrices de stress. Comme devait le remarquer mon amie Kathleen lors de l'une de nos fréquentes rencontres qui nous permettaient de comparer l'évolution respective de nos enfants : « Quand on est confronté à l'autisme, on vit avec, à tout instant. Tous les parents se font du souci, mais ceux d'un enfant autiste doivent en plus garder leur peine et leur inquiétude pour eux, et, dans leur cas, les doutes sont multipliés par cent. » Je dois préciser que Kathleen est l'un des êtres les plus positifs qui soient.

En vrai New-Yorkais, adepte du principe freudien selon lequel le travail et la concentration sont deux des rares sources d'équilibre dans la vie, j'ai quant à moi décidé de mettre de côté l'angoisse et l'affliction provoquées par l'état de mon fils. J'ai opté pour la recherche permanente de solutions pour ses besoins spécifiques et, durant les huit mois qui ont suivi sa crise d'épilepsie, je me suis plongé sans relâche dans mon labeur d'écrivain. L'équipe d'encadrement de Max était prête à fonctionner en janvier 1999. Elle était dirigée par un jeune enseignant hypersérieux, Paul, qui, en plus de superviser ses collègues, se chargeait des trois heures de séance matinale chaque lundi et chaque mardi, élément crucial de la méthode Lovaas. Sa piété de chrétien revenu à la foi n'a jamais interféré avec l'encadrement éducatif et psychologique de Max.

Pendant plus d'un an, Paul a assumé le rôle ingrat du tuteur intraitable, la technique ABA incluant en effet une lutte acharnée contre le comportement erratique de l'enfant autiste. Constamment, il reprenait Max sur sa propension à répéter les derniers mots entendus, son incapacité à se plier à la notion de temps, sa tentation de fuir la réalité dans la caverne de l'enfermement autistique. À l'époque, j'étais plongé dans la rédaction de mon quatrième roman – qui impliquait un changement radical de démarche et de style par rapport à mes livres précédents –, dont le titre, *La Poursuite du bonheur*, indiquait à lui seul l'ambition du projet. C'était aussi un énorme pari puisque, n'ayant pas de contrat d'édition, j'ignorais le sort que connaîtrait le manuscrit achevé. Comme pour ajouter encore un autre défi à cette entreprise déjà complexe, j'avais résolu de l'écrire du point de vue de deux narratrices différentes.

J'avais rédigé une centaine de pages lorsque l'« équipe Max » a débarqué à la maison – une demeure de style victorien donnant sur le parc de Wandsworth, au sud de Londres, où j'avais mon bureau au dernier étage. Tous les lundis à 8 h 30, je descendais ouvrir la porte à Paul pour la première séance hebdomadaire. J'embrassais Max en l'encourageant à écouter son instructeur et je grimpais à nouveau dans ma tanière. Une trentaine de minutes plus tard, les hurlements de mon fils commençaient à me parvenir, alors que Paul, avec une fermeté inébranlable, le poussait hors des barrières autistiques qui le séparaient du monde. Au cours de ces premières semaines, Max a souvent tenté d'échapper à cette autorité en gravissant l'escalier pour venir tempêter à ma porte, mais, suivant les recommandations de Paul, et même si cela me brisait le cœur, j'ai toujours refusé de lui ouvrir. Je ne sais pas comment j'ai pu continuer à écrire tout en entendant mon fils se rebeller ainsi contre les exigences comportementalistes de la méthode Lovaas que Paul, plus encore que les autres instructeurs, imposait si strictement.

Ces épreuves, difficiles pour nous tous, ont fini par

porter leurs fruits. Le printemps venu, les accès de rage et de rejet de Max avaient presque complètement disparu, et il s'extirpait peu à peu du syndrome écholalique qui l'empêchait de participer à une véritable conversation, un véritable échange. Son instructeur des week-ends, Kieyron, un jeune Anglo-Kenyan, devait me dire en toute franchise : « Si Max n'arrive pas à s'en sortir, personne ne le pourra. » C'était aussi l'avis de Katrina, que j'avais chargée de constituer l'équipe. Katrina a accompagné Max comme son ombre durant toute sa scolarité en primaire et, comme tous ces jeunes pédagogues au dévouement admirable, elle consacrait toutes ses forces à libérer ce petit garçon des griffes des « maximonstres » de l'autisme…

« Comment ramener le cœur à son festin d'afflictions ? » Dix ans après. Max était maintenant pensionnaire au Farleigh College, un établissement public qui ne reçoit que cinquante élèves par cycle et leur délivre l'équivalent du baccalauréat. Dix ans après, dans ce restaurant japonais de Québec, le film de toutes ces péripéties, de cette période aussi sombre qu'exaltante de ma vie, est repassé en quelques minutes dans ma tête. Comme lors de tout processus de remémoration a resurgi un souvenir auquel je ne m'attendais pas : je me suis revu un matin de la fin janvier 1999, les oreilles bourdonnant des cris de Max en bas, saisir mon téléphone, appeler ma femme à son travail et lui annoncer que, maintenant que l'encadrement pédagogique de notre fils était sur pied, je devais absolument m'échapper une dizaine de jours pour me concentrer sur mon roman. J'éprouvais un besoin irrépressible de marquer une pause dans cette bataille, tout comme elle allait le faire le mois suivant en se rendant au festival de Berlin. Où avais-je choisi de m'enfuir ? À Québec. Où je me trouvais alors.

Deux séjours, une même ville. Un souvenir en appelait un autre, tandis que je sirotais du saké, les yeux sur les vers de Stanley Kunitz dans mon carnet de notes… Fin janvier 1999, Québec. Ayant juste entamé mon initiation au ski de fond, je revenais de ma première leçon sur la piste des débutants du mont Sainte-Anne. Après avoir laissé ma voiture au « parc de stationnement » – les Québécois francophones se hérissent à la simple mention du mot « parking » – proche de mon hôtel, je marchais sous la neige qui tombait dru, à la recherche d'un « chocolat chaud », quand soudain j'ai été submergé par un intense chagrin, si puissant que je me suis retrouvé assis par terre, le dos contre un mur, en larmes et, dans un premier temps, incapable de comprendre d'où venait cette tristesse infinie.

Il me fallait trouver un refuge. J'étais tout près de Notre-Dame de Québec, cette imposante basilique où je suis bientôt entré, me laissant choir discrètement sur un banc au fond de la nef afin de me ressaisir. La messe de l'après-midi avait commencé et le curé entonnait l'*Agnus Dei*, en français. Je connaissais le texte latin par cœur, notamment l'imploration bouleversante de la fin : *Agnus Dei, qui tollis peccata mundi, miserere nobis, Agnus Dei, qui tollis peccata mundi, dona nobis pacem.* « Agneau de Dieu qui enlèves les péchés du monde, aie pitié de nous. Agneau de Dieu qui enlèves les péchés du monde, donne-nous la paix. »

Moi, l'agnostique impénitent, ai-je été apaisé par cette récitation liturgique ? Ou bien ai-je été une nouvelle fois frappé par l'immense silence de Dieu, ce mutisme divin que nombre d'affligés ne peuvent surmonter qu'en s'abandonnant au mystère de la foi ?

Bien sûr, je savais pourquoi j'avais craqué dans cette rue enneigée de Québec : durant des mois d'angoisse et de souffrance refoulées, j'avais, au prix d'efforts gigantesques, affronté l'adversité sans sombrer dans le désespoir, et finalement la digue avait cédé. Il était plus que temps que mes émotions se libèrent enfin.

Agnus Dei, qui tollis peccata mundi, dona nobis pacem. Le don de la paix, vraiment, ou plutôt la reconnaissance que ce silence écrasant ne vient pas seulement de Dieu mais s'établit au cœur de la condition humaine. Combien de fois, dans toute l'histoire de l'humanité, quelqu'un a levé les yeux vers un ciel vide et demandé : « Pourquoi moi ? » Et combien de fois la réponse a été… le silence ? Ce silence est la page blanche sur laquelle nous pouvons, ou non, coucher nos théories et nos explications du malheur qui nous a frappés, nous et ceux qui nous sont proches.

Agnus Dei, qui tollis peccata mundi, miserere nobis. Mais je n'attendais pas de miséricorde. Ni même la libération de ma tristesse. Car jamais, pas une seule fois depuis que le diagnostic de mon fils avait été établi, je n'avais pensé : Si seulement Max était normal… Je n'ai jamais pleuré sur l'enfant qu'il aurait pu être. Non, l'affliction résultait davantage de l'injustice extrême du sort qui lui avait été réservé si tôt dans la vie, des gigantesques défis qu'il devait relever à un âge aussi tendre, et, par extension, de l'impact que cela avait sur notre existence, à nous qui l'entourions. Je m'inquiétais déjà des conséquences psychologiques que l'état de son frère pourrait entraîner chez Amelia, et j'étais conscient que seule une détermination de tous les instants à aider Max empêcherait notre petite famille de sombrer dans le désespoir. La mise en place de l'équipe d'encadrement avait été le premier pas, mais un long combat se profilait devant nous : combat contre l'autisme, contre les administrations, contre les oiseaux de mauvais augure qui nous répéteraient que l'avenir de Max serait limité. Je m'étais engagé dans des années de contestation, de réclamations, de supplications, de contournement des forces hostiles et des sceptiques. Et je me sentais prêt à assumer cette lourde tâche, car je peux être têtu et intraitable, surtout quand il s'agit de défendre mes enfants.

Pourtant, sur ce banc retiré de Notre-Dame de Québec, je me sentais accablé par l'adversité, sans espoir. Soudain, j'ai remarqué une femme d'une soixantaine d'années assise un peu plus loin. Chétive, le visage cendreux, un rosaire entre les doigts, elle semblait prier, mais quand j'ai tendu l'oreille je me suis aperçu que trois mots seulement sortaient de ses lèvres exsangues, répétés inlassablement en un murmure presque inaudible : « *O magnum mysterium…* » « Ô, grand mystère… »

C'était comme une formule magique, un mantra qui n'appartenait qu'à elle. Aussitôt, en bon écrivain, j'ai voulu connaître ce qui l'avait amenée à venir dans cette basilique pour réciter encore et encore ce répons des matines de Noël. Que Noël soit déjà passé importait peu : c'est la puissance étrange de cette invocation du « grand mystère » qui m'a marqué.

Quelques minutes plus tard, j'étais de retour dans les rues du Vieux-Québec, illuminées par un manteau de neige fraîche. Dans la beauté de ce tableau hivernal, les mots que je me suis surpris à répéter tout bas à mon tour trouvaient une résonance particulière. *O magnum mysterium.* Je n'ai pas établi à cet instant quelque communication avec Dieu. C'est plutôt une résolution nouvelle qui a pris forme dans mon esprit : Accepte le mystère de tout cela ; ne cherche pas d'explications, ne réclame pas justice, ne demande même pas : « Pourquoi moi ? » Ce qui est arrivé est arrivé, c'est un rébus enveloppé dans une énigme, laquelle est contenue dans un mystère, lequel est la musique du hasard dont nous essayons tous de déchiffrer la partition mais qui demeure au-delà de notre entendement, pour toujours.

N'était-il pas curieux que je sois revenu à Québec dix ans plus tard, alors que je traversais une nouvelle crise personnelle ? J'étais persuadé qu'une semaine d'exercice physique me ferait le plus grand bien, mais cela ne m'avait pas empêché de flirter avec la mort. Était-ce, sans que j'en aie eu conscience, un pèlerinage sur les lieux où j'avais commencé à accepter le fait que nous avons si peu de contrôle sur la vie, si l'on excepte les choix que nous faisons une fois que le hasard nous a joué l'un de ses tours ? Et que ces décisions sont, par nature, le creuset du destin ?

J'avais choisi de continuer à vivre.

Mais maintenant ? Maintenant...

— Pas si raide, Douglas ! Pas si raide !

C'était la voix de Luc, le lendemain soir. Nous avions commencé à tourner autour de la patinoire et, presque tout de suite, je m'étais crispé au point d'entraver ma progression sur les deux lames d'acier. Mon professeur n'était pas content du tout.

— Vous savez bien, bon sang ! a-t-il tonné. Équilibre et glisse ! Et pliez-moi ces fichus genoux !

J'ai obtempéré. J'ai patiné sur quelques mètres, toujours maladroitement mais en exploitant désormais une modeste technique, des rudiments qui devaient me permettre de me mouvoir avec un peu plus d'aisance. Sans avoir bien sûr l'élégance des autres patineurs, j'en suis arrivé à, oui, glisser sur la glace.

Un tour de piste, puis un autre, puis deux, puis cinq. Luc continuait à me crier ses instructions, à corriger mes mouvements, et à un moment il s'est exclamé :

— Ça y est, vous avez pigé le truc ! Allez-y, continuez !

J'ai pensé : Qu'y a-t-il d'autre à faire que ça, continuer ? C'est à cet instant que je suis arrivé à un certain degré d'équilibre, sur les patins mais aussi dans ma tête. Que j'ai compris à quel point nous nous compliquions encore plus les choses en refusant d'admettre la difficulté de vivre. Parallèlement à l'émerveillement, au plaisir et à ce que la routine peut avoir de rassurant, nous devrons être capables de faire face au tragique et à l'injustice. Bon an mal an, nous continuerons à tourner, tourner autour de la patinoire. L'un des moyens de ne pas perdre l'équilibre est sans doute d'accepter le mystère vertigineux, enivrant, exigeant, qui entoure notre existence.

J'accomplissais maintenant mes tours de piste avec de plus en plus d'assurance. Un cercle n'a pas de point d'arrivée, de destination, de futur autre que la giration répétée. Et moi, pour la première fois depuis des mois, je ne pensais plus à ce que pouvait me réserver l'avenir : je glissais, c'est tout. Comment aurais-je pu savoir qu'un accord à l'amiable avec celle qui allait devenir mon ex-femme serait finalement conclu la veille de notre comparution devant le juge aux affaires familiales et que, après avoir signé le document final quelques semaines plus tard, je me réveillerais un matin en me sentant étrangement libéré ? Ou que, en regardant ma fille Amelia jouer dans une comédie musicale à l'été 2012, je me rendrais soudain compte que son rêve de devenir actrice était sur le point de se réaliser ? Ou que la femme pour laquelle j'avais eu un coup de foudre fulgurant, mais resté sans suite, en 2007 réapparaîtrait dans mon existence et que nos sentiments seraient assez forts pour me conduire à me remarier et à découvrir ainsi que, oui, j'étais capable de connaître le bonheur dans la vie de couple ? Ou que mon fils Max, naguère condamné à un futur végétatif en raison de son autisme, serait accepté dans pas moins de cinq universités en 2012, et qu'il accomplirait bientôt sa deuxième année sur le campus de l'un des instituts d'art les plus réputés des États-Unis ?

En ce sombre janvier à Québec, tout ce que je savais était qu'il fallait que je reste debout. Mais pas au prix de perdre ma souplesse, et certainement pas en m'abandonnant au doute, même si celui-ci fait partie de l'équation que nous nous efforçons de résoudre jusqu'à notre disparition. Vivre, c'est douter, et notamment de soi-même. Comment concilier cette remise en cause permanente avec l'optimisme nécessaire à l'équilibre ? Eh bien, c'est l'œuvre de toute une vie, n'est-ce pas ?

Jusqu'au bout, nous tournons, nous tournons encore, nous avançons. Le temps a passé, et, quand les ténèbres sont revenues planer au-dessus de moi

– car elles ne se dissipent jamais totalement –, j'ai souvent repensé au Québécois jovial qui m'avait appris à me tenir sur des patins, à ses recommandations qui m'avaient permis de ne pas m'effondrer à un moment où je n'étais pas loin de perdre espoir. Des consignes, quelques mots, qui résument toute une philosophie, ou du moins nous enseignent une attitude relativement sensée face à tout ce qui met au défi notre résistance, et aux multiples, obsédantes questions auxquelles nous nous confrontons sans cesse, en particulier lorsque nous ne discernons devant nous qu'une incertitude accablante. Des mots qui nous encouragent à contempler avec lucidité les options qui nous restent, la principale étant d'aller de l'avant, encore et encore, dans l'odyssée sans fin de la condition humaine. Des mots qu'il faut se répéter chaque jour : « Ne sois pas si raide. Pense à ton équilibre. Arrange-toi pour glisser. »

*Cet ouvrage a été composé et mis en page
par Nord Compo à Villeneuve-d'Ascq*

Imprimé en France par **CPI**
en octobre 2017
N° d'impression : 3024136

POCKET – 12, avenue d'Italie – 75627 Paris Cedex 13

Dépôt légal : octobre 2017
S27831/01